本书为山东省社会科学规划研究项目:"山东方志运河文献研究"(批准号:19CLSJ06)研究成果

本书获聊城大学学术著作出版基金资助

山东方志运河
文献研究

周广骞 著

中国社会科学出版社

图书在版编目（CIP）数据

山东方志运河文献研究／周广骞著. —北京：中国社会科学出版社，2021.3

（聊城大学运河学研究院研究丛书）

ISBN 978 – 7 – 5203 – 7721 – 8

Ⅰ.①山… Ⅱ.①周… Ⅲ.①大运河—文献—研究—山东 ②山东—地方史—研究 Ⅳ.①K928.42②K295.2

中国版本图书馆 CIP 数据核字（2020）第 271472 号

出 版 人	赵剑英
责任编辑	安　芳
特约编辑	张　婷
责任校对	张爱华
责任印制	李寡寡

出　　版	中国社会科学出版社
社　　址	北京鼓楼西大街甲 158 号
邮　　编	100720
网　　址	http://www.csspw.cn
发 行 部	010 – 84083685
门 市 部	010 – 84029450
经　　销	新华书店及其他书店
印　　刷	北京明恒达印务有限公司
装　　订	廊坊市广阳区广增装订厂
版　　次	2021 年 3 月第 1 版
印　　次	2021 年 3 月第 1 次印刷
开　　本	710×1000　1/16
印　　张	20.5
插　　页	2
字　　数	286 千字
定　　价	118.00 元

凡购买中国社会科学出版社图书，如有质量问题请与本社营销中心联系调换
电话：010 – 84083683
版权所有　侵权必究

目　　录

前　言 ·· （1）

第一章　山东运河与山东运河区域的界定 ························ （1）
　第一节　山东运河的开凿与使用 ································ （1）
　第二节　山东运河区域的界定 ···································· （11）

第二章　山东运河区域方志概述 ································ （21）
　第一节　元代之前山东运河区域修志概述 ···················· （24）
　第二节　元代山东运河区域修志概述 ·························· （36）
　第三节　明代山东运河区域修志概述 ·························· （43）
　第四节　清代山东运河区域修志概述 ·························· （64）

第三章　山东运河区域方志的纂修 ······························ （78）
　第一节　山东运河区域方志的纂修者 ·························· （78）
　第二节　山东运河区域方志的纂修动机 ······················· （95）
　第三节　山东运河区域方志的纂修机制及经费筹集 ········ （113）
　　附　山东运河区域方志纂修中各因素互动的个案分析
　　　　——以光绪中《峄县志》《宁阳县志》的纂修为例 ······ （127）
　第四节　山东方志运河文献的来源与使用 ···················· （132）

第五节　山东方志运河文献的纂修特色 …………………（139）

第四章　山东方志运河文献的内容 ……………………………（153）
　　第一节　山东方志中的运河本体文献 ……………………（153）
　　第二节　山东方志中的运河河务文献 ……………………（168）
　　第三节　山东方志中的运河文化文献 ……………………（186）
　　第四节　山东方志中的运河建筑文献 ……………………（202）
　　第五节　山东方志中的运河其他文献 ……………………（221）

第五章　山东方志运河文献的价值与现实意义 ………………（237）
　　第一节　山东方志运河文献的文献学价值 ………………（237）
　　第二节　山东方志运河文献的现实意义 …………………（261）
　　第三节　山东周边地域方志运河文献利用的个案研究
　　　　　　——以河北大名方志为例 ………………………（274）

结　论 ……………………………………………………………（296）

参考文献 …………………………………………………………（298）

前　言

山东省位于中国东部沿海、黄河下游地区，南北最长 400 多公里，东西最宽 700 多公里，包括半岛和内陆两个部分。胶东半岛突出于渤海与黄海之中，与辽东半岛遥遥相对，而内陆部分自北向南依次与河北、河南、安徽、江苏四省接壤。山东是我国东部的重要省份，以经济繁荣、文化灿烂、区位重要而著称。文献中称战国时齐国"冠带衣履天下"[①]，杜甫诗称"齐纨鲁缟车班班，男耕女织不相失"[②]，均为对古代山东经济繁荣的真实记述。山东文化灿烂，孔子、孟子等儒家大师创立的儒家学说不仅支配了封建时代的中国，而且对东亚乃至全世界都产生了重要影响。

随着唐代之后北方战乱频仍及中国经济重心的南移，山东地区的重要性和影响力逐渐进入平稳延续期。自元代建都大都起，明、清两朝先后定都北京，中国的政治中心未再发生大的变化。山东作为畿南重地、京师藩篱，其政治地位亦随之大大提升。更为重要的是，为保证京师粮食等重要物资的供应，元世祖忽必烈派遣官员，征调民夫，在山东境内先后开凿了济州河、会通河，并修筑了一系列控制性水利工程，改变了山东运河的整体风貌，使山东成为京杭大运河流经的重要省份。明、清两代改变了元代河海兼运的漕运制度，基本停止了海

---

① （汉）司马迁：《史记》卷一二九《货殖列传》，中华书局 1959 年标点本，第 3255 页。

② （清）仇兆鳌：《杜诗详注》卷十三，中华书局 1979 年标点本，第 1163 页。

运,转由京杭大运河将大约400万石粮食运至北京,以保证京师皇室、官员、军队及百姓之需。山东运河作为京杭大运河的重要河段,河情复杂,水源不足,河道海拔落差较大,且易受到黄河的侵扰,通航颇为不易,是运河维护与治理的重点地区。为保障山东运河的通航,国家在山东运河修治方面投入了大量的人力物力,并在山东济宁设立总河、总漕等国家治河、保漕的高级管理机构,山东运河对于维系国家正常运转的重要性由此可见一斑。

伴随着京杭大运河的贯通,运河逐步成为我国南北货物流通及人员流动的重要通道,山东中西部运河沿线地区逐渐成为人口聚集区,同时吸引了山西、陕西、安徽等地的大量商人。山东运河沿线的梨、枣、棉花等农产品大量外运,江南等地区的丝绸、棉布、竹木等商品亦大量运至山东运河区域。伴随着沿运手工业、商业的快速发展,临清、济宁、聊城等沿运城市及张秋、七级、台儿庄等沿运城镇的商品经济逐渐繁荣起来,反过来又推动了这些城镇规模的扩大与人口的聚集,山东中西部运河区域的经济地位亦随之得到了进一步巩固。

政治地位的提升与经济的发展促进了山东中西部文化的繁荣。山东沿运地域民风在继承原有儒家文化与耕织传统的同时,又浸染了较为浓厚的好奢华、重商业的运河色彩,山东运河区域的民间信仰亦增加了妈祖、金龙四大王等外来元素,运河对山东沿运地域的影响逐步从经济与物质层面向思想与文化层面扩展,显示出运河对山东沿运地域影响的多面性与弥散性。

总体而言,纵贯山东的京杭大运河于元初成功开凿后,即在维系王朝统治方面发挥着重要作用。特别是自明清以来,伴随着京杭运河逐步成为贯通南北的交通动脉,山东西部沿运地区逐步成为我国南北人员频繁流动、物资大量集中、文化碰撞融合的经济社会文化活跃区与繁荣区,运河深度融入山东社会,对山东沿运地域经济文化风貌的塑造,发挥了重要作用,对元代特别是明清以来山东区域社会产生了全方位的影响，成为山东地域历史与社会研究必须考虑的重要因素。

我国的古代文献浩如烟海，类型多样，内容丰富。有的文献记述范围较广，其对山东古代历史、地理、经济、政治及文化等诸多方面，往往有较为详细记述。如顾炎武《肇域志》征引史料丰富浩瀚，"超过《寰宇通志》《明一统志》，南直隶、陕西、山东等省部分地区更多于《读史方舆纪要》，因而保存了大量明代及清初方志资料，具有较高的学术价值"①。其记述聊城、临清风俗及东昌府之物产，即大量采录了《（万历）东昌府志》卷二"风俗""物产"等目之记述，仅在所记内容繁简及文字表述上稍有差别。谢肇淛《五杂组》按类考录历代典实，参互搜讨，并加论断，"其语有根柢，书中精义，所在多有……书中议论纵横，卓然自立，识见迥出一般士大夫之上"②。此书卷五记述明代中后期临清"十九皆徽商占籍"③，保留了对明代山东运河经贸有价值的记述。此外，如《清史稿》之《食货志》载："康熙三十四年，议定年需粟米三千六百余石。将山东漕粮粟米照数截留，以原船自天津运至新河口，拨天津红剥船五十艘，运至蓟州五里桥。船载百石，每百里给脚价一两三钱二分，所需之银，于过闸入仓脚价内拨给。"④亦保留了清初山东漕粮征收及运输的基础信息。

有的文献则侧重于对山东一省的记述。如王培荀《乡园忆旧录》记述山东及游宦山东名人的嘉言懿行、逸闻轶事，兼及地方掌故、名胜古迹、山川风物、自然资源诸方面。其卷三记述济宁"环城四五里

---

① （清）顾炎武：《肇域志》，上海古籍出版社2004年标点本，第2页。
② （明）谢肇淛：《五杂组》卷首《出版说明》，上海书店出版社2001年标点本，第2页。
③ （明）谢肇淛：《五杂组》卷十四，第289页。
④ 赵尔巽等：《清史稿》卷一二二《食货三》，中华书局1976年标点本，第3569—3570页。

皆种烟草"①，卷八记述聊城作为山东熏枣的主要加工集散中心，外运的熏枣"每包百斤，堆河岸如岭，粮船回空，售以实仓"②，即显示出清道光时期山东沿运商品生产及商业发展。再如陆耀《山东运河备览》卷四记述明代工部主事张盛于成化七年（1471）主持建造金口坝，所筑石堰"东西长五十丈，下阔三丈六尺，上阔二丈八尺，自地平石计五层，高七尺；湫水石三处，视水消长，时其启闭"，又在"堰北复作分水二雁翅，以杀水势；堰南北跌水石直五尺，横四十丈，以固堰基"③，保存了山东运河重要工程金口坝的重要工程数据。由上可见，在我国古代文献中，保留了不少对于山东运河有价值的记述，是进行山东运河专题研究的重要基础。

在与山东有关的各类历史文献中，方志以存世数量巨大、记述范围明晰、涉及内容全面、历史价值较高而颇为突出。我国传统方志滥觞于先秦，发展于魏晋，提升于隋唐，定型于宋元，繁荣于明清，延续于民国，是我国特有的文献类别。概言之，方志是"记载一个地方古今综合情况的志书……是一方古今综览，也可以说是一个地方的百科全书"④，具有鲜明的特色和独特的风貌。山东是方志纂修大省，据《中国地方志联合目录》统计，山东存世方志541种，居全国第三位。这些方志除元代于钦所撰《齐乘》外，均纂修于明、清及民国时期。需要指出的是，山东运河自明代以来进入漕运繁荣期。自明初陈瑄、宋礼重新疏浚运河后，"漕运直达通州，而海陆运俱废"⑤，运河在南北漕粮等物资运输等方面发挥着重要的作用。与此同时，山东方志自明代以来亦进入纂修兴盛期。山东运河与地方之利弊息息相

---

① （清）王培荀：《乡园忆旧录》卷三，道光二十五年（1845）刻本。
② （清）王培荀：《乡园忆旧录》卷八。
③ （清）陆耀：《山东运河备览》卷四，清同治十年（1871）运河道库刻本。
④ 黄苇：《方志学》，复旦大学出版社1993年版，第15页。
⑤ （清）张廷玉等：《明史》卷八十五《河渠三》，中华书局1974年标点本，第2082页。

关，修治运河得法则可为民利，反之则可为民害。地方官员及士绅对运河的高度关注，决定了山东沿运地域纂修方志时，往往对流经境内的运河给予了充分的重视，并保存了大量与运河有关的基础文献资料。如王宝田在《重修峄县志序》中称："漕渠之病峄久矣，一不治则运阻，运阻则民扰，至水与民争地，而全境受其困。然为害固多，为利亦不少。得其人以理之，则镪货流通，水性得而民财可殖。作《续漕渠考》第十三。"① 即将对运河的记述与当地民生密切结合起来。此外，山东运河流经之府州县在运河治理方面负有重要职责，如济宁为明、清两代运河管理机构所在地，其方志中即保留了对山东运河高级管理机构的记述。《（道光）济宁直隶州志》卷首《例言》称："明《志》职官，首河院、河道，次工部分司，次运河同知……前志分河员为题名，今统为职官志，博采各碑刻，补若干人，按时代改为表五，间有前志未详、任事时代及名氏脱误者，并考正补书分系之。州乘，纪州事也，是以历代先守牧；河帅，特简之大臣也，是以国朝先总河，宦迹亦如之。河员内新增拣发京员，即昔年水部分司之遗制，与向驻济州之巡漕察院合为表一。各闸官专司启闭，漕运攸关，前志所略，今以近年可考者并附载焉。"② 保留了对当地官员的基本记述。

尤其值得注意的是，山东运河所经地域纂修的方志，往往对与运河有关的内容进行了详细而全面的记述。如《（乾隆）夏津县志》为纲目体，凡分疆域志、建置志、学校志、食货志、典礼志、官守志、选举志、人物志、杂志、艺文志十纲，其中大部分类目中均涉及境内运河的不同方面。如其卷一"疆域志"之"河道"目记述包括运河在内的境内河道，"巡幸"目记述康熙南巡时经过包括夏津段在内山

---

① （清）王振录、周凤鸣修，王宝田纂：《（光绪）峄县志》卷首，光绪三十年（1904）刻本。

② （清）徐宗幹修，许瀚纂：《（道光）济宁直隶州志》卷首《例言》。

东运河的情形。其卷二"建置志"之"铺舍"目记述境内沿运之浅铺①,"武备"目记述临河防守。其卷三"食货志"之"起运"项下记述夏津县负担的临清仓改兑本色正耗米、运军行粮本色米、改折临清广济仓本色正耗米,"存留"项下记述夏津县负担的河道夫食银;"驿递"目记述夏津境内的渡口驿水驿。卷五"典礼志"之"秩祀"目记述大王庙,卷十"艺文志"全文移录了江濂《五龙王祠记》、方学成《渡口驿重修石佛寺碑记》、刘信烈《重建渡口驿水次仓厫碑记》、方学成《拟请申易名之典追祀河臣以嘉前功而著后效事议详》、吴师道《九月初旬临清下陵州舟中》、吴宽《渡口阻风》、王世贞《卫河》等诗文作品,涉及运河信仰、治河官员、运河设施、运河出行等诸多方面。再比如《(光绪)东平州志》,其卷首"天章记"记述乾隆帝《渡汶水》《渡汶河》,"恩旨记"记述了康熙四十二年(1703)至咸丰五年(1855)蠲免包括东平州在内各地钱漕等款。其卷三"山川考"记述了东平州境内的安民山、会通河、积水湖,卷四"漕渠考"记述了东平州境内的运河、闸坝、济运泉源,并移录道光二年(1822)四月及五月山东巡抚所上之相关奏折。卷六"建置考"记述了东平州境内的闸官衙署。卷七"田赋考"记述了东平州负担漕粮、河道钱粮和河道夫食银及安山水驿,卷十"职官表"记述靳家口闸官、安山闸官、戴家庙闸官、安山驿驿丞等河工职官表,卷十七"艺文志"全文移录了常居敬《查理漕河疏》、岳濬《请停设安山湖水柜疏》、蒋作锦《砖坝说》、沈维基《新建龙王庙碑记》、皇甫冲《安山坐闸》、谢肇淛《舟滞安山》等诗文,涉及漕河治理、运河信仰及行经运河的经历与感受等诸多内容。由此可见,运河对山东沿运社会影响的多样性决定了沿运地域所纂方志中运河内容

---

① "浅铺"是明清时期京杭运河沿岸的水利设置及河工组织之一,主要为解决运河巷道的淤浅问题。顾炎武《天下郡国利病书》卷十五称:"盖令日事捞浚,俾无湮淤,此置浅命名意也。"详见吴欣《明清时期京杭运河浅铺研究》,《安徽史学》2012 年第 3 期。

的丰富性。对方志中存录的大量运河文献进行梳理与研究，也就具有了较强的可操作性和巨大的研究空间。

从现实角度来看，山东运河的丰富内涵和巨大价值，为山东方志运河文献研究提供了有力的现实支撑。山东运河兼具活态运河与历史运河两种形态，是运河文化研究的富集区。与公路、铁路等运输方式相比，内河水运具有运能大、成本低、能耗轻、污染小等诸多优势，在降低运输成本、节能减排、实现绿色可持续发展等方面的重要作用日益凸显。近年来，济宁以南至台儿庄原本通航的京杭运河河段正在加快内河基础设施建设，加速推进运河航道提档升级，一大批航道、港口等重点工程取得重要进展，建设进入全面加速期。总投资95亿元的京杭大运河主航道"三改二"、湖西航道改造、梁济运河梁山至邓楼船闸段航道复航工程、微山一线船闸、韩庄复线船闸工程等7条航道和2座船闸建设全面提速，济宁市的京杭大运河长沟船闸、枣庄京杭大运河万年船闸等控制性工程已经完成升级改造。位于东平湖区内的京杭大运河泰安段航道工程，是《全国内河航道与港口布局规划》确定的京杭运河山东段主航道。此项目已于2017年12月正式启动，设计标准为内河三级航道。目前，山东正在加快建设泰安港，着力将其打造成为京杭运河黄河以南段的北端起点港，形成以济宁港为核心，枣庄、菏泽、泰安港为辅助，其他一般港口为补充的京杭运河航运体系。泰安以北的山东运河河段因黄河穿运、卫河设闸等，导致水源匮乏，目前已经基本断航。由于不具备通航大型船只的条件，近年来未进行拓宽与改造，沿岸保存了大量运河闸坝设施，如阿城上下闸、七级上下闸等闸坝保存基本完整，地处汶河分水口的汶上南旺分水龙王庙遗迹尚存，建于运河西岸的聊城山陕会馆仍保存完好，以聊城、临清、德州等运河名城及沿岸运河古镇为代表的运河文化遗存丰富，具有对运河文化资源进行开发与利用的基础条件。总体来看，山东运河形态多样，资源类型丰富，文化遗存富集，部分河道尚具有较高的航运等经济效益，具有较大的研究价值和现实意义。

深入开展山东方志运河文献研究，有利于认真落实党和国家对大运河文化保护传承利用的系列重要论断。党和国家历来高度重视中华优秀传统文化的继承与发扬，高度重视大运河文化的保护传承利用，并多次作出了明确论断和要求。2017年2月，习近平总书记在视察京杭大运河通州段河道治理工程时指出，"要古为今用，深入挖掘以大运河为核心的历史文化资源。"同年6月，习近平总书记又作出重要批示："大运河是祖先留给我们的宝贵遗产，是流动的文化，要统筹保护好、传承好、利用好。"习近平总书记的重要指示批示，站在传承中华文明、增强文化自信、实现中华民族伟大复兴梦想的战略高度，饱含着对以大运河文化为代表的中华优秀传统文化的深厚情感，寄托了对大运河沿线地区创新发展的厚望，为建设好大运河文化带指明了努力的方向，提供了根本遵循。深刻领会中央关于大运河文化保护传承利用指示精神，加快推进中央和省大运河文化保护传承利用各项工作，离不开对山东运河历史发展脉络的深刻把握和对山东运河文物、遗址、文化的深入解读。山东方志作为"一方之史"和地方百科全书，大多对境内的运河作了全方位的详细记述。深入解读山东方志运河文献，从中抽绎出符合中央要求、符合山东运河保护与利用规律的重要基础文献，可以为更好地理解和把握中央精神，提供纵深的历史背景和具体的材料支撑。

深入开展山东方志运河文献研究，有利于深入探究大运河文化的丰富内涵。党的十九大作出了"坚定文化自信，推动社会主义文化繁荣兴盛"的重大部署，为将中国大运河打造成为中华民族伟大复兴的标志性文化品牌提供了宝贵的历史机遇。习近平总书记在党的十九大报告中明确指出："文化是一个国家、一个民族的灵魂。""中国特色社会主义文化，源自于中华民族五千多年文明历史所孕育的中华优秀传统文化。"2014年，中国大运河成功列入世界文化遗产，充分显示出大运河独特的文化价值已经得到国内外的充分认可。中国大运河记录了中国历史文化写不尽的厚重、壮美和辉煌，见证了中华文明的源远流长和中华民族的勤劳智慧。切实做好大运河文化保护传承利用工作，有利于进一步坚定文化自信，促进社会主义文化繁荣兴盛，弘扬和践行社会主义核心价值观，充分展现中华文明，增强中华自信，更好地构筑中国精神、中国价值和中国力量，增强国家文化软实力，为加快建设社会主义文化强国，实现中华民族伟大复兴中国梦，提供强有力的文化支撑。山东是运河文化的富集区，山东运河文化根植于齐鲁文化，融合吸纳南北文化、中外文化，形成了诚信、仁义、包容、开放、多元的鲁风运河文化特质。山东方志存录了丰富的运河文化基础资料，其中运河河道及船闸、桥梁、堤坝、码头、渡口、水柜等古代水利工程展示了我国古代水利工程智慧和自然生态理念；山东运河物资流通与人员流动，推动了沿运城镇的发展与繁荣，展示了山东开放包容、大气务实、诚信进取的运河漕运与商业文化。通过对山东方志运河文化资料的整理与挖掘，可以更好地丰富山东传统文化内涵，促进儒、运文化融合交汇，推动齐鲁优秀传统文化创造性转化、创新性发展，为新时代现代化强省建设注入新活力。

深入开展山东方志运河文献研究，有利于加快推进大运河文化保护传承利用。做好大运河文化保护传承利用的顶层设计，从可操作的层面上加快研究大运河与经济社会各项事业的融合与对接，才能抓好大运河资源的利用和转化，将保护与利用各项措施真正落到实处。2019年2月，中共中央办公厅、国务院办公厅印发了《大运河文化保护传承利用规划纲要》，从规划背景、总体要求、深入挖掘和丰富文化内涵等十个方面，明确了大运河文化带建设的方向、目标和任务。这一《规划纲要》以大运河文化保护传承利用为引领，统筹大运河沿线区域经济社会发展，要求各地区各部门结合实际，着力推进保护传承利用工作，打造宣传中国形象、展示中华文明、彰显文化自信的靓丽名片，推动大运河文化创造性转化和创新性发展，增强大运河的生命力和影响力。2019年7月，中央全面深化改革委员会第九次会议审议通过了《长城、大运河、长征国家文化公园建设方案》，要求结合国土空间规划，坚持保护第一、传承优先，对各类文物本体及环境实施严格保护和管控，合理保存传统文化生态，适度发展文化旅游、特色生态产业。我省按照中央要求，加快制定《大运河（山东段）文化保护传承利用实施规划》及《大运河国家文化公园（山东）建设实施方案》，必将为我省科学保护运河文化遗产，合理开发利用运河文化资源，更好地实现文物保护、文化传承与文旅融合，进而实现山东经济社会又好又快发展，提供强大的动力。在确定与京杭大运河及山东运河保护开发规划及方案对接点的基础上，对山东方志中存录的大量运河文献进行深入细致的研究，充分利用山东方志运河文献中对运河沿线丰富的水利工程遗址遗产的记述，有助于加强对山东运河历史文化的基础研究，有利于切实加快山东省大运河文化带建设，打造山东省经济文化繁荣和生态环境良好的高质量发展增长极，推动山东省更好地融入国家战略的更大平台，提升山东省在全国发展大局中的地位。

总之，山东方志中存录的丰富运河文献，既是京杭大运河这一伟大历史工程的翔实记录，也是研究山东运河开凿与使用、运河文化生成与传承、运河经济繁荣与衰败、运河社会发展与变迁的重要基础资料，在"存古"上有独特的价值。尤其值得特别关注的是，在当前我国正在加快推进中华民族伟大复兴、大力弘扬中华民族优秀传统文化的崭新时代，深刻领会习近平总书记和党中央对大运河重要论述的丰富内涵，努力挖掘方志运河文献丰富深厚的文化底蕴与积极元素，在"存古"的基础上继往开来、更好地实现"鉴今"，对于大力弘扬中华传统文化，增强中华民族的自信心和自豪感，为社会又好又快发展提供强大的精神动力亦有巨大的现实意义、鲜明的民族色彩和独特的文化价值。

第一章　山东运河与山东运河区域的界定

山东具有独特的自然风貌、悠久的历史与灿烂的文化。山东概念的形成与演变、山东行政制度的延续与变迁及山东运河漕运重要性的不断提升，从多个方面决定了山东运河开凿与使用的历史，同时也影响了山东方志的纂修和山东方志运河内容的累积与丰富。特别是京杭大运河的开通，极大地提升了山东在运河漕运方面的重要地位。京杭运河漕运兴盛于明、清两代，而这两代又恰是山东方志纂修的繁荣期。运河对明、清以来山东政治、经济、社会、文化多方面的影响，在明、清以来纂修的方志中有着较为集中、全面和丰富的展现，具有独特的研究价值。

第一节　山东运河的开凿与使用

"山东"作为地理名称出现很早。将山东地区称为"东"，可以上溯到商周时期。如《诗经·鲁颂·閟宫》："泰山岩岩，鲁邦所詹。奄有龟蒙，遂荒大东。至于海邦，淮夷来同。"《毛诗正义》释"大东"称："大者，广远之言。以大东为极东地之最东，至海而已。"[1]

---

[1] （汉）毛亨传，（汉）郑玄笺，（唐）孔颖达疏：《毛诗正义》，北京大学出版社1999年标点本，第1421页。

自春秋、战国以来，作为地理概念的"山东"逐渐成为与"关中"相对应的称谓。如《管子·轻重篇》称："楚者，山东之强国也。"①此时山东主要指秦国东部的崤山及函谷关以东的广大地区，"其范围乃当时中国的东半。在此范围中的诸侯国，则以齐、楚、燕、韩、赵、魏六国为代表。此六国虽然也自相残杀，但都反西方的秦，有时也联合在一起抗拒秦国的侵略。"② 至秦并六国之后，广义的"山东"仍指函谷关或太行山以东的广大地区。而自汉武帝之后，山东亦开始指太行山以东的区域。③ 自隋唐起，山东主要指太行山以东的地区。而以"山东"作为行政区划名称则始于金代。金初所设之十七路即包括山东路，《金史·徐文传》称天眷元年（1138），徐文以战功擢任"山东路兵马钤辖"。此后，则出现了大量以"山东"命名的各类军政地方机构，如山东路统军司、山东分元帅府、山东东西路提刑司等。金泰和六年（1206）九月，为抵御北方蒙古入侵及镇压山东农民起义，金章宗命户部侍郎梁镗行六部尚书事于山东，自此遂有"山东行省"之名。元至正二十八年（1368），明军攻占山东全境。当年四月，即设置"山东行中书省"，治青州。明清时期皆在今山东省设"山东布政使司"（仍省称为"山东省"），自此"山东"作为政区名称延续至今。

一　山东运河区域的自然地理条件

与陆运相比，水运有其独特的优势。中国古代利用自然水道进行运输的历史非常悠久。鲁僖公十三年（前647）冬，"晋荐饥，使乞

---

① （唐）房玄龄注，（明）刘绩补注：《管子》，上海古籍出版社2015年标点本，第473页。
② 傅乐成：《汉代的山东与山西》，《汉唐史论集》，台湾联经出版事业公司1977年版，第67页。
③ 邢义田：《试论汉代的关东、关西与山东、山西》，《秦汉史论稿》，台湾东大图书股份有限公司1987年版，第85—120页。

籴于秦","秦于是乎输粟于晋,自雍及绛相继,命之曰泛舟之役"①。可见,早在春秋时期,我国就已经开始大规模水运物资。古人在充分利用自然水道的同时,设法开凿了大量人工水道,以沟通不同水系,补充自然水道之不足,"荥阳下引河东南为鸿沟,以通宋、郑、陈、蔡、曹、卫,与济、汝、淮、泗会。于楚,西方则通渠汉水、云梦之野,东方则通(鸿)沟江淮之间。于吴,则通渠三江、五湖。于齐,则通菑济之间。于蜀,蜀守冰凿离碓,辟沫水之害;穿二江成都之中。此渠皆可行舟,有余则用溉浸,百姓飨其利"②。中国的运河运输网络初步形成。早期的运河多以"沟""渠"命名,"运河"之称出现相对较晚,如北宋水利文献《吴中水利书》记述常州一带河网时称:"常州运河之北偏乃江阴县也,其地势自河而渐低,上自丹阳,下至无锡。运河之北偏,古有泄水入江渎一十四条。"③此条记述已至中古时期。元代以来,京杭运河南北贯通后,亦有"运河"之称,如"里河者,江船不入海而入河,故曰里河也。里河自通州而至仪真、瓜洲,水源不一,总谓之漕河,又谓之运河"④。此后,"运河"这一词汇的使用更加频繁。自元代以来,山东运河的开凿和使用,与山东的自然地理条件的关系更加直接。

从地形地貌来看,山东境内中部山地突起,西南、西北地势平坦低洼,主要有鲁中南山地丘陵区、胶莱平原区、胶东丘陵区、鲁西南—鲁西北平原区及现代黄河三角洲等地貌分区,形成了以中部山地丘陵为骨架、平原盆地交错环列的地形概貌。山东中西部地形地貌与山东运河的开凿和使用有直接的关系。泰山、鲁山、沂山、蒙山的主

---

① 李梦生:《春秋左传译注》,上海古籍出版社2010年版,第230页。
② (汉)司马迁:《史记》卷二十九《河渠书》,第1407页。
③ (宋)单锷:《吴中水利书》,王云五主编:《丛书集成初编·吴中水利书及其他二种》,商务印书馆1936年版,第3页。
④ (明)王琼:《漕河图志》卷一,水利电力出版社1990年标点本,第9页。

峰均在海拔千米以上，构成了该区脊部。丘陵东部为山麓堆积平原，海拔为40—70米，区内石灰岩分布广泛，喀斯特地貌发育，地下裂隙溶洞水受阻后一部分涌出地表，形成诸多泉群，水量较为充沛，成为明清时期山东运河重要的补给水源。鲁西南—鲁西北平原区由黄河冲积而成，是华北平原的组成部分，海拔大多在50米以下，自西南向东北微倾。由于黄河多次决口改道和沉积，地表形成了一系列高差不大的河道高地和河间洼地，虽然济宁一带地势稍高，但南北地势总体较为平坦，基本满足了开凿运河所需的地势条件。

从水系分布来看，山东水系比较发达。历史上的山东水系受黄河干扰等因素的影响，存在较大的变化。邹逸麟教授依据《水经注》等文献，对元代运河开凿前山东水系进行了系统深入的研究，将山东分为河漯平原区和汶泗水系区。其中河漯平原区有战国至西汉末年的大河故渎、漯水，东汉至北魏时的黄河、瓠子河；汶泗水系区主要有汶水水系、泗水水系及汶、泗二水西侧的桓公沟。此后山东水系亦存在局部的变迁，但总体而言，"公元六世纪时，今临清卫河和徐州淤黄河之间的大运河沿线地带，河流纵横交错，湖泊也相当发育，水运交通初具规模。以后河流改道、淤废，湖泊逐渐消失，造成了极为复杂的地形，给元代以后山东运河的开凿和通航带来种种不利的因素"①。明清以来，山东自然河流的平均密度达到每平方公里0.7公里以上。干流长度超过10公里的河流有1500多条。这些河流分属于淮河流域、黄河流域、海河流域、小清河流域和胶东水系。山东湖泊集中分布在鲁中南山地丘陵区与西南平原之间的鲁西湖带，以济宁为中心分为两大湖群，以南为南四湖，以北为北五湖，前者以微山湖为代表，后者以东平湖为代表。山东东部水系比较发达，为运河开凿和

---

① 邹逸麟：《山东运河历史地理问题初探》，载《椿庐史地论稿》，天津古籍出版社2005年版，第152页。

水源补给,提供了必要的条件。

从气候特点来看,山东属温带季风气候类型,具有降水集中、雨热同季、春秋短暂,冬夏较长的特点,春夏秋冬四季分明。全省年平均气温为11.5℃—14℃,由南而北、自西向东递减。总体特点是季节变化显著,冬季寒冷,夏季炎热,春季回暖迅速,秋季降温快,1月份气温最低,7月份气温最高,无霜期为180—220天,作物生长期较长,热量条件可以满足一年两作的需要。全省年平均降水量为550—950毫米,降水量分布特点是南部大于北部,山区大于平原,沿海大于内陆,由东南向西北递减。降水量多集中于每年的6—9月份,且年际变率较大,每30—40年即出现一次平、枯、丰周期性循环过程。这一特点造成山东运河春、冬水源不足,严重依赖汶水及鲁中泉水接济,而夏、秋积水过多,且因运河纵贯南北,运河河堤阻挡了西部积水的下泄,容易产生内涝,甚至冲决运河,给航运造成不利影响。

二 山东运河开凿和使用的历史

山东的自然风貌构成了开凿运河、保障漕运的基础条件,同时也决定了山东运河开凿的路线、河道特点及运河发展历程。京杭大运河(山东段)由北向南依次流经德州、聊城、泰安、济宁、枣庄5市,全长963.5公里,由南运河山东段(冀鲁交界—聊城市临清市,长127.8公里)、会通河山东段(聊城市临清市—济宁市微山县,长766公里)和中河山东段(济宁市微山县—苏鲁交界,长70.7公里)三个段落组成,其中古运河643公里,中华人民共和国成立后新修河道300多公里,支线延伸到菏泽市。沿线5市总面积4.21万平方公里,占山东省的26.7%;人口总量2973万,占全省的29.9%。由于大运河(山东段)是大运河全线地势最高、修建维护最为复杂的河段,工程技术巧妙复杂,地位作用突出,许多重大工程难题在此集中,展现了中国古代水利科技的最高成就。南运河山东段沟通了海河南水系各支流,至今仍保留着原有河道形态和人工弯道特点;会通河山东段构建起华北海河水系和黄淮水系的直接联系,标志着京杭大运河的全线通航,通过设置闸坝、开凿引河、设立水柜、建设分水枢纽工程解决水源问题,成为中国水利科技发明创造的重要成就和典范;中河山东段解决了黄河水患和运河淤塞的难题,使大运河绝境重生,南北漕运日益繁盛,是至今仍在全线通航的河段。

总体来看,山东运河的开凿和使用延续了较长的历史时期。周敬王三十六年(前484),吴王夫差在山东鱼台和定陶之间"阙为深沟,通于商鲁之间,北属之沂,西属之济,以会晋公午于黄池"[①]。因其水源来自古菏泽,故称菏水。这是山东境内开凿最早的运河。齐威王时期(前356—前320),曾开凿了连通淄水与济水的运河。秦汉时期,山东运河时有修治。东汉末建安九年(204),曹操在淇水入黄河处修建枋头堰,"遏淇水入白沟,以通粮道"[②],经临清、武城、德州,再经河北景县、东光、南皮、沧县至天津入海。东晋太和四年(369),桓温北伐前燕,在巨野开渠300余里,沟通泗水、汶水、济水,以通黄河,被称为"桓公沟""桓公渎",为后世开挖济州河奠定了基础。隋炀帝即位后,于大业四年(608)春,"诏发河北诸郡男女百余万,开凿永济渠,引沁水,南达于河,北通涿郡"[③]。此渠自馆陶进入山东后,经永济(今山东冠县北)、临清(今山东临清西南),折回河北清河、清阳(清河县东),再进入山东武城(今山东武城西北)、长河(今山东德州),此后再入河北。唐载初元年(690),引汴水为源,自开封东行,经曹州至巨野泽开湛渠。五代时

---

① 《国语》卷十九《吴语》,上海古籍出版社1978年标点本,第604页。
② (晋)陈寿:《三国志》卷一《魏书·武帝纪》,中华书局1971年标点本,第25页。
③ (唐)魏征等:《隋书》卷三《炀帝上》,中华书局1973年标点本,第70页。

期，后周显德二年（955），周世宗柴荣疏浚汴水，以通山东漕粮。北宋多次疏浚五丈河，改称广济河。

元代运河和以前各个朝代相比，出现了显著的差异，其原因主要是国都的变迁。史念海教授指出："以前各朝，只要不是在分裂或偏安的时期，对于国都的选择总是离不开长安、洛阳和开封，而当时的经济中心和富庶区域则是在东部或东南部，所以当时的运河是呈东西方向的。这东西方向的运河形成了国内主要的交通干线。其中虽有南北方向的，但这南北方向的运河原是辅助东西方向的主要交通干线的，若是失了辅助的功效，就要减少它的意义。"① 阐述了元代运河开凿路线与前代出现差别的根本原因。尤其需要指出的是，自唐末以来，全国经济重心逐步南移。元代建都大都，全国政治中心地处北方，经济中心则远在南方，《元史》称："元都于燕，去江南极远，而百司庶府之繁，卫士编民之众，无不仰给于江南。"② 朝廷对完善水运体系，保障大都粮食等物资供应非常重视。为此，郭守敬"在西夏尝挽舟溯流而上，究所谓河源者，又尝自孟门以东循黄河故道纵广数百里间，皆为测量地平，或可以分杀河势，或可以灌溉田土，具有图志。又尝以海面较京师至汴梁地形高下之差，谓汴梁之水去海甚远，其流峻急；而京师之水去海至近，其流且缓"③。在黄河故道纵广数百里间，测量了包括海拔高程在内的基础数据，为科学规划黄河以北包括山东在内的河运路线创造了条件。元代南粮北运，"其初，粮道则自浙绝江入淮，由黄河溯中滦，旱站陆运至淇门一百八十余里，入御河，达于京"④。至元十二年（1275），郭守敬奉命勘察河

---

① 史念海：《中国的运河》，陕西人民出版社1988年版，第267页。
② （明）宋濂等：《元史》卷九十三《食货一》，中华书局1976年标点本，第2364页。
③ （元）齐履谦：《知太史院事郭公行状》，载《国朝文类》（《四部丛刊》本）卷五十，商务印书馆1919年版，第544页。
④ （明）杨宏、谢纯：《漕运通志》卷一《漕渠表》，明嘉靖七年（1528）杨宏刻本。

北、山东、河南、江苏等地汶河、泗河、卫河河道。十九年（1282），南自济州（今山东济宁），北至安山（今山东东平），全长130余里的济州河工程完工。济州河南接金代开凿的泗水运道，向北至东阿与大清河相通。此后，为统筹管理南粮北运，朝廷遂设置"汶泗都漕运使司，控引江、淮、岭、海，以供京师"①。在济州河开通后，南方漕粮得以"自任城分汶水西北流，至须城之安民山，入清济故渎，通江淮漕，经东阿至利津入海，达直沽"。但此后"海口沙壅，又循东阿转二百②里抵临清，下漳、御至京"③，为此"徙民一万三千二百七十六户，除租庸调"，仍采用水陆兼运的方式运送漕粮。陆运效率低下，百姓非常劳苦，"道经茌平，其间苦地势卑下，遇夏秋霖潦，牛偾辕脱，艰阻万状，或使驿站旁午，贡献相望，覆载底滞，晦暝呼警，行居骚然，公私为病，为日久矣"④。因此，元世祖续于至元二十六年（1289），委派漕运副使马之贞自须城安山，经东阿、聊城至临清，开凿全长250余里的会通河，自此南方漕粮可通过此段运河，沿水路直达大都，京杭大运河首次实现了全线贯通。但会通河纵跨山东地垒，而以济宁汶上南旺镇地势最高。元代会通河分水枢纽在济宁会源闸（明、清两代称天井闸），距离会通河地势最高的南旺约40公里，高程相差10余米，导致南旺段山东运河供水困难，水源不足，"初浚不可重负，岁运不过数十万石而已"⑤。虽然如此，元代运河基本确定了后世山东运河的基本走势，山东作为畿南重地、漕运要道的地位逐步确立起来。

明初靖难之役后，永乐帝迁都北京，随着修建工程的集中进行与

---

① （元）杨文郁：《开会通河功成之碑》，载（明）陆釴等纂修《（嘉靖）山东通志》卷六《山川下》，嘉靖十二年（1533）刻本。
② （元）杨文郁：《开会通河功成之碑》作"三百"。
③ （明）杨宏、谢纯：《漕运通志》卷一《漕渠表》。
④ （元）杨文郁：《开会通河功成之碑》。
⑤ （明）杨宏、谢纯：《漕运通志》卷一《漕渠表》。

全国政治中心的北徙，北京地区人口激增，从富庶的江淮地区运送更多的粮食等物资，以满足北京的供应，成为明王朝之大政。经过元末明初的战乱及黄河决口改道的冲击，明初山东运河淤塞严重，部分河段已不能通航。永乐九年（1411），明成祖朱棣采纳济宁同知潘叔正的建议，命工部尚书宋礼重新疏浚山东境内的元代运河。宋礼"用汶上老人白英策，筑坝东平之戴湾，遏汶使无入洸，而尽出南旺"，在南旺水脊之南北，设置闸门三十八座，通过闸之启闭，调节水量和水位，"漕道大通，浅船约万艘，（每艘）载约四百石，粮约四百万石，浮闸，从徐州至临清，几九百里，直涉虚然"①。此后，明代海、陆运粮方式基本废止，而专行河运。正统、景泰中，黄河决口，冲毁山东运河，徐有贞治理黄河，保障了漕运畅通。此后，白昂、刘大夏于弘治中先后主持治理张秋决河。为防止黄河干扰漕运，逐步在黄河北岸修筑坚固的防洪长堤，基本达到了防止黄河北犯冲决运道的目的。明代中期以后，黄河洪水不再侵犯张秋，河患逐步移至山东济宁以南，呈现多股分流入运之势。嘉靖之后，黄河对运河的干扰多集中于济宁至徐州之间的泗水运道。自嘉靖六年（1527）至万历三十二年（1604）近八十年间，朱衡、刘东星、李化龙、曹时聘等相继开凿了南阳新河和泇河，对济宁以南至徐州之间的运道进行了全面的改造。

自明代以来，山东运河在修建闸坝等水利设施及调节运河水量方面，形成了一套完整的系统。至清代，虽基本遵守明代治河成规，未再大规模开凿新的运河。但原有工程长期使用，不可避免地因河水冲刷及自然风化而侵蚀损坏，清代遂对山东运河进行了较多的维护与整修。如为解决南旺到临清河段经常性的淤积问题，顺治十年（1653）

---

① （明）万恭：《治水筌蹄》（《中国水利古籍丛刊》本），水利电力出版社1985年标点本，第71页。

规定:"南旺、临清岁一小浚,间岁一大浚"①。乾隆四十九年(1784),对山东运河捞浅清淤,又制定了"一岁一小浚,五年一大浚"的整治制度。清代乾隆朝之后,仍继续保持对运河的不断治理。嘉庆九年(1804),"因山东运河浅塞,大加浚治,由预蓄微山诸湖水为利运资"②。为保障山东运河水源,清代加大了对山东泉源的治理和维护。康熙六十年(1721)上谕称:"山东运河全赖众泉蓄泄微山湖,以济漕运。今山东多开稻田,截湖水上流之泉,以资灌溉。上流既截,湖水自然无所蓄泄,安能济运?"遂命张鹏翮前往山东,申饬地方官,"令其相度泉源,蓄积湖水,俾漕船无误"③。雍正元年(1723),朝廷下令,"凡沿湖近地已成田者不必追究,其未经耕种者,当湖消落,速宜严禁,不可仍令侵占"④。自乾隆后期起,清朝政治日益败坏,官吏玩忽职守,贪污成风,运河淤塞,河政败坏,治河陷入恶性循环,漕敝积重难返。黄河决溢频繁,多次冲毁运道。至道光年间,黄河已有北趋之势,时任河东河道总督林则徐认为"欲救江、淮之困,必须改黄河于山东入海"⑤。咸丰五年(1855),黄河在河南省兰考县决口北流,在张秋穿运河,夺大清河至利津入渤海。此后,黄河不再行经安徽、江苏,而在山东与运河交汇,致使大量运河工程失效。山东运河北段主要以汶水为源,黄河北徙后,汶水随黄河东流入海,不能逾黄而北,黄河以北运河张秋至临清段水源枯竭。此后,清廷关于黄河堵口与改道之争持续三十余年。同治十二年(1873),直隶总督李鸿章奏称:"淮徐故道势难挽复,且于漕运无甚裨益","此时治河之法,不外古人'因水所在,增立堤防'一语。

---

① (清)杨士骧等修,孙葆田等纂:《(光绪)山东通志》卷一二六。
② 赵尔巽等:《清史稿》卷一二七《河渠志》,第3784页。
③ 《清圣祖实录》卷二九二"康熙六十年辛丑",抄本。
④ (清)托津:《钦定大清会典事例》,嘉庆二十三年(1818)刻本。
⑤ (清)林则徐:《致陈寿祺书》,载杨国桢编《林则徐书简》,福建人民出版社1981年版,第24页。

查北岸张秋以上有古大金堤可恃以为固,张秋以下岸高水深,应由东抚随时将民堰保护加倍,至侯家林上下民堰,仿照官堤办法一律加高培厚。"① 至光绪十三年(1888),清廷最终决定:"黄流筹复故道,迭经臣工条奏,但费巨工繁,故道一议止可缓图。"② 清末仅山东、江苏北部等地漕粮仍经由运河运往北京,大部分漕粮以海运为主。至光绪二十七年(1901),停止漕运,山东运河遂更无人过问,其历史使命亦随之而终结。

总体来看,元代之前,我国的政治中心均在山东以西,而河流多自西向东流淌,因此山东境内的物资东运,往往主要利用自然河道,而兼及于人工漕渠。除金朝作为较为短暂的地方政权定都北方,运输路线为南北方向外,在元代之前的较长历史阶段,山东的漕运大多为东西向,其漕运路线与元代之后存在较大差别。山东独特的历史地理环境对山东运河的开凿和维护造成了直接的影响。元代以来,各个王朝均在开凿路线、工程技术及补给水源等方面,充分考虑了山东历史地理特点,突破了汶河分水济运、设立闸坝调节运河水位、设置水柜蓄泄运河之水等技术难关,大大提升了我国古代的水利技术水平,遂使山东运河的开凿、维护与使用代表了中国水利工程和水运交通的最高成就。

第二节 山东运河区域的界定

山东运河河情复杂,涉及面广,采用的标准不同,运河区域的大小也存在较大差别。特别是自元代起,运河存在较长时期的借黄行运情况。为了避免黄河对运河的侵扰,自明代后期以来,对山东运河南

---

① 赵尔巽等:《清史稿》卷一二六《河渠一》,第3750页。
② (清)杨士骧等修,孙葆田等纂:《(光绪)山东通志》卷一二四《河防志第九》。

段进行了较大规模的修治与改造,河道亦随之出现较大变化。因此,专题研究山东方志运河文献,必须首先明确研究的地域范围,划清其行政区域边界,并以区域内历代纂修的方志为研究对象,对其中丰富的运河文献进行较为深入细致的专题研究。今按照由大及小的顺序,将山东运河区域的范围划分为运河辐射区、运河水系区、运河流经区,并分述如下。

一 运河辐射区

运河辐射区即受运河影响的区域。山东境内的京杭运河河段全长963.5公里,是明清时期重要的经济带、文化带,不同地域的人员与物资沿运河流动,随之带来了地域文化的碰撞与交融。这种人员、物资、文化的流动,因为运河载体的影响,实现了地域特色与运河特色的碰撞杂糅,沾染了较为鲜明的运河色彩,并由此形成了运河辐射区。

(一)运河文化对周边区域的辐射与影响。运河作为重要的水上交通要道,在不同地域文化碰撞、传播方面,发挥着独特的作用。特别是山东沿运区域人员的流动,加速了各地民风的濡染与交融,形成了较为鲜明的运河民风民俗。山东方志中关于运河商贸对民风影响的记述颇为详悉,如《(道光)济宁直隶州志》称:"济当河漕要害之冲,江淮百货走集,多贾贩,民竞刀锥,趋末者众。"[①]可见济宁民风受运河影响之大。此外,从纵向发展来看,运河区域文化同时亦显示出运河文化与儒家文化及旧有习俗碰撞、融合、发展的清晰轨迹。如元代山东运河载货量小,岁不过数十万石,运河商贸尚处于起始阶段,《(康熙)临清州志》引《元类书》称:"家习儒业,人以文鸣,

---

① (清)徐宗幹修,许瀚纂:《(道光)济宁直隶州志》卷三《风土》。

农桑务本,户口殷富。"① 可见元代临清百姓尚主要以传统耕读为主。至明代之后,儒家文化的影响仍然巨大,"崇礼让,重廉耻,不好健讼,服贾者居田什之六,士大夫尚礼好义,文物甲于东方"②。但临清作为沿运城市,商民丛集,"俗近奢华而有礼,士虽务名而有学,文教聿兴,科第接踵,舟车毕集,货财萃止,诚天下佳丽之地,衣冠文物胜于他邑"③。显示出运河商贸元素对临清民风影响的逐步增加,临清作为山东运河沿岸的重要城市,遂兼具运河商贸文化、传统儒家文化及农耕农业文化等多重色彩,具有较为鲜明的文化特色。

(二)运河商贸物资流通对周边地域的辐射与影响。山东作为运河流经的重要河段,其济宁、临清等地成为重要的物资集散地,南方的土产通过运河运至山东,山东的商品也沿运河运输到省外。由南方北运的商品主要有纺织品、茶叶、纸张、瓷器等,从山东南运的商品主要为棉花、豆类和干鲜果品。如山东高唐、夏津等地广泛种植棉花,"富商巨贾操重资来市者,白银动以数万计,多或数十万两"④。临清成为山东运河区域最大的棉织品批发与销售市场,商人从江南贩卖棉布,"其溯淮而北上,走齐鲁之郊,仰给京师,达于九边,以清源为绾毂"⑤。乾隆时期,济宁"环城四五里皆种烟草,制卖者贩郡邑皆遍,富积巨万"⑥,可见山东沿运地区的商品经济已经达到了较大的规模和较高的水平。运河商贸物资的流通,将运河交通、运河商贸与运河沿运地区的商品生产联系起来,形成了运河经贸辐射带,改

---

① (清)于睿明修,胡悉宁纂:《(康熙)临清州志》卷一《风俗》,康熙十三年(1674)刻本。
② (清)于睿明修,胡悉宁纂:《(康熙)临清州志》卷一《风俗》。
③ (清)岳濬、法敏修,杜诏、顾瀛纂:《(雍正)山东通志》卷二十三,清文渊阁《四库全书》本。
④ (清)叶梦珠:《阅世编》卷七,载谢国桢《明代社会经济史料选编(中)》,福建人民出版社1980年版,第211页。
⑤ (明)陈继儒:《陈眉公全集》卷五十九《布税议》。"清源"即指临清。
⑥ (清)王培荀:《乡园忆旧录》卷三。

变了运河区域的物产类别与经济模式，显示出运河巨大的经济辐射力。

（三）运河漕粮的征收运输对周边地域的辐射与影响。山东地处畿南，为有漕省份。道光九年（1829），山东省十府中有漕粮征收之责的为济南、泰安、武定、兖州、曹州、东昌六府，主要征收粟、米、麦、豆。山东漕粮分正兑、改兑两种，"各省漕粮运京仓者为正兑，运通仓者为改兑"①。仅就正兑而言，道光九年（1829），山东额征正兑正米八万三千二百九十四石，耗米二万八百二十四石，正兑正麦九千九百一十五石，耗麦二千四百七十八石，正兑正豆八万二千一百一十三石，耗豆二万五百二十八石，涉及山东过半府州县。府州县官府有催征之责，百姓有缴纳之务，运河漕粮的征收及其他与运河有关的税收和徭役负担，也使运河对基层政务和百姓生活产生了广泛复杂的影响。

总体来看，对运河辐射区的界定具有较大的模糊性，其范围相对较为广阔，这也是由运河对社会影响的复杂性与浸润性所决定的。明清时期，运河的重要性与独特作用大大提升了运河对周边地区的辐射力，涵盖山东中西部的大部分地域，形成了面积较广的辐射区。

二 运河水系区

山东运河河道、运河支流及黄河、泗水、洸河等对运河有重要影响的河流构成了运河水系区。就山东运河河道及主要支流而言，山东临清以北运河为卫河天然河道，"自临清而北至直沽，会白河入海者，卫水也"②。山东临清以南运河则多为人工开凿的河道，往往通过人工引水，以补给运河水源。"自汶上南旺分流，北经张秋至临清，会

---

① （清）福趾：《户部漕运全书》卷一，清光绪刻本。
② （清）张廷玉等：《明史》卷八十五《河渠三·运河上》，第2077页。

卫河，南至济宁天井闸，会泗、沂、洸三水者，汶水也。自济宁出天井闸，与汶合流，至南阳新河，旧出茶城，会黄、沁后出夏镇，循泇河达直口入黄济运者，泗、洸、小沂河及山东泉水也。"① 可见，汶水、泗水、沂水、洸水为山东运河的重要补给水源，与运河共同构成了山东运河水系的网络。此外，"黄河自唐以前，皆北入海。宋熙宁中，始分趋东南，一合泗入淮，一合济入海。金明昌中，北流绝，全河皆入淮"②。但因黄河多沙、势大、易决，对山东运河产生了巨大的影响。一方面，黄河经常决口泛滥。"元溃溢不时，至正中受害尤甚，济宁、曹郓间，漂没千余里。贾鲁为总治，导使南，汇淮入海。"③ 入明后，一方面，黄河仍不时侵扰运河。洪武二十四年（1391），"河水暴溢，决原武黑阳山……又由旧曹州、郓城两河口漫东平之安山，元会通河亦淤塞"④；另一方面，黄河在保障明代运河漕运方面亦大有功用。永乐九年（1411）七月，"河复故道，自封丘金龙口，下鱼台塌场，会汶水，经徐、吕二洪南入于淮"。是时，宋礼、金纯等疏浚会通河成，"黄河与之合，漕道大通，遂议罢海运"⑤。因此运河水系不仅涉及山东境内对运河有补给作用的汶河等区域性河流及泉源，而且还涉及黄河等流域面积广大的河流，影响所及，达于鲁中、鲁西的大部分地区。

需要指出的是，山东运河的"泉河"性质，决定了山东运河必然要大量利用山东中部各地之泉源进行补给。这部分地域作为山东运河水源所在地，在保障运河通航方面具有巨大的作用。如张文渊记肥城县境内黄家泉、胡家泉、臧家泉、盐河泉、清泉凡五泉，其记"胡家

---

① （清）张廷玉等：《明史》卷八十五《河渠三·运河上》，第 2077 页。
② （清）张廷玉等：《明史》卷八十三《河渠一·黄河上》，第 2013 页。
③ （清）张廷玉等：《明史》卷八十三《河渠一·黄河上》，第 2013 页。
④ （清）张廷玉等：《明史》卷八十三《河渠一·黄河上》，第 2014 页。
⑤ （清）张廷玉等：《明史》卷八十三《河渠一·黄河上》，第 2014—2015 页。

泉"称："距前（按，即指黄家泉）二里，出平地沙土中，水深三寸，阔三尺，西南流二里，入盐河。"记"臧家泉"称："距前一里，出平地沙土中，水深三寸，阔四尺，西南流一百余步入盐河。"① 胡瓒在《泉河史》卷三《泉源志》中记述了万历二十七年（1599）前后之肥城县境内泉源称："旧五，新四，凡九。"② 其所称"旧五"中，与《东泉志》同载的有黄家、臧家、盐河、清等四泉，而《东泉志》原载之胡家泉则未见，当因年久湮塞。其新开之泉则有"吴家、开河、拖车、马房"四泉。明代山东运河专书对各县泉水亦往往多有记述。如王琼《漕河图志》卷二《漕河上源》即在"诸泉发源"条内称："肥城县七泉俱入于汶：咸水泉、董家泉、臧家泉、吴家泉、王家庄泉、清泉、新开臧家泉。"③ 谢肇淛《北河纪》卷二《河源纪》记述汶水源流称："汶之泉百四十又四……在肥城者九，曰黄家，曰吴家，曰臧家，曰董家，曰盐河，曰开河，曰拖车，曰马房，曰清。"④ 王琼《漕河图志》记述大致为弘治九年（1496）前后肥城泉水情形，与《东泉志》所记大致相合。谢肇淛《北河纪》所记为万历四十二年（1614）前后肥城泉水情形，与胡瓒《泉河史》所记完全相合。由上可见，山东肥城等地属于山东中部山区泉源分布密集区，在山东运河水源补给中发挥着重要作用，因而受到山东相关官员的重视，并在各类文献中有较多保留。据此亦可说明，山东运河水系区与山东运河有着千丝万缕的联系，亦应作为山东运河研究的范围加以考虑。

---

① （明）王宠：《东泉志》卷二，"天津图书馆孤本秘籍丛书"，第7册，中华全国图书馆文献缩微复制中心1999年影印本，第793页。

② （明）胡瓒：《泉河史》卷三，《四库全书存目丛书》史部第222册，齐鲁书社1996年影印本，第545页。

③ （明）王琼：《漕河图志》卷二，第81页。

④ （明）谢肇淛：《北河纪》卷二，万历四十二年（1614）刻本。

三 运河流经区

运河流经区即运河流经的区域，这一区域的划分具有相对明晰的范围，中办、国办《大运河文化保护传承利用规划纲要》（以下简称为《纲要》）根据大运河文化影响力，以大运河现有和历史上最近使用的主河道为基础，对大运河文化带进行了科学分区。其中核心区为大运河主河道流经的县（市、区），这一区域是孕育形成大运河文化的主要空间，也是大运河文化带建设的关键区域。按照这一标准，山东共有核心区18个。拓展区为大运河主河道流经的地市，是大运河文化向外逐步拓展，与沿线地域文化融合的交汇地带，是大运河文化带的重点区域。按照这一标准，山东共有拓展区5个。今据以列表如下：

表1-1　　　　山东大运河文化核心区、拓展区一览表

拓展区	核心区
德州市	德城区、武城县、夏津县
聊城市	临清市、茌平区、东昌府区、阳谷县
泰安市	东平县
济宁市	梁山县、汶上县、任城区、嘉祥县、鱼台县、微山县
枣庄市	滕州市、薛城区、峄城区、台儿庄区

上表涉及的地市已经基本覆盖了山东运河所经的主要地域，划分较为合理，且具有较强的可操作性。正基于此，在具体论述过程中，即将主要研究对象确定为本地域内不同历史时期、特别是明代以来各相应行政区域内纂修的府、州、县志及其中存录的运河文献。

此外，尚需解决的一个问题是，《纲要》对山东大运河文化核心区、拓展区的界定和表述基于现行行政区划，而与明、清山东行政区

划存在一些差别。主要有以下几方面。

　　第一类是中华人民共和国成立前已有县相关区划的变迁。即此县在明代以来一直存在，但其所属行政区划出现变化。其一为部分沿运县所属省份发生变迁。这主要是指明清、民国时期属于山东的县在中华人民共和国成立后归属外省。如馆陶县"元属东平路，至元二年改属濮州。明洪武初改属东昌府，弘治二年，升临清为州，割属临清。清朝属东昌府，民国元年，府制废，改属济西道。三年，济西更为东临，又属东临道。十七年废道，直属山东省政府"①。可见，馆陶县自设县以来即归山东省管辖。自民国二十六年（1937）"七七事变"爆发，成立馆陶县抗日政府后，方属冀南区。中华人民共和国成立后，馆陶属邯郸专区，旋划归山东省德州专区、聊城专区，1965年划归河北省邯郸专区。此后，馆陶一直属河北省。自明代以来，馆陶县一直归山东管辖，因此在历代纂修的《山东通志》《东昌府志》及清代纂修的《临清直隶州志》中，均列入馆陶县。且馆陶为明、清两代山东运河所经的重要区域，"地扼南北咽喉，兼据水陆通衢"②，相关方志中存录馆陶境内运河文献数量较多，因此有必要将馆陶纳入研究范围。其二为部分沿运县所属府、州发生变迁。明代以来，山东沿运地域府、州、县区划存在较多变迁。如明清以来济宁州的区划，《（道光）济宁直隶州志》卷二之一"济宁直隶州"条引《通志》称："济水南会泗，北会汶，州居其中，故以济宁为名。"并指出明代济宁领三县，分别为金乡、嘉祥、鱼台，"顺治初因明制，州隶兖州府，领嘉祥、巨野、郓城"，"雍正二年，分为直隶州，领县如故。八年，仍属兖州府，不领县。乾隆四十一年，仍升为直隶州，割兖州府之汶上、嘉祥、鱼台三县来归。四十五年以后，汶上还属兖州府，

---

　　① 王华安、丁世恭修，刘清如纂：《（民国）馆陶县志》卷一，民国二十五年（1936）铅印本。
　　② 王华安、丁世恭修，刘清如纂：《（民国）馆陶县志》卷一。

割金乡来归"。① 可见，济宁州在雍正中曾短暂升直隶州，旋撤，至乾隆中再升直隶州。其属县亦不断变化，少时无属县，而在乾隆中领嘉祥、鱼台、金乡三县，此后较长时期内保持稳定。这些均在不同时期纂修方志中有所体现，亦为运河区域划分需要考虑的基础因素。

第二类是中华人民共和国成立后县域所属区划的变迁。其一为设立新县。中华人民共和国成立后，根据行政需要，对山东及周边地域区划进行了调整。河北省临西县原本属山东东昌府、临清直隶州，为临清之卫运河以西部分。民国二十六年（1937），日军袭占临清。民国二十八年（1939），中国共产党于临清县西境（今临西县域）建临清县抗日民主政府，属鲁西北行政委员会领导。中华人民共和国成立初，先后划归山东省德州专署、聊城专区。1965 年成立临西县，先后归邢台专区、邢台市管辖。临西县设立较晚，在明清时期未纂修专门县志，而其县属运河以西地区在明清、民国时期均属临清管辖，其县域有关运河的内容亦在《东昌府志》《临清州志》记述范围之内。若仅以今日省界为限，则不符合旧有山东行政区划，且造成山东运河研究范围的不完整，因此有必要将河北临西县纳入研究范围。其二为撤销旧县。如运河沿岸的东昌府所属堂邑县设县较早，元属山东东昌路，明清属山东东昌府，民国时期属山东东临道，1928 年废道后直属山东省。中华人民共和国成立后，1949 年属平原省聊城专区。1952 年 11 月，平原省撤销，堂邑县划归山东省聊城专区。1956 年，山东省堂邑县建制被撤销，划归山东省聊城县。再比如运河沿岸东昌府属博平县，元属东昌路，明、清属东昌府，1914 年属东临道，1928 年直属山东省，1946 年属冀鲁豫边区第六专区，1949 年属平原

---

① （清）徐宗幹修，许瀚纂：《（道光）济宁直隶州志》卷二。此志于此条后，有小注解释明清府州县隶属制度，"明承元制，以县隶州，以州隶府，府隶中书省。后改为布政司，其州之不系于府而直隶于省者，谓之直隶州。康熙中，尚有隶府而仍领县者，雍正以后如今制"。

省聊城专区。1952年平原省撤销，划归山东省聊城专区。1956年博平县建制撤销，辖区划归茌平县。这些县虽然今天已不存在，但是在明代以来均曾多次纂修县志，（清）卢承琰修、刘淇纂《（康熙）堂邑县志》为公认的名志，此志"变通前志体例，去纲列目，厘次明晰……增帙续补，详实精审"①，因而备受推崇。因此，在研究中，应当充分重视这些历史上曾经出现的运河沿线的方志，并将其纳入研究范围中。

总体来看，山东省的行政区划始终处于不断变化之中，明确较为清晰、宽窄得当的方志研究地域范围，是摸清山东方志底数，进而对山东方志存录运河文献进行较为深入研究的重要基础。若以运河辐射区、运河水系区为研究对象，则存在研究范围过大、地域边界过于模糊的问题，不仅难以确定研究范围，而且因为研究对象过于庞杂，亦不利于对山东方志运河文献进行有针对性的研究。相对而言，以山东运河流经区明清时期纂修的方志作为研究范围，总量可控，边界清晰，内容集中，具有较强的可操作性，其涵盖面亦较为完整。因此，本研究以中办、国办《大运河文化保护传承利用规划纲要》列举的大运河文化核心区、拓展区范围为基础，有机结合明代以来山东行政区划变迁，适当扩大研究的地域范围，充分考虑中华人民共和国成立后撤销旧州、县纂修的方志，确定科学合理的研究范围，为相关研究的有序推进，提供坚实的文献支撑。

---

① 金恩辉主编：《中国地方志总目提要》，汉美图书有限公司1996年版，第15—104页。

第二章　山东运河区域方志概述

　　山东运河在经历春秋至秦汉的初创、隋唐时期的繁荣、宋金时期的沉寂后，自元代起，特别是在明清时期达到鼎盛。因此，对山东运河区域方志的研究亦应具有较大的历史跨度。从山东运河区域方志文献纂修与存世状况看，隋唐之前以地记和图经为主，至宋代始出现较为定型的志书。从北宋末年起，山东先后被金、元占领，方志纂修一度陷于停滞。自元代建立并统一南北之后，为解决江南漕粮北运的困难，在山东境内先后开凿了济州河与会通河，实现了京杭大运河的南北贯通，山东省遂成为运河所经的重要省份。元代山东运河区域纂修方志数量不多，于钦纂修的《齐乘》为仅存之作。自明代京杭大运河疏浚通航后，废海运，专行河运，南方绝大多数漕粮均经由运河北运京师，山东的政治地位大大提升。与明代以来全国方志纂修日趋兴盛的总趋势一致，山东运河区域亦纂修了大量方志，保存了与山东运河有关的大量重要文献，为开展山东运河研究，提供了宝贵的资料。

　　从山东方志发展简史来看，与江浙等发达地区相比，山东宋元时期方志纂修相对较为落后。自明代起，受全国范围修志活动的推进及明代山东地处畿南、政治经济地位大大提升等因素的影响，山东沿运区域纂修方志数量大大增加。山东运河流经区域方志运河文献的形成与累积受到多方面因素的影响。概言之，主要有以下几方面。

　　一是山东政治经济地位的提升。自中古以来，中国政治中心自西而东逐渐转移，山东的政治地位亦逐步上升。元代定都大都后，调整全国建制，在各地设立10个行省，而将今山东、河北、山西地区作为"腹里"，由中书省直接管辖，并于至元二十三年（1286）设山东东西道宣慰使司，治益都，掌管军民事务，山东遂密迩京畿。自明代起，山东正式设立行省。明永乐中迁都北京，山东自此成为畿南重地、京师藩篱。清承明制，建都北京，乾隆九年（1744），山东巡抚喀尔吉善称："臣细察形势，东省为三辅之地，拱卫神京，泰山屹峙"①，山东省在区位上的重要性仍然得到延续。从经济方面来看，山东社会和宋元时代相比，经济发展更快。虽然在明末清初出现了短暂的战乱局面，但没有像宋金对峙和元末明初那样，对山东经济造成空前的大破坏。尤其是"明代中后期资本主义萌芽的出现和京杭大运河的贯通，山东除了传统的农业发展较快外，手工业和商业也保持较快发展，如在纺织业、采矿业、制瓷业、运输业方面较之前代都有了长足进步"②，这些都为山东方志的纂修提供了较为坚实的经济和社会基础。

二是山东运河的开凿、疏浚与使用。从京杭大运河的开凿史来看，山东境内的京杭运河河道主要开凿于元代，经明清两代不断使用和提升，遂对山东运河区域形成了广泛深入的影响，并为包括山东方志运河文献在内的各类相关文献的产生、累积奠定了基础。山东运河本身的重要性及多方面的影响，大大丰富了山东方志纂修的内容，并使山东方志具备了与其他地域方志不同的鲜明特色。

三是国家对运河重视程度的不断提升。方志具有鲜明的政治性，存世方志多为各级地方官主持纂修。元代以来，京杭大运河在运输漕粮等物资、维护朝廷统治等方面发挥着重要作用，国家往往设立各级

---

① 中国人民大学清史研究所、档案系中国政治制度史教研室合编：《清代的矿业》（上册），中华书局1983年版，第307页。
② 安作璋主编，朱亚非、陈东生编：《山东通史》（明清卷），人民出版社2009年版，第3页。

运河衙署，以保障运河的畅通。如明代即设立了较为完善的运河管理机构：

> 总督漕运都御史一人，驻淮安；理刑刑部主事二人，亦驻淮安；管厂工部主事二人，驻清江浦，监仓户部主事四人，分驻淮、临、徐、德；管河工部郎中二人，一驻安平镇，分理济宁以北；一驻高邮，分理济宁以南；管洪工部主事二人，一驻徐州洪，一驻吕梁洪；后又设管闸工部主事二人，一驻沛县，一驻济宁；管泉工部主事一人，驻宁阳；提举二人，一驻清江浦，一驻临清。①

其中不少官员即驻扎于山东临清、德州、济宁、宁阳等地，他们为履行保障运河漕运之职，先后纂修了《东泉志》《泉河史》等山东运河专志。而山东运河流经地域官员负有守土之责，在纂修方志时，亦往往专设"河渠志""漕运志"等类目，保存了大量运河文献。

四是山东运河文献的累积。方志具有较强的资料性。山东明代以来方志中收录的运河文献大多数并非方志所独有，而是方志纂修者根据修志之需要，在不同运河文献中采择、移录、剪裁与整理而成。因此山东方志运河文献的数量、类别与质量直接决定了山东方志运河文献的内容与特色。就山东运河发展史及方志纂修史来看，明代以来，逐步废海、陆运，专行河运，山东运河的重要性空前提升，与山东运河有关的文献亦随之大量出现，为山东方志运河文献的移录与编纂提供了客观条件。

五是方志自身发展脉络的影响。自明代以来，中国方志形态趋于

---

① （清）傅维鳞：《明书》卷六十九，康熙三十四年（1695）本诚堂刻本。

定型，方志发展进入繁荣期和成熟期。与全国方志纂修总趋势相一致，山东方志的纂修亦呈现出逐步发展、不断繁荣的趋势。特别是自清代以来，山东方志篇幅加长，门类增多，叙述更加细致，内容更加丰富，其关于山东运河及漕运的记述亦更加详细，为相关研究提供了重要的基础文献。

第一节 元代之前山东运河区域修志概述

从方志发展史的角度来看，"魏晋南北朝时期，由于社会的需要，地记得到了很大的发展，并形成了方志发展史上第一次高潮"①。地记是专门记载地方的山川风土、物产、人物等情况的著作。《南史》卷五十九《任昉传》称："昉撰杂传二百四十七卷，地记二百五十二卷，文章三百三十卷。"② 可见，地记在进入三国之后，逐渐呈现出发展兴盛的态势。至两晋南北朝时期，即成为当时方志的主要形式。

山东运河区域的方志最早出现于魏晋时期，主要形态即为地记。其纂修在京杭大运河开凿之前，虽与京杭大运河无直接关联，但其记述范围涉及京杭大运河流经地域，对于研究山东运河区域历史地理变迁，具有较大的价值。这些早期纂修的方志多为私家撰述，所记偏于地理，篇幅较小，记述较简，且今均亡佚不存，仅在《汉唐地理书抄》等辑佚书中保存了一些片段，其中对山东运河的记述更为有限。今据张国淦《中国古方志考》等文献，梳理元代之前山东运河相关区域方志纂修情况如下：

---

① 仓修良：《方志学通论》，齐鲁书社1990年版，第121页。
② （唐）李延寿：《南史》卷五十九，中华书局1976年标点本，第1459页。

表 2-1　　　　　元代之前山东运河区域通志纂修情况表

书名	时代	作者	存佚	备注
《兖州记》	晋	荀绰	佚	（清）文廷式《补晋书艺文志》二、（清）黄逢元《补晋书艺文志》二、（清）章宗源《隋书经籍志考证》六著录；有（清）王谟《汉唐地理书钞》辑本
《三齐记》	—①	—	佚	《太平御览经史图书纲目》有著录
《三齐略记》	—②	—	佚	（清）文廷式《补晋书艺文志》二、（清）章宗源《隋书经籍志考证》六、《太平御览经史图书纲目》著录；有（清）王谟《汉唐地理书钞》辑本
《齐记》	晋	伏琛	佚	（清）丁国钧《补晋书艺文志》二、（清）文廷式《补晋书艺文志》二、（清）秦荣光《补晋书艺文志》二、（清）黄逢元《补晋书艺文志》二著录；有（清）王谟《汉唐地理书钞》辑本
《齐地记》（二卷）	晋	晏谟	佚	（宋）欧阳修《新唐书·艺文志》二、（清）丁国钧《补晋书艺文志》二、（清）文廷式《补晋书艺文志》二著录；有（清）王谟《汉唐地理书钞》辑本
《齐地记》	—③	解道康	佚	（清）章宗源《隋书经籍志考证》六著录；有（清）王谟《汉唐地理书钞》辑本
《海岱志》（二十卷）	齐	崔慰祖	佚	（唐）魏征《隋书·经籍志》二、（后晋）刘昫《旧唐书·经籍志》、（宋）欧阳修《新唐书·艺文志》二著录
《青淄齐郓濮等州山川道路形势图》	宋	张齐贤	佚	—
《京东路图经》（九十八卷）	宋	—	佚	《宋绍兴秘书省续到四库阙书目》一著录

①　王桂云《山东方志汇要》著录为晋代。
②　王桂云《山东方志汇要》著录为晋代。
③　张国淦《中国古方志考》"齐地记"条不著解道康所处时代，唯称"《御览》引有黄初三年，当是魏以后书"，见《中国古方志考》，中华书局 1962 年版，第 187 页。刘纬毅《汉唐方志辑佚》"齐地记"条称"佚文记有'黄初三年'事，最早征引又为隋末之《书钞》，故解道康约为隋前、晋后人"，见《汉唐方志辑佚》北京图书馆出版社 1997 年版，第 267 页。王桂云著录为晋代，或不确。

续表

书名	时代	作者	存佚	备注
《齐记》(一卷)	宋	张朏	佚	(宋)王尧臣《崇文总目》二、(元)脱脱《宋史·艺文志》二著录
《齐记补》	金	李余庆	佚	(清)杨士骧等《(宣统)山东通志》卷一三三《艺文志》十著录

注：此表据张国淦《中国古方志考》等文献资料编制①。因元代之前山东方志纂修数量较少，故收录范围稍宽。

表2-2　元代以前山东运河相关区域府县志纂修情况表

书名	时代	作者	存佚	备注
《齐州记》(四卷)	—	李叔布	佚	(唐)魏征《隋书·经籍志》二、(后晋)刘昫《旧唐书·经籍志》上、(宋)欧阳修《新唐书·艺文志》二著录
《济阳录》②	晋	—	佚	未见著录，刘纬毅《汉唐方志辑佚》录二条
《齐州图经》(一卷)	—	—	佚	(唐)魏征《隋书·经籍志》二、(清)姚振宗《隋书·经籍志考证》二十一著录
《济北先贤传》(一卷)	—	—	佚	(唐)《隋书·经籍志》二、(后晋)刘昫《旧唐书·经籍志》上、(宋)欧阳修《新唐书·艺文志》二著录；有(清)王谟《汉唐地理书钞》辑本
《魏平原图》	魏	—	佚	(宋)王应麟《玉海》十四著录
《博平旧志》	—	—	佚	(明)李贤《大明一统志》二十四著录
《莱芜县志》	宋	钟离修	佚	(清)钟国义《(康熙)莱芜县志凡例》著录
《兖州山阳先贤赞》(一卷)	后汉	仲长统	佚	(唐)魏征《隋书·经籍志》二、(后晋)刘昫《旧唐书·经籍志》上、(宋)欧阳修《新唐书·艺文志》二著录

---

① 上述13种方志中，王桂云《山东地方史志纵横谈》列举元及元代以前亡佚山东通志类方志12种，与张国淦《中国古方志考》相同。王桂云《山东方志汇要》著录元代及元代以前亡佚山东通志类方志11种，对《青州先贤传》则未加著录。

② 济阳郡，晋代设立，治山东定陶。

续表

书名	时代	作者	存佚	备注
《山阳先贤传》	晋	仲长谷	佚	（清）丁国钧《补晋书艺文志》二、（清）文廷式《补晋书艺文志》二著录
《鲁国先贤赞》	后汉	—	佚	（清）姚振宗《后汉艺文志》二著录
《鲁国先贤传》	后汉	—	佚	（清）姚振宗《后汉艺文志》二著录
《鲁国先贤传》（二卷）	晋	白褒	佚	（清）魏征《隋书·经籍志》二、（后晋）刘昫《旧唐书·经籍志》上、（宋）欧阳修《新唐书·艺文志》、（清）丁国钧《补晋书艺文志》著录；有（清）王谟《汉唐地理书钞》辑本
《鲁国都城记》	—	—	佚	（宋）李昉《太平御览》、（宋）乐史《太平寰宇记》有征引
《（广济军）旧经》	宋	—	佚	（宋）乐史《太平寰宇记》有征引
《（广济军）图经》（三卷）	宋	安德裕	佚	（宋）王应麟《玉海》十四
《濮州地理志》	—	—	佚	（明）李贤《大明一统志》有征引

注：此表据张国淦《中国古方志考》等文献资料编制。因元代之前山东纂修方志数量较少，故收录范围稍宽。

据以上二表，经初步统计，元代之前山东与运河相关区域纂修方志凡通志11种、府县志16种，总体数量不多，且今俱亡佚不传。从纂修时间来看，最早纂修的为曹魏时期的《魏平原图》，明确为晋代或可基本判断为晋代所修的多为地记，内容较为简略，为方志发端阶段的文献类别。上表所列之《兖州记》《三齐记》《三齐略记》《齐记》《齐地记》等即多为晋代所修地记，其中《兖州记》《三齐略记》《齐地记》等有（清）王谟《汉唐地理书钞》辑本，刘纬毅《汉唐方志辑佚》亦辑录有《兖州记》《齐地记》《齐记》《三齐略记》之佚文，据此可略知上述魏晋时期山东地记之片段。如《兖州记》为晋荀绰撰。荀绰，字彦舒，颍川颍阴（今河南许昌）人，荀勖之孙，西晋末年历史学家。荀绰博学能文，曾著《晋后略》（已佚），另著有《九州记》。东汉建武十一年（35）改全国为十三州，兖州治所在昌邑（今山东巨野县东南），治地在今山东西部及河南东部，即覆盖部分山东西部历史上运河所经之地域。晋时设兖州刺史部，初治廪丘，后移治郓城（今山东郓城西北）。晋惠帝末年（290），兖州全境沦没，附属后赵。刘纬毅《汉唐方志辑佚》录此《记》之袁准、闾丘冲、高平人士、诸葛冲二子、阮坦等数条，辑自《太平御览》《世说新语》《三国志注》等处，均为人物生平之片段，而未及山川、古迹、风土等类。

《齐地记》为晏谟所撰。晏谟（约375—约435），东晋十六国时南燕青州（今山东省青州市）人，齐相晏婴之后。他遍游齐鲁名山大川，熟知山东各地风土民情。慕容德过临淄，问谟齐之山川丘陵、贤哲旧事。晏谟画地为图，历历以对。德深为嘉许，用为尚书郎。刘纬毅《汉唐方志辑佚》所录此《记》，多辑自《水经注》《太平御览》《太平寰宇记》《初学记》等，均为零散条目，多记山水城池，具有较为突出的地记色彩。今略举如下：

(百脉水）源出亭山县东界，水源方百步，百水之脉俱各流，因以名。(《寰宇记》卷十九章丘县)

昔者堰浯水南入荆水，灌田数万顷。(《元和志》河南道密州)

(临济县）有南北二城，隔济水，南城即被阳县之故城也。北枕济水。(《水经·济水注》)

石塞堰，武帝时造。①(《初学记》卷八河南道)

据上引数条，可知《齐地记》所记多山川地理。如上引之亭山

---

① 刘纬毅：《汉唐方志辑佚》，北京图书馆出版社1997年版，第91页。

县，为隋开皇六年（586）改卫国县置，属齐州，治所在今山东章丘市西南。《元和郡县志》卷十"亭山县"条称："县东南有亭山，因以为名。"① 隋大业初属齐郡，唐元和十五年（820）并入章丘县。此条记述亭山县之百脉泉，为对山东中西部山区泉源的较早记述。山东运河水源不足，元代以来导山东泉河之水以济运。此处对山东中部泉脉的记述，对于了解山东中部与运河有关的历史地理有较大的价值。

此志对山东水利工程亦有所记述。如在浯水②之上修堰，以遏浯水南会荆水，并有灌溉田地之利。此志所引之"石塞堰"亦为当时重要的水利工程。明嘉靖中崔铣纂修之《彰德府志》引《邺都故事》称："魏都邺后，起石塞堰，自安阳南引洹水入邺，自邺入临漳，东至洹水县，当时溉田有万金利。"此堰，《魏书·地形志》称为"石窦堰"。（明）崔铣《邺乘》之万金渠条称："在县（即安阳）西北二十里，深一丈五，阔八尺。宋元祐中，安阳自堰口至草桥十五里，水几废不流。自邺县东至临漳四十五里，唯有小水涓涓，入毛象陂，今废。"③ 渠之地望，通常依堰口引水处。今安阳西北枯河村正南之洹水北岸，西北去安阳约二十里，或即为当年之堰口。此志所记两处修堰以遏水通流溉田，显示出魏晋时期山东水利工程技术水平，对于了解元代之后山东运河闸坝等水利工程，亦有参考价值。此外，此志还记述了魏晋时期城市与水道的关系，如上引记述临济县隔济水有南北二城，据此或亦可推测，济水航道或许为临济县夹河建城的重要原因。

---

① （唐）李吉甫：《元和郡县志》卷十一，清《武英殿聚珍版丛书》本。
② "浯水"即"浯汶"，为山东泰安汶水及其四条主要支流的合称。（晋）郭缘生《述征记》称："泰山郡水皆名曰汶。汶凡有五：北汶、嬴汶、牟汶、柴汶、浯汶，皆源别而流同。"据此，则此数河均地处山东中部。汶水在元代之后为山东运河的重要补给水源。再按《述征记》《元和志》所谓浯汶即浯水。浯水源出自莒县北浯山，东流经安丘、诸城，至高密西入潍河。此水既不在古泰山郡境内，亦非汶水支流，不应在"五汶"之列。待考。
③ （明）崔铣纂修：《（嘉靖）彰德府志》卷一，嘉靖元年（1522）刻本。

《齐记》为晋代伏琛所撰。伏琛生平不详。此志今佚，《北堂书钞》《太平御览》《太平寰宇记》《水经注》等引有此志之片段，所记多为河流、山川、古迹。如《水经注·河水注》引此《记》称："千乘城，齐城西北一百五十里，隔会水。即漯水之别名也。"顾祖禹《读史方舆纪要》"山东六"之"千乘"条称："伏琛曰：'千乘城在齐城西北百五十里，有南北二城，相去三十余里，其一城县治，一城太守治也。'"① 两段之引文有异。《高青县地名志》称：千乘城有二，"一在古漯水南，今唐坊镇孙家集东南三华里处……曾为千乘县治；一在古漯水北，今旧镇镇樊家村西南0.5公里处，西汉置千乘郡于此，公元前29年（汉成帝建始四年）秋，河决馆陶，千乘水深3丈，大坏官厅庐舍，自此城渐废"②。《高青县志》又载：千乘城（县址）遗址在今唐坊镇孙家集东南。后汉改名为乐安国，移治临济，以千乘为属县，古城在今山东高苑县北二十五里。按，高苑为高青县高城镇旧称。至此条所称之"漯水"，《水经注》卷十三称："漯水出于累头山，一曰治水。泉发于山侧，沿波历涧，东北流出山，迳阴馆县故城西。县，故楼烦乡也。"③胡渭《禹贡锥指》亦称："以今与地言之，浚县、滑县、开州、清丰、观城、濮州、范县、朝城、莘县、堂邑、聊城、清平、博平、禹城、临邑、济阳、章丘、邹平、齐东、青城、高苑诸州县界中，皆古漯水之所经，自宋世河决商胡，朝城流约，而旧迹之存者鲜矣。"④可见漯水在魏晋时期为经过山东西部及北部的一条大河，其部分河道所经即在后世山东西部运河区域。

（明）解缙编《永乐大典》卷一万一千一百三十引伏琛《齐记》

---

① （清）顾祖禹：《读史方舆纪要》之"山东六"，稿本。
② 高青县地名委员会编：《高青县地名志》，山东省地图出版社1999年版，第286页。
③ （北魏）郦道元撰，陈桥驿校正：《水经注校证》卷十三，中华书局2007年版，第310页。
④ （清）胡渭：《禹贡锥指》卷三，康熙四十四年（1705）漱六轩刻本。

称："博昌城西北五十里，有南北二城，相去三十里，隔时、济二水。"① 博昌县，战国时为齐邑，秦时属齐郡，战国、西汉置县，在今山东博兴县南，属千乘郡，东汉至北魏属乐安国或乐安郡，隋、唐属青州。时水为黄河三角洲故水系，《水经注》称："时水出齐城西南北二十五里，平地出泉，即如水也，亦谓之源水，因水色黑，俗又目之为黑水。"② 与后世之黄、运亦有一定关系。

佚名撰《三齐略记》约为晋代之作，三齐即右即墨、中临淄、左平陆。《水经·河水注》引《三齐略记》称："鬲城东南有蒲台，秦始皇东游海上，于台上蟠蒲系马。至今每岁蒲生，萦委若有所系。似水杨，可以为箭。"③《括地志》云："故鬲城在德州安德县西北十五里。"④ 此地距后世运河所经地域不远。《北堂书钞》卷一零六引《三齐略记》称："康浪水在齐城西南。宁戚饭牛而歌曰：'康浪之水白石粲，中有鲤鱼长尺半，谷布单衣才至骭，清朝饭牛至夜半，黄犊上坂且休息，吾将舍汝相齐国。'"⑤ 康浪水又称康河、康浪河，发源于昌乐北部。据此可见，《三齐略记》记述山河情形，并记述与此相关的人物轶事，其内容较前有所扩展。

除地记之外，秦汉之后亦有郡书。郡书多记郡国乡邦先贤耆旧之懿行。刘知几称："汝、颍奇士，江汉英灵，人物所生，载光郡国。故乡人学者编而记之，若圈称《陈留耆旧》、周斐《汝南先贤》、陈寿《益部耆旧》、虞预《会稽典录》，此之谓郡书者也。"⑥ 可见，郡

---

① （明）解缙编：《永乐大典》卷一一一三〇，抄本。
② （北魏）郦道元撰，陈桥驿校证：《水经注校证》卷二十六，第626页。
③ （北魏）郦道元撰，陈桥驿校证：《水经注校证》卷五，第47页。
④ （唐）李泰撰，贺次君辑校：《括地志辑校》（《中国古代地理总志丛刊》本）卷二，中华书局1980年版，第95页。
⑤ （唐）虞世南：《北堂书钞》卷一〇六，光绪十四年（1888）南海孔氏三十有三万卷堂刻本。
⑥ （唐）刘知几撰，（清）浦起龙释：《史通通释》卷十《杂述三十四》，上海古籍出版社1978年标点本，第274页。

书所载多为当地之先贤耆旧，刘知几又称："郡书者，矜其乡贤，美其邦族，施于本国，颇得流行，置于他方，罕闻爱异。"① 因此郡书可以看作一地之人物志，与后世方志所列"人物"一门作用相同。上表所列之佚名《济北先贤传》、仲长统《兖州山阳先贤赞》、仲长谷《山阳先贤传》、佚名《鲁国先贤赞》及白褒《鲁国先贤传》等均属此类。

如白褒《鲁国先贤传》今佚，有王谟《汉唐地理书钞》辑本。白褒，西晋人，武帝司马炎时曾任左丞、散骑郎，后曾任大司农。《晋书》卷四十三《山涛传》保存了白褒的生平片段："咸宁初，（山涛）转太子少傅，加散骑常侍；除尚书仆射，加侍中，领吏部。固辞以老疾，上表陈情。章表数十上，久不摄职，为左丞白褒所奏。帝曰：'涛以病自闻，但不听之耳。使涛坐执铨衡则可，何必上下邪！不得有所问。'涛不自安，表谢曰：'古之王道，正直而已。陛下不可以一老臣为加曲私，臣亦何必屡陈日月。乞如所表，以章典刑。'帝再手诏曰：'白褒奏君甚妄，所以不即推，直不喜凶赫耳。君之明度，岂当介意邪！便当摄职，令断章表也。'涛志必欲退，因发从弟妇丧，辄还外舍。"② 《晋书》卷四十六《刘颂传》称："武帝践阼，（刘颂）拜尚书三公郎，典科律，申冤讼。累迁中书侍郎。咸宁中，诏颂与散骑郎白褒巡抚荆、扬，以奉使称旨，转黄门郎。"③ "鲁国"西晋时治今山东曲阜。此志今存佚文数条，记鲁国当地之申公、孔翊、孔仲渊、鲍吉、叔孙通、东门夐诸先贤之事迹，兼录"鹿门有两井"等古迹。《太平御览》卷二三六"博士"引《鲁国先贤传》称：

---

① （唐）刘知几撰，（清）浦起龙释：《史通通释》卷十《杂述三十四》，第275页。
② （唐）房玄龄等：《晋书》卷四十三，中华书局1974年标点本，第1225页。
③ （唐）房玄龄等：《晋书》卷四十六，第1393页。

"汉文帝时，闻申公为诗最精，以为博士。申公诗博，号曰'鲁诗'。"①记述汉初山东中部儒学之盛。《太平御览》卷二〇一"杂恩泽封"引《鲁国先贤传》称："汶阳鲍氏，起于鲍吉。吉，字利主。桓帝初为蠡吾侯，吉为书师。及桓帝立，历位至河南尹。诏曰：'吉与朕有龙潜之旧，其封西乡侯。'宗族以吉势力，至刺史二千石者五。"②记述东汉山东中部之豪强大族，对于了解山东运河临近地域之历史状况亦有帮助。

《济北先贤传》作者不详，当为晋人。晋代之济北国在今山东平阴，地处后世之京杭运河区域。《后汉书》卷六十四《吴祐传》注称："（戴）宏，字元襄，刚县人也。年二十二为郡督邮。曾以职事见诘，府君欲挞之。宏曰：'今鄙郡遭明府，咸以为仲尼之君。国小人少，以宏为颜回，岂闻仲尼有挞颜回之义？'府君异其对，即日教署主簿。"③其记述山东西部接近运河地域之人物，亦有一定的价值。

除地记和郡书外，较早的方志形式还有图经。图经记述一地古今各类情况，较之地记和郡书，体例内容更为详备。图经出现较早，东汉时巴郡太守但望即提及《巴郡图经》。魏晋南北朝时期，图经尚不发达，至隋唐时期始趋于兴盛，至北宋进入全盛。山东地区亦撰有《齐州图经》，此志撰人不详。齐州治历城（即今山东济南），始置于北魏，隋大业三年（607）废。据此，则此书当作于北朝或隋初。

再如上表所列北宋图经《（广济军）旧经》及《（广济军）图经》。广济军，太平兴国二年（977）设，治定陶，在今山东省菏泽市定陶区西北四里。四年（979）割曹、澶、濮、济四州地，复置县以隶焉。熙宁四年（1071）废军，以定陶县隶曹州。元祐元年

---

① （宋）李昉编：《太平御览》卷二三六，《四部丛刊》三编景中华学艺社借照日本帝室图书寮京都东福寺东京岩崎氏静嘉堂文库藏宋刊本。
② （宋）李昉编：《太平御览》卷二〇一。
③ （南朝宋）范晔：《后汉书》卷六十四，中华书局1965年标点本，第2102页。

（1086）复为军。《太平寰宇记》卷十三记广济军定陶县荆城，引《旧经》一条。此志今已亡佚。《（广济军）图经》三卷，《玉海》卷十四"乾德山川形势图"条："安德裕知广济军时，军城新建，作《军记》及《图经》三卷。"① 安德裕（939—1002），字益之，一字师皋，朔州人。安德裕之父安重荣为后晋成德军节度使，因举兵反叛败亡。乳母抱他跳入水中，被卫兵发现，交与军校秦习。秦习与安重荣有旧交，遂将他藏匿起来，改姓秦。安德裕孩提时即喜笔砚，及就学，博贯文史，尤精于《礼记》《左传》《汉书》。秦习死后，德裕守孝三年，然后改回本姓。秦习家人将家产悉归安德裕，安德裕推辞道："这些家产与我何干！大丈夫应自己建功立业，博取富贵，岂能屑屑于他人财富？"此举受到世人赞许。开宝二年（969）擢进士甲科，历大理寺丞、著作佐郎。太平兴国中累迁秘书丞，知广济军。时军城新建，德裕作《军记》及《图经》三卷，优诏嘉奖。累官金部郎中，出知睦州，还判太府寺，卒。著有文集四十卷。

《白氏六帖》卷十"木"录《齐州图经》佚文："郓城南有青陵台、韩凭冢。"② 郦道元《水经注》称：睢水东过睢阳县南。又称：睢阳曲池东又有一台，世谓之清泠台。青陵台或由清泠台递变而来。晋袁山松《郡国志》称："郓州须昌县犀丘城、青陵台，宋王令韩凭筑者。"③ 认为青陵台在今山东东平县西北。干宝《搜神记》卷十一《韩凭夫妇》称："宋康王舍人韩凭，娶妻何氏，美，康王夺之。凭怨，王囚之，论为城旦。妻密遗凭书，缪其辞曰：'其雨淫淫，河大水深，日出当心。'既而王得其书，以示左右，左右莫解其意。臣苏贺对曰：'其雨淫淫，言愁且思也；河大水深，不得往来也；日出当心，心有死志也。'俄而凭乃自杀。其妻乃阴腐其衣。王与之登台，

---

① （宋）王应麟：《玉海》卷十四，光绪九年（1883）浙江书局刻本。
② （唐）白居易辑：《白氏六帖》卷十，民国中吴兴张氏石印本。
③ （宋）李昉编：《太平御览》卷一七八引《郡国志》。

妻遂自投台；左右揽之衣，不中手而死。遗书于带曰：'王利其生，妾利其死，愿以尸骨，赐凭合葬！'王怒，弗听，使里人埋之，冢相望也。王曰：'尔夫妇相爱不已，若能使冢合，则吾弗阻也。'宿昔之间，便有大梓木生于二冢之端，旬日而大盈抱。屈体相就，根交于下，枝错于上。又有鸳鸯雌雄各一，恒栖树上，晨夕不去，交颈悲鸣，音声感人。宋人哀之，遂号其木曰'相思树'。相思之名，起于此也。南人谓此禽即韩凭夫妇之精魂。"① 《齐州图经》所记之青陵台或即韩凭妻自投其下之台，而韩凭冢或即其夫妻所葬之处。

黄苇《方志学》认为："北宋是图经盛行并向方志过渡的时代……北宋除图经盛行外，正式方志也开始出现。"② 如上表之《博平旧志》《莱芜县志》《（广济军）旧经》今已不存。从其书名判断，或即为较为成型的方志。

由上可见，元代之前，山东运河及相近地域纂修的方志，与修志较为发达之江南地区相比，数量相对较少。可以考见之方志以魏晋时期之地记、郡书和北宋时期之图经、方志为多，各种较为典型的方志类型均有所撰述，显示出较为清晰的发展脉络。从纂修数量来看，西晋定都洛阳，北宋定都开封，山东中西部地区距离京师不远，且经济较为发达，在政治及经济上有较高地位。这在一定程度上推动和刺激了山东中西部方志的纂修。而在北宋末山东地区为金所有之后，经济文化受到较大冲击，方志的纂修亦随之沉寂。山东中西部地区方志的纂修与江南等南宋统治核心区域相比，差距较前更为明显。这些方志今均不传，但宋代之前的类书及方志中尚有所征引，据此亦可对其内容及体例、价值进行初步的判断。这些记述虽然是零散和支离破碎的，但是保存了山东早期方志的风貌，同时对山东中西部及相关地区

---

① （晋）干宝撰，汪绍楹校注：《搜神记》卷十一，中华书局1979年标点本，第141页。
② 黄苇：《方志学》，第154页。

的地理、人物均有所记述，存录了不少珍贵的早期文献资料，具有较大的价值。

第二节 元代山东运河区域修志概述

行政区划是一定历史时期社会政治、经济、文化发展的产物。总体来看，政区发展既具有历史的延续性，同时又呈现出明显的时代特点。山东运河区域方志的纂修与山东行政区划的变迁有着非常密切的关系。梳理山东方志纂修情况，首先要对山东运河流经区的行政区划及所修方志进行较为细致的专题研究。根据上文对山东运河流经区的界定，在遵照中办、国办《大运河文化保护传承利用规划纲要》对大运河文化核心区、拓展区进行界定的基础上，充分考虑山东元代以来行政区划的变迁，对存世山东方志情况进行梳理，以摸清山东运河流经区域方志底数。

京杭大运河开凿于元初，今略述山东元代以来行政区划沿革及山东沿运地域区划情况如下。蒙古占领山东后，在今山东省对应范围内，先后设置了东平行省（1220—1234）、济南行省（1226—1240）、山东淮南楚州行省（1227—1231）、益都行省（1231—1266）、山东行省（1264—1265）等。元世祖至元初年（1264）在全国范围内调整行省建置，山东、山西、河北作为"腹里"地区由中书省直辖，今山东地区作为特别行政区，不设行省，遂形成路（直隶州）、州、县三级地方行政体制。元顺帝至正六年（1346），面对日益频繁的农民起义，改山东宣慰司为"山东东西道宣慰使司都元帅府"，旋即在山东复置行省：至正十七年（1357）设济宁行省，次年废；至正十五年（1355）设胶东行省，次年废，二十三年（1363）复置，二十六年（1366）又废；至正十七年（1357）设陵州行省，同年废，又置山东行省。元代在山东主要实行路、府、州、县制度，元世祖时，在今山东地区遂确立起6路24州103县的政区建置。6路分别为东平路（治须城，今东平）、东昌路（治聊城）、济宁路（治任城，后徙治巨野）、益都路（治益都）、济南路（治历城）、般阳路（治淄川）。其中益都、济南、般阳3路自至大二年（1309）起隶属山东东西道宣慰司，其余3路仍直隶中书省。元代在今山东地区先后设置24州。其中8州直隶中书省，分别为曹州、濮州、德州、高唐州、泰安州、恩州、冠州、宁海州；16州辖于诸路，分别为棣州、莱州、滨州、峄州、沂州、滕州、莒州、密州、登州、胶州、潍州、博兴州、兖州、单州、济州、陵州。元代在今山东境内凡设103县，其中大部分沿袭前代诸县之旧，但同时亦设置了部分新县。如中统初年以青平镇置青城县，至元十二年（1275）以辛寨镇置肥城县，至元二十六年（1289）以平恩镇置丘县等。山东境内的京杭运河河道位于山东中西部，与运河有关的共有4路、2州、13县。现编制表格如下。

表2-3　　　　元代与山东运河有关路（州）、县一览表

路（州）	县	备注
河间路（驻河间）	陵州	河间，即今河北河间
恩州		恩州无辖县
高唐州（驻高唐）	夏津、武城	
濮州（驻鄄城）	馆陶、临清	馆陶明、清时期属山东省
德州（驻安德）	清平	
东昌路（驻聊城）	聊城、堂邑、博平	
东平路（驻须城）	须城、东阿、阳谷、汶上、寿张	须城，即今山东东平
济宁路（驻巨野）	任城、鱼台	任城、鱼台为济宁路之济州辖地
	泗水、宁阳	泗水、宁阳为济宁路之兖州辖地

注1：本表据《元史》卷五十八《地理一》编制而成。

注2：元代在今山东辖区对应范围内共设6路，另有8州直隶中书省，分别为曹州、濮州、高唐州、泰安州、德州、恩州、冠州、宁海州，故本表将与运河有关的路、州并列编排。

元代山东中西部运河区域方志亦有纂修，今据张国淦《中国古方志考》之著录情况略述如下。

表2-4　　元代山东运河区域纂修方志一览表

书名	修纂者	著录情况	存佚
《(至元)齐乘》六卷	于钦	至元五年（1339）修嘉靖四十三年（1564）刻本。(明)杨士奇《文渊阁书目》卷十九、(明)焦竑《国史经籍志》、(明)董其昌《玄赏斋书目》卷三、(清)钱大昕《元史艺文志》卷二、(明)赵琦美《脉望馆书目》、(清)钱谦益《绛云楼书目》卷一、(清)徐乾学《传是楼书目》、(清)黄虞稷《千顷堂书目》卷八补、(清)张廷玉《明史》卷九十七《艺文》二、(清)张廷玉《钦定续文献通考》卷一百七十、(清)倪璨《补辽金元史艺文志》、(清)永瑢《四库全书总目》卷六十八著录	存
《邹平县志》	—	《永乐大典》卷二万二百五十六引《邹平县志》一条	佚
《濮州地理志》	—	《大明一统志》卷二十四"东昌府·形胜"引《濮州地理志》一条	佚
《元濮州志》	—	《大明一统志》卷二十四"东昌府·风俗"引《元濮州志》一条	佚

据上表可见，山东省运河区域纂修方志数量较少，可考者仅有4种，其中亡佚3种，存世1种。如元修《邹平县志》，邹平位于山东省中部偏北，地处鲁中泰沂山区与鲁北黄泛平原的叠交地带。今邹平之西北临近黄河，亦属山东中西部运河区域。此志今已亡佚，蒲圻张氏大典辑本辑录《永乐大典》卷二万二百五卷之"六质"（毕琏）引《邹平县志》一条。此条称："毕琏，字器之，邹平人。由儒拜监察御史、吏部侍郎，仕至东平路总管。兼能干济，操守谨恪。"① 据张

---

① 马蓉、陈抗、钟文、乐贵明、张忱石：《永乐大典方志辑佚》，中华书局2004年版，第2066页。

国淦考证,"此条仕至东平路总管,知是元志"①。此外,张国淦《中国古方志考》又著录《元濮州志》,注称:"《大明一统志》二十四:东昌府,风俗其民朴厚,引《元濮州志》一条。"②《中国地方志联合目录》著录元代山东省志一种,为于钦于至元五年(1339)纂修的《齐乘》。《四库全书总目》卷六十八著录此书为六卷,《明书·经籍志·拾补》"旧志"类著录为"六册,又五册",《文渊阁书目》卷十九著录同,《钦定续文献通考经籍考》卷一七〇《史部》"地理上"著录为六卷。此本前有至元五年(1268)苏天爵《序》。次目录,正文分沿革、分野、山川、郡邑、古迹、风土、人物七门。苏《序》称:"于公生于齐,官于齐,考订古今,质以见闻,岁久始克成编,辞约而事核。公以文雅擅名当时,既卒,其家萧然,独遗是书于其子潜。"③于潜《跋》称:"昔我先人……迨任兵部侍郎,奉命山东,于是周览原隰,询诸乡老,考之《水经》、地记、历代沿革,门分类别,为书凡六卷,名之曰《齐乘》,藏于家,属潜曰:'吾或身先朝露,汝其刻之。'先人既卒,常切切在念。第以选调南台,又入西广,匆匆未遑遂志。兹幸居官两浙,始克撙节奉禀,命工镂板,以广其传。"④此书在历史地理学上有很大的价值,《四库全书总目提要》卷六十八称此志"专记三齐舆地……叙述简核而渊贯,在元代地志中最有古法……钦本齐人,考证见闻,较他地志之但采舆图,凭空言以论断者,所得究多,故向来推为善本"⑤。对此志评价颇高。

于钦《齐乘》记述山东运河支流情况甚悉,保存了元代山东河道

---

① 张国淦:《中国古方志考》,中华书局1963年版,第191页。
② 张国淦:《中国古方志考》,第194页。
③ (元)于钦撰,刘敦愿、宋百川、刘伯勤校释:《齐乘校释》,中华书局2012年标点本,第3页。
④ (元)于钦撰,刘敦愿、宋百川、刘伯勤校释:《齐乘校释》,第9页。
⑤ (清)永瑢等撰:《四库全书总目提要》(第14册)史部地理类一,王云五主编《万有文库》本,商务印书馆1931年标点本,第47页。

的重要资料。如沂水为京杭大运河的重要支流,《齐乘》卷二记述沂水称:"沂水过马头固南流,迳盖县故城,又南至沂水县城西。又南至河阳村,桑泉水西来入焉……沂水又南迳诸葛城,又南迳王祥墓,孝感水入焉。其水出墓西戚沟湖,剖冰跃鲤之地。又南至沂水城东,小沂水西来入焉……沂水又南,分流入三十六穴湖,东通沭水。"①对沂水之流向、沿途所经之重要城市和古迹、汇合的支流等记述详悉,据此可以较为清晰地勾画出元代沂水的大致脉络。此志又对泇河进行了较为细致的记述。泇河在明末经改造后,部分河道成为运河主航道,对保障运河通航具有重要作用。《齐乘》卷二记述泇河情形。其记"东泇""西泇"称:"泇水有二:东泇出沂州西北其山,南流至卞庄站。东分一支入芙蓉湖,溉田数千顷——湖在沂州东南芙蓉山下——香粳钟亩,古称'琅邪之稻'即此;西泇出峄州东北抱犊山,东南流至三合村,与东泇合。南贯四湖,溉田倍芙蓉。"不仅记述了东泇、西泇之河道走向,而且保留了沿河种植水稻的基础信息。此志又称泇河"南合武河,入于泗,谓之泇口。淮、泗舟楫通焉……今沂、峄二州仰泇、承二水溉田,青、徐水利莫与为匹,皆十三陂之遗迹也"②。据此可见,泇河及相关河道可以通航淮、泗,具有较好的行船条件。此志又称武河上流有故渠,"俗名文河。土人云:浚此渠六十里,使武河通沛,可避吕梁、徐洪之险,而径达新济矣。徐、邳人恐徙河无业,每沮之"③。则记述从泇河疏浚旧有之文河故渠,可以有效避免吕梁、徐州二洪之险,以通舟楫。此与明末开凿南阳新河及泇河之航道暗合。而元代之所以未能疏浚文河以通航,是因为"徐、邳人恐徙河无业,每沮之"。沿河居民倚往来船只佣工经商,以此谋生,遂极力反对改变河道,从另外一个角度,反映出元代山东

---

① (元)于钦撰,刘敦愿、宋百川、刘伯勤校释:《齐乘校释》卷二,第126页。
② (元)于钦撰,刘敦愿、宋百川、刘伯勤校释:《齐乘校释》卷二,第132页。
③ (元)于钦撰,刘敦愿、宋百川、刘伯勤校释:《齐乘校释》卷二,第132页。

沿河商业的发展。

《齐乘》保留了对元代运河设施的宝贵记述。如其记汶水称："汶出泰安莱芜县原山之阳……又西迳汶上县北。又西迳东平城南，其西即安山闸。闸下泥河口有亭子店——古安民亭遗址——清、济与汶合处。今闸清水南导任城，则清、济不入汶，汶自行古清河矣。"①保留了关于元代运河的较早资料。如此段记述了汶河西行所经之汶上、东平等城及其与汶河的位置关系；记述了地处东平西南的安山闸，并指出此闸导引清水入任城以济运，保留了元代山东运河闸坝设施的重要信息。《齐乘考证》对于钦之此段记述辨析称："汶水旧于东平州西南安民山入济，则由东阿而北，东至博兴入海者，皆济水矣。"自会通河凿通之后，"是时汶水既南北分流以资运道，而济水故渎之东北出者，所受汶水乃其余波。盖大清河虽首受运渠，实合东阿山中西流、白雁诸泉及济南诸泉峪之水以成巨川，未可竟以汶水目之。自杜佑《通典》谓清河为菏泽、汶水合流，非本济水，于氏因之，直云北汶即大清河矣。夫汶水自泰安至东平堰入运河，自有经流。而东阿胶井、历下瀑源等泉，昔人咸以为济水之伏，则清河虽非荥泽、陶邱之旧，亦他水之所不得而乱也"②。对清河及汶河进行了辨析。

《齐乘》还保留了山东沿运州县的沿革等信息。如此志记德州所属之清平县之沿革称："清平县，州东百八十里，本汉清河郡之清阳县，隋开皇初徙贝丘县置此。十六年改曰清平，属博州。大业二年属贝州，唐武德四年属博州，宋属大名府。旧邑在县西四十里清平镇，元丰间漯河决，坏城，徙置博平县之灵寨，今理是也。金因之。国朝至元二年来隶。"③对于了解清平县之变迁过程颇有价值。再如其记

---

① （元）于钦撰，刘敦愿、宋百川、刘伯勤校释：《齐乘校释》卷二，第146页。
② （元）于钦撰，刘敦愿、宋百川、刘伯勤校释：《齐乘校释》卷二，第171—172页。
③ （元）于钦撰，刘敦愿、宋百川、刘伯勤校释：《齐乘校释》卷三，第230页。

述聊城之沿革称：

> 东昌路之聊城县，济南西三百里，齐西鄙之邑。《水经注》云："聊城县东北三十里有故摄城。"《左传》所谓"聊、摄以东"是也。战国时，燕将保聊城，田单攻之不下，鲁仲连为书，约之矢射城中，燕将见书自杀。两汉属东郡。魏晋属平原，因为郡治焉。隋初属博州，大业中属武阳郡。唐宋并属博州。国初属东昌路，倚郭。按：《汉志》千乘郡别有蓼城县，后汉为蓼侯国。注云："东北有摄城。"此古齐聊、摄也。今人皆以东昌之聊城当之，故略具同异云。①

通过此段记述可知聊城自战国至元代之建置沿革。此志又记述东昌路所属之茌平县、东平路之阳谷县和东阿县，保留了山东运河所经地域城市的沿革历史。

此外，《齐乘》亦保存了不少关于山东运河区域建筑有价值的记述。如其卷五称："颜鲁公庙：德州城内，毁于兵火，至元廿三年即故基重建。""龙泉寺：平阴东南四十里。齐天统中建。下寺有石刻。刘豫阜昌三年，皇子、皇弟符改甲乙院，亦有碑。又阜昌中题名最多。佛像古雅，皆数百年物。上方大佛与龙泉观音，非晚唐人不能造。"② 此志又记述东方朔祠称："德州东四十里，古厌次城北。祠在墓南。宋元符间封智辩侯。颜鲁公守平原，书先生像赞，立碑祠下。今碑移州署内。"③ 这些建筑或今已不存，如上文所记之龙泉寺之佛像；有些今仍存世，如颜真卿之东方朔画像赞碑。这些著名遗迹在后世多被提及，并在方志中有所涉及。而此志所记多为目击，其对元代

---

① （元）于钦撰，刘敦愿、宋百川、刘伯勤校释：《齐乘校释》卷三，第234页。
② （元）于钦撰，刘敦愿、宋百川、刘伯勤校释：《齐乘校释》卷五，第467页。
③ （元）于钦撰，刘敦愿、宋百川、刘伯勤校释：《齐乘校释》卷五，第501页。

运河区域建筑的记述具有较高的文献价值。

第三节　明代山东运河区域修志概述

至正二十八年（1368）二月，明军攻占山东全境；四月，置山东行中书省（治青州），元朝在山东的统治随之瓦解。朱元璋在建立明朝后，于洪武元年（1368）四月对山东行政区划作了大幅变更，主要是将元朝设立的济宁行省、胶东行省和山东行省合并为山东行中书省，治所在青州。洪武九年（1376）六月，又改山东行中书省为山东承宣布政使司，并将省会移至济南。就整体区划而言，山东南至郯城，与南直隶接壤；北至无棣，与北直隶接壤；西至定陶，与河南布政使司接壤；东至于海，"领济南、兖州、东昌、青州、登州、莱州六府，为州者十五，为县者八十九。又置山东都指挥使司，领诸卫所；置山东提刑按察司，分济南、东兖、海右三道，兼察府、州、卫所，与布政司并称为三司云"[1]，确定了山东政区的基本框架，其辖地与今日区划差别不大。现据《明史》卷四十一《地理二》整理山东府州县一览表如下：

表2-5　　　　　　　明代山东府州县一览表

府	州	县
济南府（治历城），领州四、县二十六		历城、章丘、邹平、淄川、长山、新城、齐河、齐东、济阳、禹城、临邑、长清、肥城、青城、陵县
	泰安州	新泰、莱芜
	德州	平原、德平
	武定州	阳信、乐陵、商河、海丰
	滨州	利津、沾化、蒲台

---

[1]　（明）陆釴等纂修：《（嘉靖）山东通志》卷二，嘉靖十二年（1533）刻本。

续表

府	州	县
兖州府（治滋阳县），领州四、县二十三		滋阳、曲阜、宁阳、邹县、泗水、滕县、峄县、金乡、鱼台、单县、成武
	济宁州	嘉祥、巨野、郓城
	东平州	汶上、东阿、平阴、阳谷、寿张
	曹州	曹县、定陶
	沂州	郯城、费县
东昌府（治聊城县），领州三、县十五		聊城、堂邑、博平、茌平、莘县、清平、冠县
	临清州	丘县、馆陶
	高唐州	恩县、夏津、武城
	濮州	范县、观城、朝城
青州府（治益都县），领州一、县十三		益都、临淄、博兴、高苑、乐安、寿光、昌乐、临朐、安丘、诸城、蒙阴
	莒州	沂水、日照
莱州府（治掖县），领州二、县五		掖县
	平度州	潍县、昌邑
	胶州	高密、即墨
登州府（治蓬莱），领州一、县七		蓬莱、黄县、福山、栖霞、招远、莱阳
	宁海州	文登

运河所经山东府州县，在明代运河文献中记述较为详悉。今检弘治中王琼所撰《漕河图志》卷一《漕河建置》、嘉靖中杨宏及谢纯所撰《漕运通志》卷二《岸程》、万历中谢肇淛所撰《北河纪》卷一《河程纪》，分别作为明中期、中后期及后期之代表，编制明代山东运河沿线府州县卫一览表如下。

表2-6　　　　　　明代山东运河沿线府州县卫一览表

府	明中期（弘治中）[1]		明中后期（嘉靖中）[2]	明后期（万历中）[3]
	州县卫	区位	里程	里程
济南府	德州	漕河东岸	内有德州卫、德州左卫，东至景州一百里	一百一十五里至德州之梁家庄驿 七十里至德州之安德驿 七十里至德州之良店驿
东昌府①	恩县②	漕河之东南五十里	东至故城县二十七里	七十里至武城县之甲马营驿
	武城县	漕河之东一里	东至恩县一百四十里	
	夏津县③	漕河之东四十里	东至武城县四十里	
	临清州	汶河之北一里、卫河之东六里	内有临清卫，东至夏津县三十里	六十里至临清州之清源驿 七十里至临清州之渡口驿
	临清卫	原系济宁左卫，景泰元年改调临清		
	清平县	漕河东岸	北至临清州四十里	七十里至清平县之清阳驿
	堂邑县	漕河之西南三十里	北至清平县三十九里	
	博平县	漕河之东四十五里	东至棠④邑县	

---

①（明）陆釴等纂修：《（嘉靖）山东通志》卷三《建置》称："皇明洪武元年，改东昌路为府，隶山东布政使司，领高唐、濮二州，降恩、冠二州为县。弘治二年，升临清为州，凡领州三、县十五。"

②《漕河图志》原文作"直隶恩县"。案：北宋庆历八年（1048）改贝州为恩州，金初移恩州治历亭县。《（宣统）重修恩县志》卷二《舆地志》记述恩县沿革称，元代设山东东西道恩州，（元）太宗七年（1235），割恩州清河县属大名府，又割武城县属高唐州，恩州唯存历亭一县及司候司。《嘉靖》山东通志》卷三称："元至元二年省历亭，入州属东平路，七年析隶省部。"《（宣统）重修恩县志》卷二《舆地志》又称："（明）洪武二年，降州为县，属东昌府高唐州。七年徙治于县东四十里许官镇，即今治。"叶圭绶《续山东考古录》亦称："明山东布政司东昌府高唐州恩县，洪武二年降为县。"据此，则明代恩县属山东省，《漕河图志》称之为"直隶恩县"，或有未当。

③《漕河图志》"武城县""夏津县"分别作"直隶武城县""直隶夏津县"。案：陆釴《（嘉靖）山东通志》卷三称，武城、夏津两县"元初属东平路，至元七年改属高唐州。皇明因之。"再检同书同卷"高唐州"条称："元初隶东平路，至元七年升为州，领县三，高唐、夏津、武城。皇明洪武初，省县入州，又降恩州为县来属……领三，恩、夏津、武城。"据此，自元代以来武城、夏津即与恩县属高唐州，至明属山东省东昌府，《漕河图志》称之为"直隶武城县""直隶夏津县"，或有未当。

④"棠"字或误，当作"堂"。

续表

府	州县卫	明中期（弘治中）[1]	明中后期（嘉靖中）[2]	明后期（万历中）[3]
		区位	里程	里程
东昌府	聊城县	漕河之西三里	东至博平县三十里	九十里至东昌府聊城县之崇武驿
	平山卫	东昌府治东南	东昌府（内有东昌卫、平山卫，北至聊城县九十三里）	
	东昌卫	东昌府治东，原系武昌护卫，宣德六年改调		
兖州府①	阳谷县	漕河之西五十里	北至东昌府四十里	七十里至阳谷县之荆门驿
	东阿县	漕河之东六十里	北至阳谷县二十里	
	寿张县	漕河之西三十里	北至东阿县二十里	
	东平州	漕河之东北十五里	内有东平所，北至寿张县七十里	七十里至东平州之安山驿
	东平守御千户所	东平州治东南		
	汶上县	漕河之东北三十五里	北至东平州七十里	一百里至汶上县之开河驿
	嘉祥县	漕河之西二十五里	北至汶上县十八里	
	巨野县	漕河之西八十里	北至嘉祥县二十五里	
	济宁卫	济宁州东南	内济宁卫，北至巨野县九十里	九十里至济宁州之南城驿
	济宁州	漕河北岸		
	邹县	漕河之东北七十里	北至济宁八十里	
	鱼台县	漕河之西南二十里	北至邹县五十四里	沛县泗亭驿北九十里，至鱼台县之河桥驿

注释：

[1] 所据为弘治八年（1495）王琼所撰《漕河图志》卷一《漕河建置》。王琼，字德华，号晋溪，山西太原人，成化二十年（1484）由进士任工部主事，弘治六年（1493）任工部都水郎中，治理漕河，遂对成化中王恕所撰《漕河通志》大加整理，撰成《漕河图志》。《明史·王琼传》称他"出治漕河三年，胪其事为志，继任者案稽之，不爽毫发，由是以敏练称"。

[2] 所据为嘉靖九年（1530）杨宏及谢纯所撰《漕运通志》卷二《岸程》。杨宏，字希仁，海州大河卫人。谢纯，字梅岐，欧宁人。《漕运通志》为杨宏于嘉靖初年整理成编，后由杨宏补充加工润色而成。

[3] 所据为万历四十年（1621）谢肇淛所撰《北河纪》卷一《河程纪》。谢肇淛，字在杭，号武林，福建长乐人。万历四十年（1621），谢肇淛任都水司郎中，分司北河（山东至天津运河）河务，遂作此书。

---

① （明）陆釴纂修《（嘉靖）山东通志》卷三《建置》称："皇明洪武初置兖州，隶济宁府，属山东布政使司。十八年，封建鲁府，升兖州为府，降济宁为州，与东平、曹、沂三州俱隶之，领县二十三。"

据上表，明代不同运河文献对山东境内运河所经地域表述虽有侧重点的不同，而且其记述标准亦有差异（如《漕河图志》记述山东沿运地域的卫所，《漕运通志》《北河纪》所记则以府州县为主，而在相关细述中对卫所有所涉及），但其所记内容前后较为一致。概言之，山东运河所经之府为济南府、东昌府、兖州府3府，占明代山东6府的50%；所经之州有德州、临清州、东平州、济宁州4州，占明代山东15州的26.7%；所经的县有恩县、武城县、夏津县、清平县、堂邑县、博平县、聊城县、阳谷县、东阿县、寿张县、汶上县、嘉祥县、巨野县、邹县、鱼台县15县，占明代89县的16.9%。今据历代书目及各府州县所撰方志之相关记述，编制明代方志纂修表如下：

表2-7　　　　　　　　明代山东通志纂修表（一）

书名	修纂者	著录情况	存佚
《齐鲁通志》一百卷①	黄赞	（清）黄虞稷《千顷堂书目》卷六《地理类》上、（清）张廷玉《明史》卷九十七《艺文》二、（清）王鸿绪《明史稿·艺文志》著录	佚
《山东通志稿》十二卷	余鈠	嘉靖初，山东学宪余鈠编成志稿十二卷，尚未全部完成②	佚

---

① （明）陈沂《山东通志序》称山东巡抚黄赞"举六郡志事"，"所取古史传略凡十余卷，他皆未就"。（见陆釴等纂修《（嘉靖）山东通志》卷首）而《明史·艺文志》等著录黄赞《齐鲁通志》100卷，卷帙浩繁，似为完书，则陆釴必当有所取择。然陆釴修《山东通志》仅见十余卷初稿，或著录有误。因此书今佚，详情已难考见。

② （明）陆釴《山东通志序》称其"例繁而载略"，（明）杨维聪《山东通志序》称其"属草于门人，未及定正"，见（明）陆釴等纂修《（嘉靖）山东通志》卷首。

续表

书名	修纂者	著录情况	存佚
《(嘉靖)山东通志》四十卷	陆钶	嘉靖十二年（1533）刊，（明）朱睦㮮《万卷堂书目》、（明）焦竑《国史经籍志》卷三《史类》、（明）徐图《行人司重刻书目》史部三、（明）孙能传等《内阁藏书目录》卷七①、（清）黄虞稷《千顷堂书目》卷六《地理类》上②、（清）张廷玉《明史》卷九十七《艺文》二、（清）嵇璜《钦定续文献通考·经籍考》卷一七〇《史部》"地理上"、（清）嵇璜《钦定续通志》之《艺文略四》、（清）永瑢《四库全书总目提要》卷七十三、（清）王鸿绪《明史稿·艺文志》著录	存
《山东郡邑胜览》③九卷	彭勖	（清）黄虞稷《千顷堂书目》卷六《地理类》上、（清）张廷玉《明史》卷九十七《艺文》二著录	佚
《少阳乘》二十卷	李时颙④	（清）黄虞稷《千顷堂书目》卷六《地理类》上⑤、（清）张廷玉《明史》卷九十七《艺文》二、（清）王鸿绪《明史稿·艺文志》著录	佚
《山东山川险易图》一册	—	（明）杨士奇《文渊阁书目》卷十九"旧志"类、（明）傅维鳞《明书·经籍志·拾补》"旧志"类著录	佚

---

① （明）孙能传、张萱《内阁藏书目录》卷七著录："嘉靖癸巳参政陈沂修。"方远宜《(嘉靖)山东通志序》称："以大参陈君鲁南与陆君任其事，召属史之蕴藉素深者辅之。请于巡抚静庵袁公，以是岁六月开局，越一岁有奇书成，盖亦伟矣。"陈沂《(嘉靖)山东通志序》称："陆宪副举之有督学之任，得余（按即余宪副子华）志草十有二卷，具事请于两台"，得到允准后，"遂属笔于陆宪副，而滥及于沂。乃召高唐张判官寅、临淄王知县一槐暨高唐王学正应槐、莱芜刘教谕应祥、济南历城庠生十有余人同事编摩。"据此，则《(嘉靖)山东通志》实为陆钶主持纂修，而陈沂为主要参与者。此处题"陈沂修"似有未当。

② （清）黄虞稷《千顷堂书目》卷六《地理类》上同时著录："陈沂《山东通志》，嘉靖癸巳修，参政。"

③ （清）张廷玉《明史》之《艺文》作"彭勖山东郡邑通省胜览"，并注称："字祖朝，庐陵人，永乐乙未进士，山东按察司副使"。

④ （清）张廷玉《明史》之《艺文》称："（李时颙）益都人，续于钦《齐乘》而成。"

⑤ （清）黄虞稷《千顷堂书目》"《少阳乘》二十卷"后有小注："益都人，续于钦《齐乘》而成。"

第二章　山东运河区域方志概述 ·49·

续表

书名	修纂者	著录情况	存佚
《山东六府图记》	—	此志张尔岐曾寓目①	佚
《山东观风便览》四卷②	—	（明）赵琦美《脉望馆书目》、（清）黄虞稷《千顷堂书目》卷六《地理类》上著录	佚
《古北平山东事迹》八十一卷	吕仲	（清）黄虞稷《千顷堂书目》卷六《地理类》上著录	佚

表2-8　　　　明代山东运河所经府州志纂修表（二）

书名	修纂者	著录情况	存佚
《济南府志》	—	《永乐大典方志辑佚》第2061页	佚
《德州志》三卷	郑瀛	景泰五年（1454）刊③，（明）朱睦㮮《万卷堂书目》、（清）黄虞稷《千顷堂书目》卷六《地理类》上、（清）徐乾学《传是楼书目》著录。此志卷首残缺，宁波天一阁藏	存
《德州志》	何洪	嘉靖七年（1528）修，宁波天一阁藏有残本	存
《（万历）德州志》十二卷	唐文华	万历四年（1576）刊④，（清）永瑢《四库全书总目提要》卷七十四、（清）嵇璜《钦定续文献通考·经籍考》卷一七十《史部》"地理上"著录。存卷一至五，国家图书馆藏	存

---

① （清）张尔岐题记称："古图说，不载作者名氏，亦不记其岁月。私度其时，若非嘉靖壬子东南中倭，必万历平壤之役。其人则兹土有封略之责者也。予童时得之，置庋阁且五十年。学使者适以登莱海防事为课，崔生据图以对，使者大赏异。士之留心经济者知亦鲜矣。予取此册重为装护，焉知后来必有见诸实效者，又不仅得力文字间已也。"见张尔岐著，张翰勋点校《蒿庵集 蒿庵集捃逸 蒿庵闲话》，齐鲁书社1991年标点本，第99页。

② （明）赵琦美《脉望馆书目》著录为"四本"。

③ （清）王道亨修，张庆源纂《（乾隆）德州志》称："传说景泰五年（1454）知州洪钊有《德州志略》，已无可考。"《（万历）德州志·凡例》云："志以旧志为本，天顺间重修一统志，采用《德州志》"。

④ （明）唐文华《德州志序》："政馀尝见德《志》，见其浮舛混淆，漫无统纪，且板式慢藏（原文如此，疑有误），致人更窜，"而"德庠李掌教学博识融"，因"与之商榷重创，（李）奋然为之，采以舆论，决以真闻，期月稿就"。见（清）王道亨修，张庆源纂《（乾隆）德州志》卷首，乾隆五十三年（1788）刻本。

续表

书名	修纂者	著录情况	存佚
《（万历）德州志》	李楢	（清）嵇璜《钦定续通志》之《艺文略四》、（清）嵇璜《钦定续文献通考》卷一百七十	佚
《德州续志》	安受善	天启五年（1625）在唐志原板之上续增，国家图书馆藏有残本	存
《东昌府图志》四册	—	（明）杨士奇《文渊阁书目》卷十九"旧志"类、（明）傅维鳞《明书·经籍志·拾补》"旧志"类著录	佚
《东昌府志》九卷	李钰	（清）黄虞稷《千顷堂书目》卷六《地理类》上、（明）朱睦㮮《万卷堂书目》、（清）张廷玉《明史》卷九十七《艺文》二、（清）王鸿绪《明史稿·艺文志》著录，《永乐大典方志辑佚》第2067页录有片段	佚
《东昌府志》	侯宜正	侯宜正"洛阳人，正德间知东昌府，严重有风裁"①	佚
《东昌府志》二十二卷	王命爵	万历二十八年（1600）刊，（明）徐𤊹《徐氏家藏书目》、（清）黄虞稷《千顷堂书目》卷六《地理类》上著录，《北京师范大学图书馆藏希见方志丛刊续编》据此影印。此本为现存最早之《东昌府志》	存
《东昌府并属县志》一册	—	（明）杨士奇《文渊阁书目》卷二十"新志"类、（明）傅维鳞《明书·经籍志》著录	佚
《临清州志》十八卷	周禧	（明）朱睦㮮《万卷堂书目》、（清）黄虞稷《千顷堂书目》卷六《地理类》上、（清）张廷玉《明史》卷九十七《艺文》二、（清）王鸿绪《明史稿·艺文志》著录	佚
《临清州志》八卷	—	（清）徐乾学《传是楼书目》卷六著录	佚

---

① （明）陆釴等纂修：《（嘉靖）山东通志》卷二十九。

续表

书名	修纂者	著录情况	存佚
《临清州志》十卷①	方元焕	嘉靖四十年（1561）刊，（明）赵琦美《脉望馆书目》②、（清）徐乾学《传是楼书目》、（清）《（宣统）山东通志》著录。宁波天一阁原藏两部，见一八零二年旧目及一八零八年旧目，后均散佚	佚
《清源关志》一本	—	（明）赵琦美《脉望馆书目》	佚
《高唐州图志》一册	—	（明）杨士奇《文渊阁书目》卷十九"旧志"类、（明）傅维鳞《明书·经籍志·拾补》"旧志"类著录	佚
《高唐州志》二卷	王大化	（清）黄虞稷《千顷堂书目》卷六《地理类》上著录	佚
《高唐州志》七卷	金江	嘉靖三十二年（1553）刊，（清）黄虞稷《千顷堂书目》卷六《地理类》上著录。今存台湾省③	存
《兖州府志》	—	明嘉靖中修，今已不存	佚
《兖州府志》五十一卷	朱泰游季勋	万历元年（1573）刊，缺卷三，存五十卷。宁波天一阁藏，有1991年《天一阁藏明代方志选刊续编》影印本	存
《兖州府志》五十二卷	于慎行	万历十九年（1591）始修，万历二十四年（1596）刊，（明）徐𤊓《徐氏家藏书目》、（明）焦竑《国史经籍志》卷三《史类》④、（清）黄虞稷《千顷堂书目》卷六《地理类》、（清）张廷玉《明史》卷九十七《艺文》二、（清）王鸿绪《明史稿·艺文志》上著录。是书于20世纪60年代发现于山东巨野，缺"人物志""典籍志"，后从日本宫内省图书寮复制所缺二志，由齐鲁书社1990年影印出版	存

---

① （清）王俊修，李森纂：《（乾隆）临清州志凡例》："十卷，列目二十有二，征考确凿，义例详明，最为善本。"

② （明）赵琦美《脉望馆书目》著录称："《临清州志》三本 二志二本 三志四本。"赵琦美此目末尾附有万历四十六年（1618）《续增书目》，则正文目录当作于此年以前。据此，则明万历前，《临清州志》当多次纂修成书。

③ 宁波天一阁散出本今藏台湾（据骆兆平《天一阁藏明代方志考录》书目文献出版社1982年版，第103页），《中国地方志联合目录》著录国家图书馆收藏一部。

④ 著录为18卷，与通常著录之52卷不同。

续表

书名	修纂者	著录情况	存佚
《兖州府并属县志》三册	—	（清）《文渊阁书目》卷二十"新志"类、（明）杨士奇《明书经籍志》著录	佚
《兖州志》	卢熊	（清）黄虞稷《千顷堂书目》卷六《地理类》上著录	佚
《济宁志》	—	《永乐大典方志辑佚》第2064页	佚
《济宁府图志》四册	—	（明）杨士奇《文渊阁书目》卷十九"旧志"类、（清）傅维鳞《明书·经籍志·拾补》"旧志"类著录	佚
《济宁州志》十三卷①	莫 聪②	弘治四年（1491）刊，（明）朱睦㮮《万卷堂书目》、（清）黄虞稷《千顷堂书目》卷六《地理类》上、（清）张廷玉《明史》卷九十七《艺文》二、（清）王鸿绪《明史稿·艺文志》著录	佚
《济宁州志》八卷	王国桢	万历三十七年（1609）修，（明）赵琦美《脉望馆书目》、（清）嵇璜《钦定续文献通考·经籍考》卷一百七十《史部》"地理上"著录③	佚
《东平州志》一册	—	（明）傅维鳞《明书·经籍志·拾补》"旧志"类、（明）杨士奇《文渊阁书目》卷十九"旧志"类著录	佚
《东平州志》	凌云	嘉靖十八年（1539）修，稿本未刻	佚
《东平州志》	邱如松	万历五年（1577）修，（明）徐𤊹《徐氏红雨楼书目》④	佚
《东平纪略》二卷	陈观衡	（清）黄虞稷《千顷堂书目》卷六《地理类》上著录	佚

---

① 见（清）蓝应桂《济宁直隶州志序》，载（清）胡德琳、蓝应桂修，周永年、盛百二纂《（乾隆）济宁直隶州志》卷首，乾隆四十三年（1778）刻本。

② （清）黄虞稷《千顷堂书目》卷六《地理类》上作"黄璁"。

③ 《（万历）济宁州志凡例》："或考群籍，或质耆旧，宗之故典而不滞，通之新制而不拘。简者益之，弃者举之，略者详之，诬者正之，援古证今，分门别类，矢志秉公，编为实录。虽云专书之拙，庶不至文献之无征。"载徐宗幹修，许瀚纂《（道光）济宁直隶州志》卷末《志原》。

④ （明）徐𤊹《红雨楼书目》著录《东平州志》八卷，不详作者，姑系于此。

表 2-9　　　　　　明代山东运河所经县方志纂修表（三）

书名	修纂者	著录情况	存佚
《夏津县志》二卷①	易时中	嘉靖十九年（1540）刊，（清）黄虞稷《千顷堂书目》卷六《地理类》上著录；天一阁藏明刻本，1962年《天一阁藏明代方志选刊》据此影印出版	存
《武城县志》十卷	尤麟	嘉靖二十七年（1548）修，嘉靖二十九年（1550）刊；天一阁藏明刊本，1963年《天一阁藏明代方志选刊》曾据此影印	存
《武城县志》	金一贞	隆庆三年（1569）修，见（明）金守谅《武城县志序》②	佚
《恩县志》	—	明天顺中修	佚
《恩县志》九卷	林永昌	嘉靖十六年（1537）修，十七年（1538）刊，为今存最早的《恩县志》；此志原藏天一阁，见一八八四年旧目及失窃目，今藏上海图书馆	存
《恩县志》六卷	孙居相	万历二十六年（1598）刊	存
《博平县志》	胡瑾	正德十一年（1516）修，十二年（1517）刊，为现存最早的《博平县志》；今藏国家图书馆	存
《博平县志》五卷、五本	堵巘	（清）徐乾学《传是楼书目》卷六著录	佚
《堂邑县志》	王应乾	万历三十八年（1610）刊③	佚
《聊城县志略》二卷	韩子廉	明万历十四年（1586）修④	佚

① 按：此志目录分上下两卷，正文分五卷，并标"夏津县志卷之×"。《中国地方志联合目录》著录为"二卷"，骆兆平编《天一阁藏明代地方志考录》著录为"五卷"。
② （明）金守谅《修武城县志序》称此志共分六十四目，"详不病于繁，略不病于简"，见（清）骆大俊纂修《武城县志》卷首，乾隆十五年（1750）刻本。
③ 此志"依并郡志……体例无章，叙述失次，舛伪相望，逸脱恒多"。
④ 此志设方域、建置、赋役、官守、人物等7志，凡39目，记述较为简略。

续表

书名	修纂者	著录情况	存佚
《聊城县志》二本	—	（明）徐图《行人司重刻书目》、（明）赵琦美《脉望馆书目》史部三著录	佚
《阳谷县志》①	—	（清）董政华修《（光绪）阳谷县志》卷首《序》	佚
《阳谷县志》②	刘素	明嘉靖十六年（1537）修③	佚
《阳谷县志》	—	明万历中修	佚
《阳谷县志》	—	明崇祯中修④	佚
《东阿县志》	—	约在明弘治朝之前⑤	佚
《东阿县志》六卷⑥	秦民望	弘治十三年（1500）刊，见（清）郑廷谨《东阿县志序》⑦	佚

---

① （明）张恂于嘉靖十五年（1536）所作《（嘉靖）阳谷县志序》称："河间张历田公承命整戎，于下车临清，按巡索志，盖欲考古观风也。得民间抄本，散逸错落，绝不成书。"（见光绪中修《阳谷县志》卷首）此处之"张历田公"即张邦教。邦教，嘉靖四年（1525）进士，历官池阳郡（今安徽池州）同知、山东临清兵备副史、户部员外郎、陕西右参政、分守河西道，后升陕西按察使。可见在明嘉靖修《阳谷县志》之前，阳谷亦曾修有旧志，唯至嘉靖中，所存仅有抄本，且残缺不全。

② （明）张恂于嘉靖十五年（1536）所作《（嘉靖）阳谷县志序》称："迺进刘公，请邑俊致政大夫李北墅先生考订纂集。"见（清）董政华修、孔广海纂《（光绪）阳谷县志》卷首《序》。此处之刘公即刘素。（清）董政华修、孔广海纂《（光绪）阳谷县志》卷四称："刘素，直隶深泽人，嘉靖十二年以进士任，政治勤恪，事举而民怀之。始刊邑志，尤有功于文献焉，历官按察司副使。"

③ （明）吴铠嘉靖十六年（1537）所作《（嘉靖）阳谷县志序》称："嘉靖丁酉春，《阳谷志》成。"见（清）董政华修、孔广海纂《（光绪）阳谷县志》卷首《序》。

④ （清）王天璧《（康熙）阳谷县志》卷首《凡例》称：明嘉靖、万历、崇祯中均曾编修县志。

⑤ （明）杨一清《（弘治）东阿县志序》称：东阿县县令秦民望有志于纂修方志，"（秦民望）尝取邑志阅之，岁久散逸，无所得。""乃下令搜访，期修复之。吏部验封郎中刘君，博之邑人也。闻而出所藏旧志，缄寄君。君喜，得如重宝。"见（清）李贤书修、吴怡纂《（道光）东阿县志》卷首。

⑥ （明）杨一清《（弘治）东阿县志序》称：此志凡"六卷，卷首有图，为目四十有一，目有引，各附其下"。见（清）李贤书修、吴怡纂《（道光）东阿县志》卷首。

⑦ （清）郑廷谨《东阿县志序》称："东阿志自明宏（弘）治庚申修。"见（清）刘沛先原修，郑廷谨、苏日增修《（康熙）东阿县志》卷首。

续表

书名	修纂者	著录情况	存佚
《东阿县志》十二卷	于慎行	万历十年（1582）修，见（明）贾三近《东阿县志序》①	佚
《东阿县志》四卷	谢东秀	《千顷堂书目》卷六《地理类》上著录	佚
《寿张县图志》一册	—	（明）杨士奇《文渊阁书目》卷十九"旧志"类、（明）傅维鳞《明书·经籍志·拾补》"旧志"类著录	佚
《寿张县志》	周三锡	万历中修②	佚
《安平志》③	黄承玄	万历二十四年（1596）修	佚
《嘉祥县志》六卷	周诏	成化二十二年（1486）修，嘉靖补刻；1934年2月3日《大公报》载赵万里《重整范氏天一阁藏书纪略》称为天一阁藏书，后归上海东方图书馆，毁于1932年"一·二八"事变	佚
《嘉祥县志》	龚仲敏	万历中修，见（明）龚仲敏《（万历）嘉祥县志序》④	佚
《汶上县志》八卷	栗可仕⑤	万历三十四年（1606）修，三十六年（1608）修⑥，康熙五十六年（1717）汶上县知县闻元炅补刊⑦；《千顷堂书目》卷六《地理类》上著录	存

---

① （明）贾三近《东阿县志序》："其四表八志，一取裁于马迁，而纪事丛谈，间折衷于左氏，驰骋古今，包罗图史，吏治民隐，一篇之中，三致意焉。闳博雅畅，袤然成一邑全书，视旧所辑录，不啻加千百矣"。见（清）李贤书修、吴怡纂《（道光）东阿县志》卷首。

② 此志原板因"顺治四年寇叛，焚毁无存"，清初已极罕见。顺治十六年（1659），寿张知县陈璜经多方搜求，方得一本。

③ （清）林芃修，马之骦纂《（康熙）张秋志》卷首《凡例》称："张秋旧无志，肇自明都水大夫秀水黄公承玄……本名《安平志》，因弘治中改镇名，遵时制也。"

④ （明）龚仲敏《（万历）嘉祥县志序》："署局分曹，借加笔削，属东阿太史。郡志初出，元思高步，禀裁攸存。已复取《一统志》《山东通志》，济南、巨野等州邑志，考其异同，合为一辙。"见（清）章文华、官擢午纂修《（光绪）嘉祥县志》卷首。

⑤ （清）徐乾学《传是楼书目》卷六题作者为"任丘栗"。

⑥ （明）檀芳邃《汶上县志序》称时任县令栗可仕"慨然集汶之人，谋所为汶志者，于二三故家觅获遗稿"，编修充实而成。见（明）栗可仕修，王命新纂《（万历）汶上县志》卷首。

⑦ （清）闻元炅《重刻汶上县旧志跋》称："取旧志校阅订正，并付梓人，其阙者更取故家旧本照填。或旧本模糊，无可据补者，则宁缺焉。"见（明）栗可仕修，王命新纂《（万历）汶上县志》卷末。

续表

书名	修纂者	著录情况	存佚
《汶上志》二本	—	（明）赵琦美《脉望馆书目》著录	
《鱼台县志》九卷	杨之翰	万历二十二年（1594）修，二十三年（1595）刊	佚
《巨野县志》	江廷藻	嘉靖二十五年（1546）修，见（明）江廷藻《巨野县志序》①	佚
《巨野县志》	殷汝孝	万历十八年（1590）修，见（明）马文健《巨野县志序》②	佚
《巨野县志》十卷	吕鹏云	万历四十五年（1617）修，天启三年（1623），继任知县方时化刊刻行世，见（明）吕鹏云《巨野县志序》③；今存卷三至卷十，国家图书馆藏	存
《滋阳县图志》一册	—	（明）杨士奇《文渊阁书目》卷十九"旧志"类、（明）傅维鳞《明书·经籍志·拾补》"旧志"类著录	佚
《滋阳县志》六卷	李之茂	日本尊经阁文库藏	存
《滕县志》八卷	王元宾	万历十二年（1584）修④，十三年（1585）刊。是志在国内已无原刻本，仅在日本尊经阁文库藏有一部。1984年，北京图书馆从日本交换此志微缩胶卷。1985年，滕县史志办公室据胶卷放大复印出版	存

---

① （明）江廷藻《巨野县志序》："首自《禹贡》而下，至于汉、唐、宋，逮我国朝，中间天地否泰相禅之迹，人事因革损益之宜，大略尽之矣，诚博而有要、文而有理也。"见（清）黄维翰纂修、袁传裘续纂修《（道光）巨野县志》卷首。

② （明）马文健《巨野县志序》称取"旧志，并其采罗迩年堪纪之事迹人物，续集而裁定之"，"其有情节相似、该载未详者，又类附于各目之下，而于其旧则核者因之，讹者正之，湮者厘之，无序者裒辑之，或更定之"。见（清）黄维翰纂修，袁传裘续纂修《（道光）巨野县志》卷首。

③ （明）吕鹏云《巨野县志序》："裒载籍，稽掌故，蒐只字片语于残碑断简之间，复取所谓《一统志》《通志》《兖州志》诸书记接壤州县者参阅之。"见（清）黄维翰纂修，袁传裘续纂修《（道光）巨野县志》卷首。

④ （明）杨承父《滕县志序》："始图经，次沿革诸谱，次灾祥，次山川，次方物，次风俗，次创设，次赋役，次祠祀，次古迹，次列传……而旧志之汰去者十八，卓然一邑文献矣。"见（明）王元宾纂修万历《滕县志》卷首，万历十三年（1585）刻本。

续表

书名	修纂者	著录情况	存佚
《滕县志》八卷	荆尔植	崇祯五年（1632）刊，见（明）荆尔植《（崇祯）滕县志序》①	佚
《峄县志》七卷	贾三近	万历九年（1581）始修，翌年修竣，见（明）贾三近《峄县志序》②	佚

据以上三表可知，明代山东运河区域方志的纂修绵延不断，且数量较多。其中通志 9 种，存世 1 种，为《（嘉靖）山东通志》。其余 8 种中，黄瓒所撰通志最早。黄瓒字公献，明南直隶仪真人，成化二十年（1484）进士，累官江西右布政，进应天府尹，巡抚山东，终兵部右侍郎，著有《雪洲文集》，正德间曾刻印宋人秦观《淮海集》四十卷《后集》六卷《长短句》三卷。陈沂《（嘉靖）山东通志序》称山东巡抚黄瓒"举六郡志事"，"所取古史传略凡十余卷，他皆未就"。据此则黄瓒修《山东通志》未成，仅属草十余卷。而《本朝分省人物考》卷三十称："（黄瓒）所著有《山东总志》《东宫录》《雪洲诗文集》各若干卷，藏于家。"③ 所称之《山东总志》当即《齐鲁通志》，未注明其卷数。然此稿本为黄瓒携归，当无疑义。唯此处未注明卷数，尚难确定此志是否在陈沂所见《山东通志》稿本基础之上再有续补。而（清）黄虞稷《千顷堂书目》卷七著录："黄瓒《齐鲁通志》一百卷。"④ 卷十著录："黄瓒《东宫录》四卷。"⑤（清）张

---

① （明）荆尔植：《（崇祯）滕县志序》称就万历《县志》"稍加错综，间有附益，尤严考证"。见（清）王政修，王庸立、黄来麟纂《（道光）滕县志》卷首。
② （明）贾三近《峄县志序》："事属隐滞，援据征之。中或疑讹，阙而不论。"见（清）王振录、周鸣凤修，王宝田纂《（光绪）峄县志》卷首。
③ （明）过庭训：《本朝分省人物考》卷三十，《续修四库全书》影印北京大学图书馆藏明天启刻本。
④ （清）黄虞稷：《千顷堂书目》卷七，民国二年（1913）乌程张氏刻适园丛书本。
⑤ （清）黄虞稷：《千顷堂书目》卷十。

廷玉等《明史·艺文志》因之。《（康熙）仪真县志》卷十《艺文》著录黄瓒著述称："《齐鲁通志》百卷，《东宦录》四卷。"① 当据《千顷堂书目》转录，或未目验其书。黄瓒所撰之百卷本《齐鲁通志》自《明史·艺文志》之后未见著录，究其原因，或因《千顷堂书目》著录有误，以致《明史·艺文志》沿其误；或此志仅以稿本传世，而于清代前期亡佚。此外，明嘉靖中又有余鍨所修《山东通志》。《（万历）遂安县志》卷三记余鍨生平称："余鍨字文甫，六都人，登正德辛巳进士。初授浦城知县，以廉干调繁闽县。公勤练达，两邑戴之，立生祠祀焉。升南京刑部主事，居父母丧，哀毁尽礼。服阕，补兵部武库司主事，历武选司郎中，典武职铨除，秉公持廉，秋毫无染。以锦衣员冗，疏军政八事，欲裁不当袭者，以纾国用，遂为奸党所诬，下刑部狱。上廉其直，罪诸诬者，由是颇为时贵所忌。迁广东少参，言官交章荐之。升山东副使，董筑南旺，有功运道，进阶一级，迁按察使、山西左布政使。"② 杨维聪《（嘉靖）山东通志序》称："嘉靖壬辰，宪副四明陆举之氏以视学至，尝得前视学余子华氏所为志稿十二卷，嘉其有志于斯，而歉其属草于门人，未及定正，不无踵陋承讹、小得大遗之病。"③ 对其生平记述颇为详悉。

其他数种《山东通志》多为私修，与后世严格意义上之通志尚有不同。今稍加考述，以备查询。李时飏之《少阳乘》为续于钦《齐乘》而作。《（康熙）青州府志》称："李时飏，益都人，府庠生，博洽好古，负奇气，不肯屈下人。有宗室骄横、侵学庙埂地者，毅然争复之。作《少阳乘》，载《齐乘》以后事，考据详明，后《青州志》

---

① （清）胡崇伦修，陈邦桢等纂：《（康熙）仪真县志》卷十《艺文》，康熙七年（1669）刻本。
② （明）韩晟等修，毛一鹭纂：《（万历）遂安县志》卷三，万历四十年（1612）修，钞本。
③ （明）陆钶纂修：《（嘉靖）山东通志》卷首。

第二章　山东运河区域方志概述

多采用之。善楷书，作颜体，郡中碑刻多其所书。"① 此外，明代纂修《山东通志》中，《山东山川险易图》《山东六府图记》及《古北平山东事迹》当为官修，而《山东观风便览》当为私修，且今均不传，尚难窥其端倪。

综上，在上述9种《山东通志》中，官修通志凡6种，私修通志凡3种，官修志书所占比重较大，亦与明代官修方志为方志主流的整体特点相一致。明代山东通志今存世仅1种，即陆釴等纂修《（嘉靖）山东通志》。此志保存了大量重要的明代山东运河文献。概言之，约有数端。

一是保留了大量运河区域重要的地貌信息。如其卷五《山川上》记"会通河"称："会通河，在济宁州南。元至正间开凿，以通漕贩，南抵徐州，达清河，以入于淮。北经东昌府、临清州，与卫河合流，入于海，久而淤塞。至国朝永乐九年，工部尚书宋礼建议疏凿，唯于开河闸至沙湾北徙二十余里，余皆循其故道。自济宁则引汶、泗、洸及徂徕诸山水注之。至沙湾则引黄河支流自金龙口者合之，总名会通河。"② 其卷十三《漕河》记述阳谷县运河称："河之西岸北自聊城之官窑口，南至东阿之荆门上闸四十里，黄河西南自开封之祥符县金龙口至本县，南入湾河，通塞不常。"③ 此处记述会通河济宁段主要依靠汶、泗等鲁中诸水补给，而会通河沙湾段则依靠黄河支流补给，显示出明代中叶山东境内运河水源补给情况。其卷六《山川下》记临清古堤称："古堤在临清州威武门外，盘曲低昂，状若蛟螭。其脉南来，为会通河所断，逾河而北，城之东南复枕其半，俗因呼为东堤。转而东北，直抵夏津，其委濒海，盖古之堤防也。"④ 显示出古

---

① （清）陶锦修，王柽纂：《（康熙）青州府志》卷十八，康熙六十年（1721）刻本。
② （明）陆釴纂修：《（嘉靖）山东通志》卷五。
③ （明）陆釴纂修：《（嘉靖）山东通志》卷十三。
④ （明）陆釴纂修：《（嘉靖）山东通志》卷六。

黄河地貌与明代运河地貌交汇后的特殊形态。

二是保留了大量与运河有关的诗文作品。此志在对运河进行概括性记述时，往往移录相关诗文，作为例证或补充。如其卷五《山川上》概述"泗河"之情形称："泗河源出泗水县陪尾山，《水经》曰：'泗水出鲁卞县北山，即此。'其水四源并发，循城北八里，始合为一，西流至曲阜县，经嵫阳县城东五里，与沂水合，同入金口堰。又南流三十里，至济宁州东城下，与汶水合，入会通河。"此后移录吴宽诗称：

  四源合一水，古河因以名。望之渺千顷，永日汪然清。荡摇邹峄山，映带兖州城。
  余波入漕渠，资国功匪轻。疏瀹藉水部，来往劳经营。欲渡免舟楫，石堰筑且平。
  临流一纵步，鱼鳖不我惊。即欲穷其源，何惜此数程。念昔洙泗间，讲业皆诸生。
  河广岂水然，圣泽惟盈盈。兹游幸沾溉，自庆非徒行。浴沂效前哲，春服亦既成。①

此诗不仅对泗水进行了生动直接的描绘，而且对泗水接济运河的功用及治水官员对泗水的疏浚进行了精当的记述。同时在此诗中，吴宽也对孔子及儒学表达了敬仰和推崇，具有较高的文学和认知价值。

三是保留了关于运河治理的基础信息。山东运河部分河段为人工开凿，为保持水位、导引水源，修建了大量闸坝设施；为疏浚河道，设置了浅铺等运河维护管理组织，"各处河工，在堤岸附近，安设窝

---

① （明）陆釴纂修：《（嘉靖）山东通志》卷五。

铺给人夫居住，以随时捞挖淤浅之处，保证行船畅通"①。每浅铺设老人1名，民夫数目不等，谓之捞浅铺夫。此志之卷十三《漕河》记述沿河各州县之运河设施及维护组织，如其记述聊城县所设浅铺："置浅铺二十有三：北口浅、徐家口浅、柳行口浅、房家口浅、吕家湾浅、龙湾儿浅、宋家口浅、破闸口浅、林家口浅、于家口浅、周家店浅、北口浅、稍张闸浅、柳行口浅、白庙儿浅、双堤儿浅、裴家口浅、方家口浅、李家口浅、米家口浅、耿家口浅、蔡家口浅、官窑口浅，二十三铺，老人二十三人，夫二百三十人，守口夫二百人。"详悉列举各浅铺名称，并记述捞浅人员数目。又记述聊城县境内之三座河闸。如其记述周家店闸："南接阳谷之七级下闸十二里，闸官一人，夫三十人。"记述李海务闸："南至周家店闸十二里，闸官一人，夫三十人。"记述通济桥闸："南至李家务闸二十里，闸官一人，夫三十人。"此外还记述聊城县境内之减水闸："窑官等五减水闸，水大则开以浅（按，或当作'洩'）水，非通舟之闸也。"②聊城县明代虽曾修方志，但并未能存世，其明代运河设施之详细情况，尚得以借此志保存下来。

从上列表格可知，自明代起，山东运河区域府州县方志的纂修逐渐趋于兴盛，并形成了以下几方面较为鲜明的特点。

一是纂修数量大大增加。与上节元代山东运河区域方志纂修情况进行对比，可以明显看出，在明代统治者积极推动等因素的影响下，"天下郡邑莫不有志"③，明代方志的纂修达到了前所未有的水平。与各级官员积极修志及山东运河贯通、山东运河区域经济社会趋于繁荣

---

① 李鹏年、刘子扬、陈锵仪编著：《清代六部成语词典》，天津人民出版社1990年版，第467页。

② （明）陆釴纂修：《（嘉靖）山东通志》卷十三。

③ （明）李维桢《（万历）承天府志序》，载《中华大典》编纂委员会编《中华大典·历史典·史学理论与史学史分典》，上海古籍出版社2007年版，第83页。

相对应，山东运河区域方志的纂修亦呈现出大幅增长的趋势。经统计，山东运河区域纂修府州志 31 种、县志 35 种，沿运府州县均纂修了方志，有的还多次修志，如《东昌府志》纂修凡 5 次，《东平州志》纂修凡 4 次，《东阿县志》纂修凡 4 次，纂修方志已经成为各级官员保存文献、了解民情的重要手段，普遍得到认可和重视。二是纂修时间跨度长。明代山东运河区域方志的纂修从明初延续至明末，贯穿有明一代之始终。（明）杨士奇《文渊阁书目》卷四之"旧志类"著录"《东昌府图志》四册、《济宁府图志》四册、《济南府图志》八册、《登州府图志》二册、《莱州府图志》二册、《青州府图志》四册、《青州府图志》一册"①，凡山东 6 府方志共 7 种。黄苇《方志学》记述明太祖洪武中推动修志称："九年，诏天下州郡县纂修志书；十一年，又有旨令天下郡县纂修图志。"②《文渊阁书目》著录之山东各府《图志》当即为各地奉朝廷之命纂修。再按"济宁府"之沿革，明太祖吴元年（1367）改济宁路为济宁府，洪武十八年（1385）降济宁府为济宁州，治任城；而升兖州为兖州府，治嵫阳（明成化中改"滋阳"）。则《济宁府图志》之纂修当在洪武十八年（1385）之前。此亦可为包括山东运河区域图志在内之数种图志当纂修于明代初年之旁证。此外，李钰《东昌府志》纂修于明永乐中，并收入《永乐大典》，亦为山东运河区域较早纂修的志书。此外，如郑瀛于景泰五年（1454）纂修《德州志》，莫聪于弘治四年（1491）纂修《济宁州志》，凌云于嘉靖十八年（1539）纂修《东平州志》，纂修均在明中期之前。而至明万历中，方志之纂修数量更大，显示出明代方志纂修的连续性。三是存世方志数量较少。受到纂修时间较早、经历明清易代的破坏、后修方志对前修方志的替代等因素的影

---

① （明）杨士奇：《文渊阁书目》卷四，清文渊阁《四库全书》本。
② 黄苇：《方志学》，第 177 页。

响，明代方志大多亡佚不存。至明正德中，时人即称方志存者"十之五六"①，可见方志散佚之严重。巴兆祥利用多种文献，充分吸收相关研究成果，认为明代修志约3470种，"流传至今的大约有1014种，约占明志总数的29%"②。山东运河区域存世明代方志占纂修明代方志的比例与此类似。如表2-9，明修府州志31种中，存世仅8种，占纂修总数的25.8%，且各府州存世情况差别较大。如德州志明代纂修5种，存世4种；东昌府志纂修5种，存世仅1种；兖州府志纂修5种，存世2种；临清州志纂修3种，另有关志1种，今均亡佚不存；济宁州志纂修4种，东平州志纂修4种，均亡佚不存。明代山东运河区域纂修县志35种，其中存世9种，存世方志占纂修总数的25.7%。其中《恩县志》存世2部，夏津县、博平县、武城县、汶上县、巨野县、滋阳县、滕县等所修均存世1部，而聊城县、阳谷县、东阿县、寿张县、嘉祥县、鱼台县、峄县等均不存。四是保存运河文献资料丰富。山东运河区域方志保存了当时运河及相关河湖的基础资料。《（万历）汶上县志》卷一《方域》保存了山东运河水柜南旺湖的基础数据，其记述运河与南旺湖的关系称："中为长堤，漕渠贯之，画而为三。"此后对为运河隔为三部分之湖泊分别进行了记述。如称"在漕渠之西者曰西湖"，并注："周回九十三里，堤上为斗门，以便蓄泄。"称"其东曰蜀山湖"，并注："周回六十五里，水涨出长沟、减水二闸，入马场湖。"对同在漕渠东侧之马踏湖，则注称"在汶河堤北，周回三十四里，夏秋水涨，汇入北湖，出开河闸迤北弘仁桥入运"③。保留了明代后期汶上县济运湖泊的基础数据，对了解明代山东运

---

① （明）陈珂：《（正德）清漳志序》，载（明）罗青霄纂修《漳州府志》卷首，台湾《明方志选刊》影印明万历元年（1573）刻本。

② 巴兆祥：《论明代方志的数量与修志制度——兼答张升〈明代地方志质疑〉》，载《中国地方志》2004年第4期。

③ （明）栗可仕修，王命新纂：《（万历）汶上县志》卷一，康熙五十六年（1717）补刻本。

河水柜的规模及在漕运方面的作用，具有很强的支撑作用。《（嘉靖）德州志》则保存了德州明代税收资料，其卷一记述德州税课局称："税课局，旧址倾圮，今大使赵得贤创建。扁曰'国课'，每岁额办钞三十八万六千六十三贯九伯文。"① 不仅记述德州收税机关，而且记述了德州每年税额。再比如各地方志对当地与运河有关的大事亦有所记述。如《（万历）巨野县志》卷八记述元末黄河水患对运河的影响：

（至元）九年，河决白茅，郓城、济宁遂为浸。

（至正）八年正月辛亥，河决，陷济宁路。

十一年春，河决白茅，郓城、济宁皆浸。

十九年，济州河决。

二十六年三月，河北徙，上自东明、曹、濮，下及济宁，皆被其害。②

以上数条，皆为元末黄河泛滥冲决山东一带之真实记录。而黄河决水冲决济州河，冲淹济宁，亦为元末山东运河淤塞不通、至明初需要重新大加浚治，提供重要的基础文献。此志所记虽仅为巨野一地情形，但亦可据此了解元末山东西部地区的黄运大势。

第四节　清代山东运河区域修志概述

清代山东行政区划大致沿袭明代，而改布政使司为省。因撤销南直隶，山东省遂南与江苏省、安徽省相接壤，北与直隶接壤，西与河南省接壤。就山东省内区划而言，雍正十二年（1734），将济南府属

---

① （明）郑瀛修，何洪纂：《（嘉靖）德州志》卷一，嘉靖七年（1528）刻本。

② （明）吕鹏云修，吕封齐纂：《（万历）巨野县志》卷八，康熙四十一年（1702）章弘增修抄本。

武定州和兖州府属沂州升格为府；次年，又将济南府属泰安州和兖州府属曹州升格为府。乾隆四十一年（1776），将兖州府属济宁州、东昌府属临清州升格为直隶州（与府平级），其余州为县级，不再辖县。此外，又裁撤山东沿海大嵩、成山二卫，改为海阳、荣成二县，将青州府属颜神镇升格为博山县。乾隆以后，山东省共有十府、二直隶州、一百零五县。此外，清代还在行省与府（直隶州）之间设道，并派驻道员。道为临时派遣，并非固定的行政机构，道员的主要职责是协助布政使、按察使处理各府、州的有关政务，或完成特殊工作。清朝在山东共设三道。其中济东道驻济南，负责济南、东昌、泰安、武定、临清各府（直隶州）有关政务；兖沂曹济道驻济宁，负责兖州、沂州、曹州、济宁各府（直隶州）的有关政务；登莱青道驻莱州，负责莱州、登州、青州三府有关行政事务。今将清代山东各道、府、县情况列表如下。

表 2-10　　　　　　　　清代山东行政区划一览表

道	府	府治	辖县
济东泰道（驻济南）	济南府	历城县	章丘、邹平、淄川等十六县（州）
	东昌府	聊城县	高唐州、茌平、堂邑等十县（州）
	泰安府	泰安县	东平州、莱芜、肥城等七县（州）
	武定府	惠民县	滨州、阳信、商河等十县（州）
	临清直隶州		武城、夏津、丘县三县
兖沂曹济道（驻济宁）	兖州府	滋阳县	曲阜、滕县、邹县等十县
	沂州府	兰山县	莒州、郯城、日照等七县（州）
	曹州府	菏泽县	曹县、单县、郓城等十一县（州）
	济宁直隶州		金乡、鱼台、嘉祥三县
登莱青道（驻莱州）	莱州府	掖县	昌邑县、平度州、潍县等四县（州）
	登州府	蓬莱县	宁海州、文登县、黄县等十县（州）
	青州府	益都县	博山县、临朐县、临淄县等十一县
	胶州		即墨县、高密县

与明代相比，山东由六府变为十府二直隶州，山东中西部运河所经地域之区划亦随之变化。《（康熙）山东通志》卷十九之"漕运纪程"，记述清前期山东运河里程称："山东运河，南自江南邳州界黄林庄起，北至直隶吴桥县界桑园镇止，共长一千一百四十三里一百二十一步六尺五寸。"① 其记述清代前期山东运河所经地域称："山东漕河所经，自南而北，由兖州、曹州、泰安、东昌、济南五府境，迄四州、十六县、三卫、一所，此外尚历江南一县，北直二县。"② 保留了清中前期之运河所经山东府州县情形。

表 2-11   清代中前期运河所经府州县表

府（直隶州）	州县	里程
兖州府	峄县	在府东南二百六十里，在运河东北五十里
	滕县	在府东南一百四十里，在运河东六十里
江南徐州府	沛县	在府西北五十五里，在运河西五十五里
兖州府	鱼台县	在府西南一百五十里，在运河西南三十里
	济宁州	在府西南六十里，运河在州南门外，附济宁卫
曹州府	巨野县	在府东一百四十里，在运河西八十里
兖州府	嘉祥县	在府西一百一十里，在运河西二十五里
	汶上县	在府西北九十里，在运河东北三十五里
泰安府	东平州	在府西一百八十里，在运河东北十五里，附东平所，兖属
兖州府	寿张县	在府西北二百四十里，在运河西三十里
泰安府	东阿县	在府西二百一十里，在运河东六十里
兖州府	阳谷县	在府西北三百里，在运河西五十里

---

① （清）岳濬、法敏修，杜诏、顾瀛撰：《（雍正）山东通志》卷十九。按：此运河里程包含馆陶县卫河在内。
② （清）岳濬、法敏修，杜诏、顾瀛撰：《（雍正）山东通志》卷十九。

第二章 山东运河区域方志概述

续表

府（直隶州）	州县	里程
东昌府	聊城县	附郭运河在东关外，附东昌卫
	堂邑县	在府西四十里，在运河西南三十里
	博平县	在府北四十里，在运河东四十里
	清平县	在府北七十里，在运河东三十里
	临清州	在府西北一百二十里，在汶河之北、卫河之东，外城跨于运河
北直广平府	清河县	在府东北一百八十里，在运河西三十里
东昌府	夏津县	在府北一百二十里，在运河东四十里
	武城县	在府北一百八十里，运河在县西关外
北直河间府	故城县	在府南二百九十里，在运河西二里
东昌府	恩县	在府东北一百八十里，在运河东五十里
济南府	德州	在府西北二百八十里，运河在州西门外，附德州卫

注：本表据（清）岳濬、法敏修，杜诏、顾瀛撰《（雍正）山东通志》卷十九编制。

晚清董恂在担任顺天府尹期间，因太平天国运动之冲击，运河漕运大受影响，"荆扬徐豫青兖之漕不达于冀者，若七八稔，若五六稔，若四三稔。运道久荒，弗之治"①，有感于漕务之重要，遂利用《大清一统志》等各类正史、方志、文集，编成《江北运程》，详细记述运河沿岸的城镇、村庄、闸坝、河湖，保留了清代晚期山东运河所经地域的基本情况。今据上述文献中对运河所经地域各州县之记述，编制表格如下：

---

① （清）董恂：《江北运程》卷首，咸丰十年（1860）刻本。

表 2-12　　　　　　　　清代后期运河所经府州县表

省	府（直隶州）	县（散州）	起止点	运河河段
山东	济南府	德州	罗家口—烈女祠	卫河②
	东昌府	恩县	烈女祠—白马庙	
直隶	河间府	故城县	白马庙—郑家口	
山东	临清州	武城县	郑家口—梁蛮坟	
		夏津县	梁蛮坟—油坊集	
直隶	广平府	清河县	油坊集—半壁店	
山东	临清直隶州		半壁店—临清大闸	
			临清大闸—二十里铺	
	东昌府	清平县	二十里铺—魏家湾	会通河
		博平县在东岸 堂邑县在西岸	魏家湾—梭堤	
		聊城县	东自吕家口、西自梭堤—官窑口	
	兖州府	阳谷县	官窑口—五里铺	
	泰安府	东阿县	五里铺—沙湾	
	兖州府	寿张县	沙湾—三空桥	
	泰安府	东平州	三空桥—靳家口闸	
	兖州府	汶上县	靳家口闸—分水口①	
			分水口—孙村	
	济宁州	嘉祥县	孙村—小长沟	
	曹州府	巨野县	小长沟—曹井桥	
	济宁直隶州		曹井桥—四里湾	
	济宁州	鱼台县	四里湾—南阳闸	
			南阳闸—王家口	南阳新河
江南	徐州府	沛县	王家口—刘昌庄	

① 自分水口以北，运河水向北流；自分水口以南，运河水向南流。
② 自临清大闸以北之山东运河利用卫河河道开挖疏浚而成。

续表

省	府（直隶州）	县（散州）	起止点	运河河段
山东	兖州府	滕县	刘昌庄—朱姬庄	泇河
	兖州府	峄县	朱姬庄—黄林庄	

注：本表据（清）董恂《江北运程》（咸丰十年刻本）编制。

据表 2-12，清代山东运河所经县保持相对稳定，唯临清州、济宁州本为散州，分属东昌府、兖州府管辖。清乾隆三十九年（1774）王伦起义，临清等运河城镇遭到严重破坏。此后，为加强运河沿线的管理，清乾隆四十一年（1776），升临清州、济宁州为直隶州。依据上文各信息，编列清代山东运河所经地域府州县一览表如下：

表 2-13　　清代山东运河所经地域府州县一览表

道	府（直隶州）	县（散州）
济东泰武临道（驻济南）	济南府（驻历城）	德州
	东昌府（驻聊城）	恩县、清平、聊城、堂邑、博平
	泰安府（驻泰安）	东阿、东平州
	临清直隶州（驻临清）	武城、夏津
兖沂曹济道（驻济宁）	兖州府（驻滋阳）	阳谷、寿张、汶上、滕县、峄县
	曹州府（驻菏泽）	巨野
	济宁直隶州（驻任城）	嘉祥、鱼台

今据《中国地方志联合目录》及方志序跋等相关资料，编制《清代山东运河所经地域方志纂修一览表》如下：

表 2-14　　清代山东运河所经地域方志纂修一览表

志名	纂修者	卷数	刊刻时间
《（康熙）山东通志》	赵祥星修，钱江等纂	64 卷	康熙十七年（1678）
《（雍正）山东通志》	岳濬、法敏修，杜诏、顾瀛纂	36 卷首 1 卷	乾隆元年（1736）
《（同治）山东通志》	张昭潜纂	不分卷	稿本
《（宣统）山东通志》	杨士骧等修，孙葆田等纂	200 卷首 9 卷	民国四年（1915）
《（康熙）济南府志》	蒋焜修，唐梦赉等纂	54 卷首 1 卷	康熙三十一年（1692）
《（道光）济南府志》	王赠芳、王镇修，成瓘、冷烜纂	72 卷首 1 卷	道光二十年（1840）
《（乾隆）东昌府志》	胡德琳等修，周永年等纂	50 卷首 1 卷	乾隆四十二年（1777）
《（嘉庆）东昌府志》	嵩山修，谢香开、张熙先纂	50 卷首 3 卷	嘉庆十三年（1808）
《（康熙）泰安州志》①	邹文郁增修，朱衣点增纂	4 卷	康熙十年（1671）
《（乾隆）泰安府志》	颜希深修，成城等纂	30 卷前 1 卷首 2 卷	乾隆二十五年（1760）
《（康熙）临清州志》②	于睿明修，胡悉宁纂	4 卷	康熙十二年（1673）
《（乾隆）临清州志》	王俊修，李森纂	12 卷	乾隆十四年（1749）
《（乾隆）临清直隶州志》	张度、邓希曾修，朱钟纂	11 卷首 1 卷	乾隆五十年（1785）
《（康熙）兖州府志》	张鹏翮修，叶鸣鸾纂	40 卷首 1 卷	康熙二十四年（1685）

---

① 明代设泰安州，辖新泰、莱芜，属济南府。清初仍之，雍正二年（1724）升直隶州，十二年（1734）升为府。
② 明代设临清州，辖馆陶、丘县，属东昌府。清初仍之，乾隆四十一年（1776）升为直隶州。

续表

志名	纂修者	卷数	刊刻时间
《(康熙)兖州府志续编》	金一凤等纂修	20卷	康熙五十八年(1719)
《(乾隆)兖州府志》	觉罗普尔泰修,陈顾㵾纂	32卷首1卷图考1卷	乾隆三十五年(1770)
《(康熙)曹州志》	佟企圣修,苏毓眉等纂	20卷	康熙十三年(1674)
《(乾隆)曹州府志》①	周尚质修,李登明、谢冠纂	22卷	乾隆二十一年(1756)
《(康熙)济宁州志》	廖有恒修,杨通睿纂	10卷	康熙十二年(1673)
《(乾隆)济宁直隶州志》	胡德琳等修,周永年等纂	34卷首1卷	乾隆四十三年(1778)
《(道光)济宁直隶州志》	徐宗幹修,许瀚纂	10卷首1卷末1卷	道光二十一年(1841)
《(咸丰)济宁直隶州续志》	卢朝安纂修	4卷	咸丰九年(1859)
《济宁州乡土志》	王赓廷修,邓际昌纂	4卷	光绪三十一年(1905)
《(康熙)德州志》	金祖彭修,程先贞纂	10卷	康熙十二年(1673)
《(乾隆)德州志》	王道亨修,张庆源纂	12卷首1卷	乾隆五十三年(1788)
《州乘余闻》	宋弼纂	1卷	光绪十四年(1888)
《(光绪)德州志略》	钱祝祺纂修	—	光绪二十二年(1896)
《德州乡土志》	冯䎱纂修	不分卷	光绪间修
《(雍正)恩县志》	陈学海修,韩天笃纂	5卷	雍正元年(1723)
《(宣统)重修恩县志》	汪鸿孙修,刘儒臣、王金阶纂	10卷首1卷	宣统元年(1909)
《恩县乡土志》	汪鸿孙修,刘儒臣纂	不分卷	光绪三十四年(1908)
《(康熙)重修清平县志》	王佐纂修	2卷	康熙五十六年(1717)
《(嘉庆)清平县志》	万承绍修,周以勋纂	17卷	嘉庆三年(1798)

---

① 明代设曹州,清初仍之,雍正十三年(1735)升为府。

续表

志名	纂修者	卷数	刊刻时间
《(宣统)增辑清平县志》	陈钜前等修,张敬承纂	16卷首1卷	宣统三年(1911)
《清平县乡土志》	佚名编	不分卷	光绪间抄本
《(康熙)聊城县志》	何一杰纂修	4卷	康熙二年(1663)
《(宣统)聊城县志》	陈庆藩修,叶锡麟、靳维熙纂	12卷首1卷	宣统二年(1910)
《聊城县乡土志》	向植编	1卷	光绪三十四年(1908)
《(顺治)堂邑志》	郭毓秀增修	3卷	顺治三年(1646)
《(康熙)堂邑县志》	卢承琰修,刘淇纂	20卷	康熙四十九年(1710)
《堂邑县乡土志》	佚名编	2卷	光绪间抄本
《(康熙)博平县志》	堵嶷修,张翕纂	5卷	康熙三年(1664)
《(道光)博平县志》	杨祖宪修,乌竹芳纂	6卷	道光十一年(1831)
《(光绪)博平县续志》	李维诚纂修,王用霖等续纂修	10卷	光绪二十六年(1900)
《博平县乡土志》	姚先浚编	1卷	光绪三十二年(1906)
《(康熙)东阿县志》	刘沛先修,王吉臣纂	12卷	康熙五十四年(1715)
《(道光)东阿县志略》	吴怡纂	2卷	道光八年(1808)
《(道光)东阿县志》	李贤书修,吴怡等纂	24卷首1卷	道光九年(1809)
《东阿县乡土志》	姜汉章编	8卷	光绪三十二年(1906)
《张秋志》	林芃修,马之骦纂	12卷	康熙九年(1670)
《(康熙)东平州志》	张聪、张承赐修,单民功纂	6卷	康熙十九年(1680)
《(康熙)东平州续志》	李继唐修,陈鸣岗、郑斐然纂	8卷	康熙五十九年(1720)
《(乾隆)东平州志》	沈维基修,胡彦升纂	20卷首1卷	乾隆三十六年(1771)
《(道光)东平州志》	周云凤修,唐鉴、周兆棠纂	30卷首2卷	道光五年(1825)
《(光绪)东平州志》	左宜似等修,卢崟等纂	27卷首4卷	光绪七年(1881)

续表

志名	纂修者	卷数	刊刻时间
《东平州乡土志》	王鸿瑞编	2卷	光绪三十二年（1907）
《（顺治）武城县志》	房万达修，王维明纂	4卷	顺治七年（1650）
《（乾隆）武城县志》	骆大俊纂修	14卷首1卷	乾隆十五年（1750）
《（道光）武城县志续编》	厉秀芳纂修	14卷首1卷	道光二十一年（1841）
《（康熙）夏津县志》	董时升纂修	6卷	康熙十二年（1673）
《（乾隆）夏津县志》	方学成修，梁大鲲纂	10卷首1卷	乾隆六年（1741）
《（康熙）阳谷县志》	王天璧纂修	8卷首1卷	康熙十二年（1673）
《（康熙）阳谷县志》	王时来修，杭云龙纂	8卷首1卷	康熙五十五年（1716）
《（光绪）阳谷县志》	董政华修，孔广海纂	16卷	光绪二十六年（1900）
《（康熙）寿张县志》	陈璜纂修	8卷	康熙六年（1667）
《（康熙）寿张县志》	滕永祯修，马珩纂	8卷	康熙五十六年（1717）
《（光绪）寿张县志》	刘文煃修，王守谦纂	10卷首1卷	光绪二十六年（1900）
《寿张县乡土志》	崔光煦修，孙育德纂	1卷	光绪三十三年（1907）
《（康熙）汶上县志》	闻元炅纂修	6卷	康熙五十六年（1717）
《（宣统）四续汶上县志》	白璞臣修，马焕奎纂	不分卷	稿本
《（康熙）滕志》	任玑纂修	8卷	康熙十二年（1673）
《（康熙）滕县志》	黄浚修，王特选纂	10卷	康熙五十六年（1717）
《（嘉庆）滕县志》	高攀柱修，陈錀纂	19卷首1卷	嘉庆二十一年（1816）
《（道光）滕县志》	王政修，王庸立、黄来麟纂	14卷首1卷	道光二十六年（1846）
《（宣统）滕县续志稿》	生克中纂	4卷	宣统三年（1911）
《滕县乡土志》	高熙喆编	1卷	光绪三十三年（1907）
《（康熙）峄县志》	田显吉修，褚光镆纂	5卷	康熙十二年（1673）
《（康熙）峄县志》	刘允恭修，褚光镆等纂	5卷	康熙二十四年（1685）
《（乾隆）峄县志》	忠琏纂修	10卷首1卷	乾隆二十六年（1761）

续表

志名	纂修者	卷数	刊刻时间
《(光绪) 峄县志》	王振录、周凤鸣修,王宝田纂	25卷首1卷	光绪三十年 (1904)
《峄县乡土志》	周凤鸣编	不分卷	光绪三十年 (1904)
《(康熙) 巨野县志》	章弘修,陈克广、张应平纂	15卷首1卷	康熙四十七年 (1708)
《(道光) 巨野县志》	黄维翰纂修,袁传裘续纂修	24卷首1卷	道光二十年 (1840)
《(顺治) 嘉祥县志》	张太升续修,董方大续纂	6卷	顺治九年 (1652)
《(乾隆) 嘉祥县志》	倭什布纂修	4卷	乾隆四十三年 (1778)
《(光绪) 嘉祥县志》	章文华、官擢午纂修	4卷首1卷	光绪三十四年 (1908)
《(康熙) 鱼台县志》	马得祯纂修	18卷	康熙三十年 (1691)
《(乾隆) 鱼台县志》	冯振鸿纂修	13卷首1卷末1卷	乾隆二十九年 (1764)
《(光绪) 鱼台县志》	赵英祚纂修	4卷首1卷末1卷	光绪十五年 (1889)

清代是我国方志纂修的鼎盛时代,"在编修志书的规模、成书的数量以及辑录旧志和方志理论等方面,在整个封建社会中,都远远超过了它的前代"①。在现存八千余种方志中,清代所修的志书就达六千余种,尤其以康、乾两朝最多,而以咸、宣两朝最少。山东运河区域方志的纂修即为清代全国方志纂修情况的缩影。总体来看,清代山东沿运地域方志的纂修,主要显示出如下特点。

一是纂修及存世数量较大。与前代相比,清代山东运河区域纂修方志数量巨大。如明代山东纂修通志9种,存世1种;纂修府州志31种,存世8种;纂修县志35种,存世9种。合计纂修75种,存世18

---

① 王桂云:《山东地方史志纵横谈》,吉林省卫生厅印刷厂1985年版,第22—23页。

种,占纂修总数的24%。而据表2-14,清代运河区域纂修方志数量超过明代。其中纂修通志4种,府(直隶州)志19种;县(散州)志66种,总计89种。总体来看,本书对明代方志的统计标准较清代为宽。如以清代之较为严格的标准加以统计,则明代山东运河区域纂修方志数量会有减少,而明、清两代运河区域纂修方志的数量差距会更大。尤其值得注意的是,清代运河区域方志纂修数量较大,且大多存世。若以是否存世为标准进行衡量,则清代运河区域存世方志为明代的近五倍,差距则更为明显。

二是保存运河区域运河文献远超前代。清代方志篇幅较明代及明代之前的方志大大加长,其保存山东运河文献的数量较清代之前的方志亦大大增加。这主要是由后出文献不断累积、记述运河时间跨度拉长、方志纂修风格及标准变化等造成的。今以通志为例,稍加说明。同为通志,(元)于钦《齐乘》凡6卷,约4万字。《四库全书总目提要》称其"叙述简核而渰贯"。(明)陆釴《(嘉靖)山东通志》凡36篇,40卷,约40万字,其中专设"漕河""山川"等门。(清)赵祥星修、钱江纂《(康熙)山东通志》凡39篇,64卷,约60万字,所设"山川""河防""漕河"等纲与运河关系密切,其引清初《赋役全书》,保存了山东漕粮征收等基础信息。(清)岳濬修,杜诏等纂《(雍正)山东通志》凡36篇,36卷,约120万字,对河防、漕运、漕赋等的记述颇为详明。(清)张曜、杨士骧等修,孙葆田等纂《(宣统)山东通志》分"河防志"等12门,约600万字,卷帙宏大,内容丰富。其河防部分按年编订河流变迁表,对黄河、运河等重要河流,则详悉记述历代变迁及疏浚整治之法,保存运河类文献更为详赡。除通志外,府州县等地方志书记述运河文献亦较前代更为丰富。如《(光绪)鱼台县志》卷一《例言》称:"今志山,而后则次以泉,次各溪,次运,次湖,先源后委,且以别于河漕诸书也。"此志在记述与运河有关基础资料后,又称:"及各记论之关运河者,亦博采而附录于各条下。"① 悉心搜集与运河有关的资料，保证了所修方志运河文献的丰富齐备。此外，清代运河区域方志篇幅增加的一个重要原因为其《艺文志》部分收录了当地大量诗文作品，其中即有不少与运河有关的重要原始文献。如《（光绪）阳谷县志》卷十二《艺文》收录毕士瑜《治河政绩碑》，卷十三《艺文》收录孔广海《阳谷水利说》，论及包括运河在内的阳谷水利利弊等内容，保存了不少清光绪中之阳谷运河地方文献。

三是官修色彩更加浓厚。清代中央政府对各地的管辖更加绵密，方志纂修基本为各级官员的行政行为。"中国历代编修方志的传统，使得每一个地区都有可能通过地方志的编修，以历史记录和叙述的方式，来表达地方文化意识。自清代以后，地方志大多是在本地地方官员的主持下，汇集本地最有影响的文人，集体编撰。因而，地方志的内容及其表达方式，反映了地方领袖主导的文化观念以及由此建立的历史解释，是当地各种政治和社会势力较量和对话的结果。"② 封建正统思想在清代方志中得到更为集中的体现。如清代康熙、乾隆二帝均曾多次南巡，《（乾隆）东平州志》卷首《凡例》称："东平无秩祀之文，亦非游览之地，间有圣制，特冠艺文之首；历年蠲赈，天语谆谆，东原之民咸沐于斯焉。今皆敬录于简端。"③《（乾隆）德州志》卷首《凡例》称：

　　一、銮辂时巡，恩泽汪濊，自古未有。德州为入东境首站，恭纪列于卷首。

---

① （清）赵英祚：《（光绪）鱼台县志》卷一《例言》，光绪十五年（1889）刻本。
② 程美宝：《地域文化与国家认同：晚清以来"广东文化"观的形成》，生活·读书·新知三联书店2006年版，第261页。
③ （清）沈维琪修，胡彦昇纂：《（乾隆）东平州志》卷首《凡例》，乾隆三十六年（1771）刻本。

第二章　山东运河区域方志概述

一、宸翰天章，超越千古，昭一代之文治，恭纪列于卷首。

一、蠲免缓征，赈济加恤，开科广额，皆殊恩也，载入纪事卷内则亵矣，恭纪列于卷首。①

与此相对应，此志在卷首设《时巡恭纪》，以编年形式记述康熙二十三年（1684）至乾隆四十九年（1784）清帝南巡之梗概。如此志称："康熙三十八年，圣祖仁皇帝奉仁宪皇太后南巡，由水路经德州至江南清河，亲阅高家堰归仁堤。"②此志又设《恭纪御制》，移录清帝所作与运河有关之诗文。如乾隆二十一年（1756），乾隆帝南巡经过德州，作《入山东界》："北民瞻过辇，东吏迓来骢。彼自分疆界，吾宁有异同？欲知人疾苦，漫诩岁和丰。尚恐妨耕作，兴锄候已融。"又作《过运河》："横陈流运水，直接渡浮桥。粟转千艘永，川归百道遥。晓烟低柳绿，春浪蘸桃夭。东望州城近，埤垣倚丽谯。"③此外，在运河区域方志中，亦明显体现出较强烈的官修色彩。如《（光绪）鱼台县志》卷一《例言》称："圣庙崇礼及从祀姓名，详在《会典》，率土攸同。"记述对儒教之崇敬。其《例言》又称，此志记列女，"其自各志谨录者，详悉对校，综覈而志其数。其有传写稍异者两存之，恐苦节之湮没也。新访者陆续分别登入，亦谨志其人数。自今付剞劂后，再行采入者仍可补入。如已登志，尚未请旌，急为请旌，汇建总坊，是所望于主持风教者"④，亦体现了方志纂修者对封建礼教的推崇，显示出较为强烈的官方色彩。

---

① （清）王道亨修，张庆源纂：《（乾隆）德州志》卷首《凡例》，乾隆五十三年（1788）刻本。
② （清）王道亨修，张庆源纂：《（乾隆）德州志》卷首《时巡恭纪》。
③ （清）王道亨修，张庆源纂：《（乾隆）德州志》卷首《恭纪》。
④ （清）赵英祚：《（光绪）鱼台县志》卷一《例言》。

第三章 山东运河区域方志的纂修

山东运河区域方志的纂修，涉及纂修者、纂修动机、纂修机制等多个方面。总体来看，方志作为具有较强政治意味的著作类型，其纂修本身即与各级政府施政有着密切的关系。朝廷及各级政府的推动是方志纂修的重要动力，这也是山东明代以来所纂修方志绝大多数为官修方志的重要原因。值得注意的是，即使明确了官方这一方志纂修的主要主持者和推动者，作为方志纂修者的各级官员，其纂修方志的动机也是多样化的，具有较为明显的个性化色彩。方志纂修者对方志纂修的认识及认可程度、上级的要求及修志的前期准备，官员任职地域的经济、社会及文化状况和具体方志纂修情况也会成为影响当地方志纂修的重要因素，并在很大程度上决定着山东运河区域方志纂修的水平和面貌。

第一节 山东运河区域方志的纂修者

方志纂修者的身份决定了方志的纂修目的、纂修方式及内容安排，是方志纂修的基础要素，也是方志纂修的起点。从我国方志纂修情况来看，即使是堪称方志纂修快速发展及全盛时期的明、清两代，相对于两朝前后近六百年的时间跨度和全国所设府州县数量之大，方志的纂修亦尚难称频繁。究其原因，实与大多数地方官员之从政理念直接相关。李光地《东阿县志序》称："余谓今之为吏者多矣，大都簿书期会，希合上指己耳。畴肯留心文献，为继往开来之举乎？"①任克溥《(康熙)博平县志序》称："夫志作于神宗辛卯，去今七十余年间，绾墨绶、来莅兹邑者共二三十人，曾未议及。盖作述之难，抑留心文教之鲜耶？"②王赠芳《(道光)博平县志》亦称："第修志者守土之职，而守土者少久任，率不一二岁辄迁去，其久于是土者，又卒卒于簿书期会间，未暇理学士业。而欲纂集旧闻，以裨治道，难矣！"③认为县令等基层官员自身素质、为政理念、任职不久及簿书繁杂，均为各地修志不多的重要原因。由此可见，方志的纂修与纂修者的个人情况有着较为密切的关系，纂修者对于保障地方文献作出了较大的贡献，存世方志亦应得到应有的重视与利用。从这个意义上说，着眼于我国方志发展史的层面，对山东沿运地域方志的纂修者进行较为细致的研究，亦成为山东运河区域方志纂修研究的重要切入点。

第一，元代及元代之前，山东沿运地域方志以地方士人纂修为主，具有较为明显的私纂色彩。

在隋代以前，方志以私纂为主，开皇十三年（593），"诏人间有撰集国史、臧否人物者，皆令禁绝"④。隋代以后，山东方志的纂修经历了从私修到官修逐步演变的过程，今以山东元代之前山东方志为例，稍加说明。晋代伏琛所纂《齐记》，或题《齐地记》，卷数未详，久佚。伏琛，或作伏琛之，生平不详。此书丁国钧《补晋书艺文志》二、文廷式《补晋书艺文志》二、秦荣光《补晋书艺文志》二、黄逢元《补晋书艺文志》二、吴士鉴《补晋书经籍志》、章宗源《隋书

---

① （清）李贤书修，吴怡纂：《(道光)东阿县志》卷首《序》，民国二十三年（1934）铅印本。
② （清）杨祖宪修，乌竹芳纂：《(道光)博平县志》卷首《序》，道光十一年（1831）刻本。
③ （清）杨祖宪修，乌竹芳纂：《(道光)博平县志》卷首《序》。
④ （唐）魏征等：《隋书》卷二《高祖纪下》，第38页。

经籍志考证》、《太平御览·经史图书纲目》均著录，有（清）王谟《汉唐地理书钞》辑本及民国涵芬楼石印《说郛》本。《水经注》之《济水篇》注与《河水篇》注、《初学记》卷二、《太平御览》地部及仪礼部、《后汉书注》之《耿弇传》注及《太平寰宇记》之"河南道"均曾征引过此书资料。《太平御览》卷七十一引伏琛《齐地记》曰："曲城东七十里有温水，水如汤沸，可疗百病，煮物无不熟也。"① 《永乐大典》卷之一万一千一百三十引伏深（按：深当作琛）《齐记》曰："博昌城西北五十里有南北二城，相去三十里，隔时、济二水。"② 保留了晋代山东河道及城市的基础信息。

（晋）晏谟撰《齐地记》，二卷，久佚。晏谟，青州人。慕容德时曾任尚书郎。《唐书·艺文志》二、丁国钧《补晋书艺文志》二、文廷式《补晋书艺文志》二、吴士鉴《补晋书经籍志》、章宗源《隋书经籍志考证》、《通志·艺文略》等均著录。《太平寰宇记》《水经注》"济水注"、《元和郡县志》"河南道"、《初学记》"州郡部"等书均曾引用过该书资料，有（清）王谟《汉唐地理书钞》辑本。今略举其佚文数条如下：

　　东武城西北二里潍水者，即扶淇之水也。③
　　石塞堰，武帝时造。④
　　（百脉水）源出亭山县东界，屈曲六十里入济。⑤

---

① （宋）李昉编：《太平御览》（第1卷），河北教育出版社1994年标点本，第620—621页。
② （明）解缙等编：《永乐大典》卷之一一一三〇，抄本。
③ （北魏）郦道元：《水经注》（古典名著聚珍文库）卷二十六"潍水"条，浙江古籍出版社2013年标点本，第360页。
④ （唐）徐坚撰：《初学记》（上）卷八"州郡部"，京华出版社2000年标点本，第267页。
⑤ （宋）乐史：《太平寰宇记》卷十九"河南道"，《续修四库全书》影印上海古籍出版社藏清黎氏影刻《古逸丛书》本。

第三章 山东运河区域方志的纂修

以上所引均为山东泉河及水工设施，可据此考见晋代山东水系状况。此外，宋代张朏撰《齐记》，一卷，已佚。《宋史·艺文志》二、《崇文总目》二、《通志·艺文略》《国史经籍志》等皆有著录，传世辑本有清金溪王氏《汉唐地理书钞》本及民国涵芬楼石印《说郛》本，《西溪丛语》等书亦征引过本书有关资料。元代于钦撰《齐乘》六卷，为今存最早的山东方志，亦为私人撰述。

元代及元代之前所修山东通志，除上述四部外，据张国淦《中国古方志考》，尚有（晋）荀绰《兖州记》、佚名《三齐记》①、佚名《三齐略记》②、解道康《齐地记》③、佚名《青州先贤传》、（齐）崔慰祖《海岱志》二十卷、（宋）张齐贤《青淄齐郓濮等州山川道路形势图》、（宋）佚名《京东路图经》九十八卷、（金）李余《齐记补》等，惜今均不存。其中除《青淄齐郓濮等州山川道路形势图》《京东路图经》为官修外，其他各志当均为私修。据此可见，山东方志在元代及元代之前以私修为主，官修方志数量较少。私修方志的动机与纂修者身份及经历有密切关系，显示出较为明显的个人化色彩。今以存世元代于钦所修《齐乘》为例，稍加论述如下。其一，于钦纂修《齐乘》，显示出留心实务、关怀世事的积极入世之心。苏天爵《齐乘序》称："《齐乘》六卷，故兵部侍郎于公志齐之山川、风土、郡邑、城郭、亭馆、丘垅、人物而作也。"④ 显示出鲜明的实用性目的。于潜《齐乘后序》称：其父于钦任国子助教时，"日与诸生讲习所业，暇则又与翰苑诸名公唱和诗章"。但"诗乃陶冶性情而已。若夫

---

① 王桂云《山东方志汇要》著录为晋代。
② 王桂云《山东方志汇要》著录为晋代。
③ 张国淦《中国古方志考》"齐地记"条不著解道康所处时代，唯称"《御览》引有黄初三年，当是魏以后书"，见张国淦《中国古方志考》第187页。刘纬毅《汉唐方志辑佚》"齐地记"条称"佚文记有'黄初三年'事，最早征引又为隋末之《书钞》，故解道康约为隋前、晋后人"，见刘纬毅《汉唐方志辑佚》第267页。王桂云著录为晋代，或不确。
④ （元）于钦撰，刘敦愿、宋百川、刘伯勤校释：《齐乘校释》卷首，第3页。

有关于当世、有益于后人者，宜著述以彰显焉"①。在于钦看来，诗赋仅足以"陶冶性情"，而著述方可以"有关于当世、有益于后人"，因此于钦"迨任中书兵部侍郎，奉命山东"后，即"周览原隰，询诸乡老，考之水经地记、历代沿革，门分类别，为书凡六卷"②。由此可见，《齐乘》的纂修，来自实际考察与探访，亦显示出于钦注重实务的踏实态度。其二，于钦纂修《齐乘》，显示出眷恋家乡、表彰先贤的深沉故土之思。于钦为山东人，对山东有很深的感情。于钦曾对其子于潜说："吾生长于齐，齐之山川、分野、城邑、地土之宜、人物之秀，此疆彼界，不可不纂而纪之也。"③ 据此可见，于钦将记述山东之地理人物作为己任，颇有表彰先贤、详述山东山川地理之志。其三，于钦纂修《齐乘》，显示出记述故实、保存文献的存续历史态度。于钦纂《齐乘》是在山东文献凋敝之余。苏天爵《齐乘序》称："古者郡各有志。中土多兵难，书弗克存。我国家大德初，始从集贤待制赵忭之请，作《大一统志》，盖欲尽述天下都邑之盛。书成，藏之秘府，世莫得而见焉。"④ 可见，元代虽然由政府主持编修了全国性的志书，但阅读不易，且山东因屡遭兵燹，志书存者寥寥，文献缺损严重。因此，于钦纂修《齐乘》，实有续文献于将坠的忧患意识，显示出保存文献的积极态度。正由于此，于钦在纂成《齐乘》后，"藏于家，嘱（于）潜曰：'吾或身先朝露，汝其刻之'"⑤。对《齐乘》的刊刻流布非常关注。其四，于钦纂修《齐乘》，显示出实地考察、多方查访的严谨细致态度。于钦虽生于山东，对山东历史地理非常熟悉，但仍在任职山东后，方开始纂修《齐乘》，"考订古今，

---

① （元）于钦撰，刘敦愿、宋百川、刘伯勤校释：《齐乘校释》卷首，第8—9页。
② （元）于钦撰，刘敦愿、宋百川、刘伯勤校释：《齐乘校释》卷首，第9页。
③ （元）于钦撰，刘敦愿、宋百川、刘伯勤校释：《齐乘校释》卷首，第9页。
④ （元）于钦撰，刘敦愿、宋百川、刘伯勤校释：《齐乘校释》卷首，第3页。
⑤ （元）于钦撰，刘敦愿、宋百川、刘伯勤校释：《齐乘校释》卷首，第9页。

质以见闻,岁久始克成编,辞约而事核"①。其记述内容不少即来自他自己的实地考察。如他考察山东河流通航状况称:"钦尝自济南护先妣丧,由小清泛舟东下,至博兴,派时水南上,至索镇而登陆,去益都仅九十里耳。益都众水唯此通舟,未尝浅涸焉。"② 即保留了元代小清河等河道之通航情况。此外,于钦曾行经山东西部,对山东运河区域的河道分布亦颇为熟悉。《齐乘》卷二称:"钦尝往来燕齐,西道河间,东履清沧,熟访九河故道,盖昔北流衡漳注之,河既东徙,漳自入海,安知北流之漳非古徒骇河欤?"③ 对漳河与黄河的分合关系提出了自己的见解。

第二,明代之后,山东沿运地域方志以各级地方官员纂修为主,具有较为强烈的官修色彩。

入明以后,山东方志的纂修主要以官修为主,各级地方官成为方志纂修的发起人和组织者。方志内容的确定、方志资料的选择,均由各级地方官员决定,地方志成为名副其实的官书,反映着当权者的政治需要。山东中西部运河区域受国家纂修方志风气的影响,官修方志所占比重较大。今选择有代表性的山东运河沿线方志,并移录其纂修者情况,编制表格如下:

表3-1　　　　山东运河区域部分方志纂修衔名表

方志名称	职责	纂修人员(人数)
《(万历)兖州府志》(58人)	裁正	兖州府知府朱泰、兖州府知府游季勋(2人)
	校正	兖州府同知刘岸、罗潮、顾应龙(3人)
	纂修	兖州府通判包大燧(1人)
	同校	兖州府通判陈嘉道、兖州府推官宋大儒(2人)

---

① (元)于钦撰,刘敦愿、宋百川、刘伯勤校释:《齐乘校释》卷首,第3页。
② (元)于钦撰,刘敦愿、宋百川、刘伯勤校释:《齐乘校释》卷二,第105页。
③ (元)于钦撰,刘敦愿、宋百川、刘伯勤校释:《齐乘校释》卷二,第152页。

续表

方志名称	职责	纂修人员（人数）
《（万历）兖州府志》（58人）	叙订	曹州知州刘葵，济宁州知州郝汝松，东平州知州刘士达，沂州知州沈应科，滋阳县知县王蔚、宁阳县知县何玉德、尹校，邹县知县王汝振，泗水县知县赵郡，滕县知县王大用，峄县知县王琰、翟宗道，金乡县知县边溉，鱼台县知县李阳泰，城武县知县丘如嵩，单县知县李光前，曹县知县费标，定陶县知县张崇功，嘉祥县知县杨枚，巨野县知县鲍治、石珠，郓城县知县□□□，东阿县知县田乐、白栋，平阴县知县胡宁，汶上县知县崔守一，阳谷县知县李荫，寿张县知县王极，郯城县知县□□□①，费县知县田桂林（30人）
	预修	兖州府儒学训导王宠，滋阳县儒学训导刘汀、袁思义，滋阳县儒学廪膳生员乙武、谢以敬、谢思明、萧光炎、牛之革、盛明，附学生员詹斗文，兖州府儒学廪膳生员陈在、赵炳，增广生员宋天铁，滕县儒学廪膳生员张四教、张应芳，嘉祥县儒学廪膳生员吴时荣，邹县儒学廪膳生员谢大纲、李应奎（18人）
	督工	兖州府照磨刘汝新、司狱王需（2人）
《（万历）兖州府志》②（49人）	创修	兖州府知府四明朱泰、兖州府通判四明包大熺（2人）
	重修	兖州府知府渤海易登瀛、东明卢学礼，兖州府同知常熟钱达道、锡山唐祯、南昌罗大奎，兖州府通判吴江李周策、确山高斗位、江夏刘廷柱，兖州府推官湘潭周玉（9人）
	管理	东阿县知县许昌王以旌（1人）
	仝修	曹州知州泽州孔调元、济宁州知州南昌万民命、东平州知州永年秦效鹏、沂州知州新河宋大训、嶧阳县知县洋县杨明盛、曲阜县世职知县孔贞教、宁阳县知县临汾李沐民、邹县知县青阳王一桢、泗水县知县晋江尤应鲁、滕县知县真定赵邦清、峄县知县韩城解经邦、金乡县知县□□□③、鱼台县知县兴县尹就汤、单县知县江都郝道行、成武县知县赵州张居仁、曹县知县长垣成伯龙、定陶县知县栾城杨克顺、嘉祥县知县公安龚仲敏、巨野县知县安邑王国桢、郓城县知县郏县李放勋、汶上县知县延津周六书、平阴县知县旌德姚宗道、阳谷县知县沧州傅道重、寿张县知县清苑张受训、郯城县知县顺天文广、费县知县新喻钱德华（26人）

① 此处原志衔名空缺。
② 上述两部《（万历）兖州府志》分别纂修于万历元年（1573）、万历二十四年（1596）。
③ 此处原志衔名空缺。

第三章 山东运河区域方志的纂修

续表

方志名称	职责	纂修人员（人数）
《（万历）兖州府志》	叙定	巨野县署教谕事举人南海邝尧龄（1人）
	仝叙	兖州府学教授选贡即墨李桂、训导岁贡辽东揭义、岁贡兴县李光耀、选贡南阳方本淳、岁贡邹平隶趋庭、嶧阳县儒学教谕岁贡濮州韩邦杰、训导岁贡常山崔凌云、岁贡顺天丘唯杰（8人）
	采辑	东阿举人李问、府学生员刘筌、东阿生员李序、东阿生员张三才（4人）
	考正	嶧阳贡士陈言、四氏学贡士孔贞栋（2人）
	校阅	东阿官生于纬、东阿贡士刘一农、东阿生员成就、东阿生员于绍、东阿生员侯服采、东阿生员于绥（6人）
《（万历）东昌府志》（17人）	编次	东昌府知府庐陵王命爵、洛阳李士登、聊城县知县宁晋刘文炳，郡人副都御使王汝训（4人）
	同修	郡人右给事中逯中立、郡人通判张鲤（2人）
	校正	府儒学教授袁伯明、训导李朝宾、孔弘蓁，聊城县儒学教谕程邦图，生员李天植、夏曰瑚、庞大中、耿灏、白汝玉、王嘉佑（10人）
	督工	聊城县县丞彭应弼（1人）
《（乾隆）兖州府志》（42人）	纂修	原任户科给事中陈顾𤩊、前兖州府知府觉罗普尔泰（2人）
	参阅	兖州府知府王鹗、总捕同知夏玢、运河同知汪容、粮捕通判杨濬文、泇河通判童肇骥、捕河通判吕昌际、泉河通判张松孙（7人）
	仝阅	调任滋阳县知县马家良、滋阳县知县夏晓春、升任曲阜县知县庞元澄、曲阜县知县潘相、宁阳县知县郭撰、调任邹县知县卢述张、邹县知县马蕴锦、泗水县知县沈齐义、滕县知县陈诏、前峄县知县许承苍、峄县知县黄栻、金乡县知县王天秀、升任鱼台县知县福明、鱼台县知县白云从、升任济宁州知州张为矮、济宁州知州胡德琳、调任嘉祥县知县瞿朝宗、嘉祥县知县李楫、汶上县知县彭绍谦、升任阳谷县知县沈玉琳、阳谷县知县文治光、寿张县知县彭时清（22人）
	分辑	兖州府学教授傅豫、曲阜县教谕周建子、滕县教谕孙今筵、滋阳县训导张化鹏（4人）
	分校	江南新阳县拔贡生王飞藻、浙江仁和县国学生陈洼（2人）
	督梓	升任兖州府经历胡骝、署经历邹县县丞席绍苹（2人）
	誊稿	滋阳县学附学生吴廷才、滋阳县学附学生龚云从、滋阳县学附学生刘灏（3人）

续表

方志名称	职责	纂修人员（人数）
《（乾隆）东昌府志》（22人）	总裁	东昌府知府胡德琳、赫绅泰、张官五（3人）
	分校	聊城县知县韩龙震、范汝载，堂邑县知县汤桂，署堂邑县知县赠道员陈枚，博平县知县陈天民，茌平县知县叶敏，清平县知县李孝洋、唐洪绪，莘县知县顾昌运，冠县知县赵玉槐，馆陶县知县陈陪敏，高唐州知州汤登仕、张寓，恩县知县黄栻（14人）
	纂修	翰林院检讨周永年，丁丑进士吴霁，进士淄川知县盛百二，浙江举人叶梦麟，丁卯科举人毕以田（5人）
	参订	翰林东昌府教授董元度，乙未进士邓如勤，优贡生梁鸿翥（3人）
《（嘉庆）东昌府志》（17人）	总裁	东昌府知府嵩山（1人）
	分校	聊城县知县郭捍、王德修，堂邑县知县王廷元，博平县知县袁熙卣、潘观宾，茌平县知县王琅，清平县知县夏朝梁，莘县知县胡朝伦，冠县知县高占奎，馆陶县知县吴钟岳，高唐州知州翟笏，恩县知县施常、鲁霭吉（13人）
	纂修	甲午科举人聊城县教谕谢香开，进士东昌府教授陈可经，肄业廪贡生聊城县训导张熙先（3人）
《（康熙）峄县志》①（4人）	重修	峄县知县泰州田显吉②（1人）
	同校	县丞卢龙彭祖贤、儒学训导清平马延龄（2人）
	督梓	典史通州黄应登（1人）
《（康熙）峄县志》③（13人）	增修	峄县知县辽阳刘允恭④（1人）
	同校	县丞辽东佟世庆、儒学教谕长山李斯观（2人）
	督梓	典史会稽沈克忠（1人）

---

① 此为康熙十一年（1672）修《峄县志》之衔名。
② 此志在列清代修志衔名之前，列《（万历）峄县志》之衔名，故称"重修"。兹列明万历志修志衔名如下："明兵部右侍郎邑人贾三近撰次，峄县知县怀宁王希曾校梓，县丞文水高构，儒学教谕招远杨一科、训导清河纪士范同校，典史歙县江德容督梓。"
③ 此为康熙二十四年（1685）修《峄县志》之衔名。
④ 刘允恭此志为在清代田显吉所修《峄县志》基础上续修而成，其《峄县志序》称："自田侯迄今盖十有三年矣。此十三年来，官师之去留、科贡之彬雅、节孝之炳耀、人物之繁衍，以至田亩赋额、户口徭役之损益消长，月异而岁殊。倘不续为纂修，挂漏日久，文献无稽，何以纪往牒、示来裔乎？于是折简进邑士于庭如、褚生光镆、李生公门、雷生亨坤分局网罗，同为荟萃……因其旧规，参以新意，而后十三年之事庶几展卷而了若观火也。"

第三章　山东运河区域方志的纂修

续表

方志名称	职责	纂修人员（人数）
《（康熙）峄县志》（13人）	编辑	邑人章丘县儒学署教谕举人雷亨坤、贡生褚光镆、儒学生员李公门（3人）
	同订	儒学生员李仁门、贾绂、褚懋浚、李应心、雷鋿（5人）
	参正	选拔贡生李应房（1人）
《（乾隆）临清州志》（13人）	汇辑	临清州同知李森（1人）
	协编	临清州儒学学正吕侁（1人）
	参阅	临清州判官金人文、临清州儒学训导王珂（2人）
	采访	拔贡生州人杜金声，贡生州人曹湘、张汉超、杨宜，生员州人张抱仁、颜梦资、戈奕（7人）
	监局	州同知州人周朴、监生州人赵敏义（2人）
《（乾隆）临清直隶州志》（83人）	总纂	署临清直隶州知州夏邑张度、临清直隶州知州宛平邓希曾、武城县知县长洲庄诚立、夏津县知县善化周平湘、邱县知县信丰黄景曾、署邱县知县宛平张光熙（6人）
	参阅	借补临清直隶州州同平远锺丕章、前临清直隶州州判今升东平州州同高阳齐椿年、临清直隶州州判桐城叶馥、临清直隶州学正济宁张淑龄、临清直隶州训导济宁钱舜举、署临清直隶州训导平阴朱光时、武城县教谕商河李学苏、武城县训导齐东郭瑞鳞、夏津县教谕海阳高为□①、夏津县训导惠民刘栻、邱县教谕阳信王梦兰、邱县训导安邱都彦超（12人）
	采辑	钦赐国子监学正丙子科举人州人朱镜、戊子科举人拣发直隶试用知县州人徐学采、戊戌科进士州人王臣，拣选知县戊子科举人州人郑倬、甲午科举人州人□□□、□□，丁酉科举人州人□□□、己亥科举人州人郑景光，丁酉科拔贡生州人孙珏，恩贡生州人马瑛，岁贡生州人江贡璜，例贡生州人张彭年，廪膳生州人郑浮、郭□、王廷柱、高其志、江佐、赵煜、马鸿图、于泰、赵标、周大中、郑儒、王廷忠，增广生州人单芝、王秉锐、郭义□、赵彬、赵资耆，附学生州人张九如、柳峤、李连□、王廷□、马骏图、于大玕，丁酉科举人武城吕兆祥，庚子科举人武城杨士锦，廪膳生武城宋庆云，增广生武城高以朴、李士任、张尧年，原任文登县教谕夏津王铎，乙酉科举人夏津张岱，己亥科举人夏津都自新，戊戌科武进士夏津蒋占魁，壬午科武举人夏津张毓杰，候选千总夏津殷见龙，乙酉科拔贡生夏津张灼，岁贡生夏津张廷枢，廪膳生夏津张洙源，增广生夏津杜炳文，附学生夏津张燧，武生夏津安大勋，监生夏津韩汝轼，岁贡生邱县靳渊然、邢渊、王璧、刘大伦，廪膳生邱县蒋文焕，增广生邱县王日钦、韩维杬、王大龄，附学生邱县秦道烈、刘士谔（64人）

① 此字原书漫漶，本表下同。

续表

方志名称	职责	纂修人员（人数）
《（乾隆）临清直隶州志》（83人）	缮写	附学生州人郑有光、附学生州人马湛、童生州人陈廷枢、胡辅清、郑熙光、吕光泰、江苗、周鸿熙（8人）
	校雠	廪膳生州人郑远光、增广生州人王纯熙、附学生州人吴学易、□家□、孙琚、监生州人刘协中（6人）
	收掌	附学生州人周鸿藻（1人）
	监局督梓	临清直隶州吏目大兴方世纶、临清直隶州巡检山阴萧赓、临清直隶州新开上下闸闸官吴桥杨镜、临清税课局大使太兴钱□（4人）
《（道光）东阿县志》（38人）	鉴定	赐进士出身山东泰安府知府加十级杨惠元（1人）
	裁定	山东泰安府东阿县知县戊子科乡试同考官李贤书（1人）
	纂辑	山东济南府邹平县知县前署东阿县事乙酉科乡试同考官吴怡（1人）
	分辑	东阿县学教谕张光绪、东阿县学训导韩有台、东阿县县丞管裕畴、署东阿县县丞刘金镛（4人）
	督梓	东阿县典史袁峒、东阿汛把总刘丕振、贡生刘万鳌（3人）
	分纂	恩贡生候选教谕张汝霖、廪贡生于万俊、济南府运学廪生赵士元、监生贺岱（4人）
	缮写	廪生张全东、庠生刘庆华（2人）
	校订	廪生王鈫、廪生陈廉（2人）
	采访	岁贡生师保观、郭景伊、魏光垫、刘方干、高青云、廪生姜柏、秦凤池、秦禹东、马照、王绍元、增生张元浩、附生贺咸五、监生房仙源（13人）
	绘图	候选未入流李文锦（1人）
	查卷	吏房吏典李珊、户房吏典刘桐、礼房吏典刘景明、兵房吏典孙廷臣、刑房吏典王相时、工房吏典乔廷魁（6人）
《（光绪）鱼台县志》（33人）	鉴定	三品衔特用道即补知府济宁直隶州知州王恩培（1人）
	纂修	同知衔抚院营务处鱼台县知县赵英祚（1人）
	参订	同知衔代理鱼台县知县崔祚京、鱼台县儒学教谕崔延之、训导王需（3人）
	赞修付梓	附贡生运同衔特用同知东河候补通判刘镜（1人）

续表

方志名称	职责	纂修人员（人数）
《（光绪）鱼台县志》（33人）	采访兼校阅	恩贡生候选教谕王岱云、刘金缄，廪生马鸣冈，附贡生候选县丞仇东旸（4人）
	采访	恩贡生试用教谕梁云仙，候选教谕邵喜曾，岁贡生候选训导崔秉成、王光洽，廪贡生刘凤阁，廪生任贻清、宋善奎、马鸿衢、刘树楠，增生张敦本、马崇临，附生贾浔、杜瑞周、梁宝琛（14人）
	首事	五品衔尽先训导增生杨兆勷，河南候补同知附贡生杨金埠，岁贡生候选训导王清汶，廪生段化宇、邵慕源、李恒昌、马延洪、马汝桥、黄兴智（9人）
《（光绪）峄县志》（14人）	监修	山东分巡兖沂曹济兼管驿传水利兵备道张莲芬（1人）
	主修	调署滕县前峄县知县王振录、范县知县前署峄县知县王贻哲、赐进士出身峄县知县周凤鸣、赐进士出身内阁中书邑人王宝田增辑（4人）
	校阅	峄县儒学教谕萧震峰、德州廪贡峄县儒学训导董心葵（2人）
	督梓	前峄县典史周庆澜、峄县典史董恩埠、汛司厅把总王云龄、花翎侍卫邑人王永祥（4人）
	分辑	候补中书褚修玠、岁贡邑举人王东昉、邑举人褚子临（3人）

上表所录明清山东沿运地域纂修方志凡13种。从纂修时间来看，明修方志3种，清修方志10种；从纂修范围来看，府志6种，州县志7种。从参与纂修的人员情况看，最少的为《（康熙）峄县志》，凡4人；最多的为《（乾隆）临清直隶州志》，凡83人，多数在十数人至三四十人之间，形成了分工明确、较成体系的纂修班子。从大的范围来看，主要分为"修"与"纂"。列于修志范围的大多为当地主要地方官员，为志书纂修的主持者、领导者和推动者。其名称各有不一，如《（万历）兖州府志》称"裁正"，有兖州府知府朱泰、游季勋2人；《（乾隆）东昌府志》称"总裁"，列东昌府知府胡德琳、赫绅泰、张官五3人；《（嘉庆）东昌府志》称"总裁"，列东昌府知府嵩山1人。有的府（州）因下有属县，有时亦将府（州）及属县官

员同列入"修"志人员中。如《（万历）东昌府志》称"编次"，列东昌府知府庐陵王命爵、洛阳李士登、聊城县知县宁晋刘文炳3人。其中王命爵、李士登为前后两任东昌府知府，而刘文炳则为府治所在地知县；《（乾隆）临清直隶州志》称"总纂"，列署临清直隶州知州夏邑张度、临清直隶州知州宛平邓希曾、武城县知县长洲庄诚立、夏津县知县善化周平湘、邱县知县信丰黄景曾、署邱县知县宛平张光熙6人，其中张度、邓希曾为临清州知州，而此下4人则为临清直隶州属县之县令。此外，上表部分方志中还列入上司衔名，作为名义上的更高级别的修志人员，以显示对上司的尊敬，并标明所修方志为禀明上司允准后所修。如《（道光）东阿县志》在"纂辑"衔名之前，设"鉴定"，列赐进士出身山东泰安府知府加十级杨惠元。《（光绪）鱼台县志》亦设"鉴定"，列三品衔特用道即补府济宁直隶州知州王恩培，以增加方志的权威。与在修志人员中列入上司之名相对应，不少府志还在主修方志的府州县主要官员之下，另设"同（仝）修"，列入下属各县主要官员衔名，显示出较高级别的府（州）志之纂修，实为各级官员协同努力之结果。如易登瀛等修《（万历）兖州府志》之"仝修"，列入明代兖州府下属各州县知州、知县凡26人。《（乾隆）兖州府志》之"仝阅"，列入清代兖州府下属各州县知州、知县凡22人，《（乾隆）东昌府志》之"分校"，列入清代东昌府下属各州县知州、知县凡14人。

列于纂志范围的大多为志书的具体编写人员。如《（万历）东昌府志》设"校正"，列府儒学教授袁伯明，训导李朝宾、孔弘蓁，聊城县儒学教谕程邦图，生员李天植、夏曰瑚、庞大中、耿灏、白汝玉、王嘉佑凡10人，为此志的主要撰写人员。《（乾隆）东昌府府志》设"纂修"，列翰林院检讨周永年、丁丑进士吴霁、进士淄川知县盛百二、浙江举人叶梦麟、丁卯科举人毕以田凡5人。《（道光）东阿县志》设"分纂"，列恩贡生候选教谕张汝霖、廪贡生于万俊、济南府运学廪生赵士元、监生贺岱凡 4 人。《（光绪）峄县志》设"分辑"，列候补中书褚修玠、岁贡邑举人王东昉、邑举人褚子临凡 3 人。为保证修志质量，尽可能多地掌握当地信息，不少方志专门设置了采访人员。如《（乾隆）临清直隶州志》设"采辑"，凡 64 人，有进士、举人、拔贡生、恩贡生、岁贡生、廪膳生、附学生等，多数为当地士人。《（道光）东阿县志》亦设"采访"，列岁贡生师保观、郭景伊、魏光垫、刘方乾、高青云，廪生姜柏、秦凤池、秦禹东、马照、王绍元，增生张元浩，附生贺咸五，监生房仙源凡 13 人；《（光绪）鱼台县志》设"采访"，列恩贡生试用教谕梁云仙，候选教谕邵喜曾，岁贡生候选训导崔秉成、王光洽，廪贡生刘凤阁，廪生任贻清、宋善奎、马鸿衢、刘树楠，增生张敦本、马崇临，附生贾浔、杜瑞周、梁宝琛凡 14 人。由此可见，在辖区之内实地搜集各类修志材料，并进行具体撰写工作的大多以当地贡生、廪生、附生为主。他们熟悉乡邦情形和掌故，同时有一定的文化修养，可以在主修官员的安排下，完成具体的修志工作。

因不同方志纂修班子之架构不同，有些方志在具体纂修环节，还设置了较有特色的条目。如易登瀛《（万历）兖州府志》设"管理"，以东阿县知县许昌王以旌充任；《（乾隆）临清州志》设"监局"，以州同知州人周朴、监生州人赵敏义充任，均负责协调具体协调管理之务。此外，又在"采辑"类目之外另设"考正"，以嵫阳贡士陈言、四氏学贡士孔贞栋 2 人充任，其责任为对采辑而来的各种文献资料进行甄别和取舍，以确保修志质量。《（乾隆）临清直隶州志》和《（道光）东阿县志》均设"缮写"，负责具体的文字誊录、缮写清本之责，多由廪生、庠生、附生、童生等当地生员负责。

在编修方志人员中，还有较多协助性质的人员。因不同方志纂修班子不同，其设置亦有差别。方志纂修完成后，即进入刊刻印刷环节，需要专门人员负责。如《（万历）兖州府志》设"督工"，列充州府照磨刘汝新、司狱王需 2 人。《（康熙）峄县志》设"督梓"，列典史通州黄应登。《（乾隆）临清州志》设"监局"，列州同知州人周朴、监生州人赵敏义 2 人。《（道光）东阿县志》设"督梓"，列东阿县典史袁嵋、东阿汛把总刘丕振、贡生刘万鳌 3 人。《（光绪）峄县志》设"督梓"，列前峄县典史周庆澜、峄县典史董恩墀、汛司厅把总王云龄、花翎侍卫邑人王永祥 4 人，多为级别较低的官员，其中不少以典史、把总等偏于武职的人员充任。

此外，在山东沿运地域方志纂修过程中，尚有两点值得注意。

其一，为保证方志的纂修质量，有时方志纂修者还积极延请有身份地位或学问优长的士绅参与方志的编修。如《（万历）东昌府志》即延请郡人副都御使王汝训纂修。王汝训（1551—1610），明山东聊城人，字古师，号泓阳，隆庆进士。万历初任刑部主事，改兵部，累官至光禄寺少卿，因忤大学士王锡爵，谪任南京。万历二十二年（1594）迁右副都御史，巡抚浙江。因与巡按御史彭应参力锄豪右，革职家居十五年。三十七年（1609）以工部右侍郎署部事，后卒于任。《（万历）东昌府志》纂修于万历二十八年（1600），是时王汝训方家居，故知府王命爵延请修志。列于此志"同修"中之郡人右给事中逯中立亦以正直敢言、才学出众著称。逯中立，字与权，号确斋，聊城人，万历十七年（1589）进士。二十一年（1593），吏部左侍郎赵用贤被冤免职，高攀龙等 5 人上疏求救被贬谪，逯中立奋起抗疏，"见忌辅臣"，于二十二年（1594）被贬为陕西按察司知事，后称病辞职归聊城故乡。他家居二十余年，安贫乐道，于《易》学尤邃，并与顾宪成、高攀龙、邹元标、冯从吾等讲学于东林书院，远近负笈从者甚众，门生耿如杞等均得其宗旨，成为栋梁之材。逯中立有用世志，其自称："生而不能显扬，是负吾亲也；仕而不能竖立，是负吾君也；昂昂七尺之躯而甘为碌碌之庸夫，是负吾身也。三十而学道，五十四而无闻，是为天地间之罔人也，已矣！"① 去世后，高攀龙、冯从吾等洒泪为文以祭。逯中立为人正直，敢作敢为，有胆有识，所著《周易札记》被收入《四库全书》。此外，他还有《两垣奏议》，收录他担任给事中时所上的六篇奏议。卒后，私谥"直方"。光宗即位，追赠光禄寺少卿。王汝训与高攀龙等东林党领袖交好，品行高洁，性格耿直，当时正好被贬家居，因此被时任东昌府知府王命爵邀请修志。

又如易登瀛、卢学礼在万历元年（1573）朱泰、游季勋修，包大爟纂《兖州府志》的基础上重修《（万历）兖州府志》，"增益门类，甄采广博，收采宏丰，堪称明代山东方志巨帙佳乘"②，与旧志相比有了新的提升，即与此志的主要纂者于慎行有直接关系。于慎行（1545—1607），字可远，又字无垢，东阿县东阿镇人。明隆庆二年（1568）进士，改庶吉士，授编修。万历元年（1573）《穆宗实录》成，进修撰，充日讲官。后升礼部右侍郎、左侍郎，转改吏部，掌詹事府，十七年（1589）升礼部尚书。后因争国本及山东乡试泄题案，于万历十九年（1591）引咎辞官。三十三年（1605）诏为詹事，未上任。三十五年（1607），东宫已立，国本确定，廷推内阁大臣，于慎行名列七人之首。神宗命他以原官加太子少保兼东阁大学士入阁办事。于慎行此时已病重，旋卒于京邸，赠太子太保，谥文定。于慎行笃实忠厚，为人正直，"学有原委，贯穿百家。神宗时，词馆中以慎行及临朐冯琦文学为一时冠"③。他自万历十九年（1591）起，辞官家居16年，勤于著述，有《谷城山馆文集》42卷、《谷城山馆诗集》20卷、《读史漫录》14卷、《谷山笔尘》18卷等著作传世。于慎行的

---

① （清）嵩山修，谢香开纂：《（嘉庆）东昌府志》卷二十一《人物》，嘉庆十三年（1808）刻本。
② 金恩辉主编：《中国地方志总目提要》，第15—52页。
③ （清）张廷玉等：《明史》卷二一七，第5739页。

品行与才华亦得到兖州府地方官员推崇与敬重，兖州府知府易登瀛等地方官员遂请于慎行主持编修《兖州府志》。姚思仁《兖州府志序》称："会大宗伯东阿谷峰于公暂辍殷霖，恬慕商皓，夙揽三长之业，兼富二酉之藏。两君后先造庐，敦请珥管，公固逊弗获，辄乃开塾延秀，旁罗密裁，阅历三载，今才脱稿。"又称："方今主上雅意文学，日且谕辅臣抽金柜石室之秘，分命词臣，编列成书，以备明一经。宗伯公故在词林中，最号有史材，顾不少须待，盛年勇退，盘桓于狼溪、鱼山间，甘以天禄、石渠之业逊诸后来者。不得已应两君之请而抒其余力，为兖修二百余年之缺典。"① 冯琦《兖州府志序》亦称："大宗伯于公自结绶而登著作之庭，学士大夫翕然宗之。自归卧东山，益得以其间讨探当世得失之故，于是郡守易、卢二公相继以志请。"② 此志由于慎行主纂，遂以详慎完备著称。特别是卷前"所绘府州县及漕渠、黄河、湖泊等近四十幅地图，精审切用，对了解本地区的地理形势及山川走向、湖泊分布尤裨参考"。而"田赋、户役、驿传、河渠、盐法、马政诸门，内涉国计民生利病，是书中最有价值和最具特色的部分，取才充实，论析精当，对考见明代本地区的社会经济状况多具参考价值"。于慎行有较高的文化修养，且尤长于诗文，因此对兖州诗文著述颇为关注，"是志于人物、艺文辑录最丰，篇幅几占全书三分之一，内收历代各类人物及蒐集各体文章之多，皆为前志所不及，颇有存乡邦文献之功"③，对此志给予了很高的评价。

其二为河务官员的积极参与。在修志人员中，河务官员时有所见。总体来看，山东沿运地域纂修的方志并未给河务官员设立专门职责，而是根据其官阶高低、执掌轻重及为政所长，给予其相应之分工。有少数山东运河地域方志列官阶较高之负责河务的官员于纂修人

---

① （明）于慎行修：《（万历）兖州府志》卷首，万历二十四年（1596）刻本。
② （明）于慎行修：《（万历）兖州府志》卷首。
③ 金恩辉主编：《中国地方志总目提要》，第15分之52页。

员之首，如《（光绪）峄县志》即列山东分巡兖沂曹济兼管驿传水利兵备道张莲芬为"监修"，位居主修县志的各峄县知县衔名之前。如运河同知为山东省运河厅主官，属河道总督及管河道员管辖，秩正五品，掌理厅属之河工事务。通判亦称"分府"，管辖地为厅，主要辅助知府政务，分掌粮、盐、都捕等，秩正六品。《（乾隆）兖州府志》即将运河同知汪容、泇河通判童肇骥、捕河通判吕昌际、泉河通判张松孙等列入"参阅"，列于负责主修此志之"纂修"人员原任户科给事中陈顾㵾、前兖州府知府觉罗普尔泰二人之后，而列于各属州（县）主官所列之"通阅"之前。其主要考虑的即他们为品阶较高的府级河务官员，官秩较地方州县官为崇，且负责河务，对志书相关部分的纂修较为熟悉，但又不似知府主持修志事务，因此列于"纂修"及"仝阅"之间。此外，部分官阶较低之与运河有关的官吏，也与府州县基层官吏同任修志协调、刊刻等职责，属于具体办理人员。如《（乾隆）临清直隶州志》之"监局、督梓"即由临清直隶州巡检山阴萧赓、临清直隶州新开上下闸闸官吴桥杨镜、临清税课局大使太兴钱囗等与临清直隶州吏目大兴方世纶一同担任。《（道光）东阿县志》之"督梓"即由东阿汛把总刘丕振与东阿县典史袁嵋、贡生刘万鳌一同担任。《（光绪）鱼台县志》之"赞修、付梓"即由附贡生运同衔特用同知东河候补通判刘镜担任，《（光绪）峄县志》之"督梓"即由汛司厅把总王云龄与前峄县典史周庆澜、峄县典史董恩墀、花翎侍卫邑人王永祥等担任，显示出河务官员参与山东运河区域方志纂修的基本情况。

第二节 山东运河区域方志的纂修动机

山东运河区域存世方志大多为各级官员所修，同时所修的方志又为官书，因此山东运河区域方志的纂修动机既有较为鲜明的官方色彩，同时方志纂修者的为政态度及个人志趣也为山东运河区域方志的纂修带来了个性化因素。总体来看，山东方志纂修者的纂修动机，主要有以下几方面。

一 山东运河区域方志纂修者对方志性质的认识

对方志性质的认识是方志纂修的起点，决定着方志纂修者对方志的看法和纂修方志的态度。概言之，山东运河区域方志纂修者对方志的性质主要有以下几方面认识。

（一）认为方志为史书的观点。方志为史书的观点出现较早。汉代郑玄即已提出方志如古国史，郑兴裔《广陵志序》称："郡之有志，犹国之有史，所以察民风，验土俗，使前有所稽，后有所鉴，甚重典也。"① 至明、清时期，认为方志为史书的观点成为主流，而章学诚为此观点的集大成者。他认为："有天下之史，有一国之史，有一家之史，有一人之史。传状志述，一人之史也；家乘谱牒，一家之史也；部府县志，一国之史也；综纪一朝，天下之史也。"② 因方志所记范围为府州县所辖之地域，他认为："志乘为一县之书，即古者一国之史也。"③ "方州虽小，其所承奉而施布者，吏、户、礼、兵、刑、工，无所不备，是则所谓具体而微矣。"④ 他高度重视方志的价值，认为"国史于是取裁，方将如《春秋》之藉资于百国宝书也，又何可忽欤？"⑤ 此外，他又称："谱牒散而难稽，传志私而多谀，朝

---

① （宋）郑兴裔：《郑忠肃奏议遗集》卷下，清文渊阁《四库全书》本。
② （清）章学诚：《州县请立志科议》，叶瑛校注，（清）章学诚撰：《文史通义》卷六，中华书局1994年标点本，第588页。
③ （清）章学诚：《永清县志前志列传序例》，叶瑛校注，（清）章学诚撰：《文史通义》卷七，第782页。
④ （清）章学诚：《方志立三书议》，叶瑛校注，（清）章学诚撰：《文史通义》卷七，第573页。
⑤ （清）章学诚：《方志立三书议》，叶瑛校注，（清）章学诚撰：《文史通义》卷七，第573页。

廷修史，必将于方志取其裁。而方志之中，则统部取于诸府，诸府取于州县，亦自下而上之道也。"① 他反对把方志看成是地理书的观点，认为："方志乃一方全史也。而自来误以地理图经为外史之方志，然则司书所掌之版图又是何物？"② 受明清以来认为方志为一方之史观点的影响，山东运河区域方志的纂修者亦多持方志为史的观点。如王琳《夏津县志后序》称："夫今郡邑志，即古列国史也。"③（明）宋焘《（万历）泰安州志序》称："志者，古史之遗也。《周礼》小史、外史掌邦国四方之志，至于列国，亦各有史，蕞尔小国，不乏图籍。"④ 均从整体上将方志看作史书。此外，方志纂修者在安排当地志书结构时，有时亦完全仿照史书之体例。如《（嘉庆）清平县志》分为《纪》一、《表》二、《图》三、《书》六、《列传》五，共十七篇。其中"纪"为《恩泽纪》，即仿照司马迁《史记》等正史之体例，记述帝王之行事。其《恩泽纪》称："纪体本法《春秋》，史之有纪，肇于《吕氏春秋》十二月纪。汉臣司马迁用以载地方行事，冠冕百三十篇。厥后二十一家递相祖述，体例炳如，诚史家之鼻祖也……至于例以义起，方志撰纪，以为一书之经，当矣。如亦从史而称'本纪'，则名实混淆，非所以尊严国史之义也，是以称'纪'而不得称'本'焉。"解释了此志称"纪"之来源及用"纪"而不用"本纪"的原因。此志续又称："史部本纪，事言并载；方志敬慎采辑，体当录而不叙。清平滨临运河，屡蒙翠华巡幸，仰邀御制《东昌道中》诗，已非一次……清平北拱神京，恭遇恩赐捐逋赈恤，被德甚

---

① （清）章学诚：《州县请立志科议》，叶瑛校注，（清）章学诚撰：《文史通义》卷六，第588页。
② （清）章学诚：《章氏遗书》卷第二十八，光绪三年（1877）刻本。
③ （明）易时中修，王琳纂：《（嘉靖）夏津县志》之《后序》，嘉靖十九年（1540）刻本。
④ （明）任弘烈原本，（清）邹文郁增修，朱衣点增纂：《（康熙）泰安州志》卷首，民国二十五年（1936）铅印本。

溥……今志其可考者，仿右史之例，谨敬首勒一典，为《恩泽纪》。"据此可见，《恩泽纪》所记为清帝所颁与清平县有关之恤典。而此志之纂修者，完全仿照正史《本纪》之例，设立《恩泽纪》，其将方志看作史书，并按史书之体例进行纂修的态度与看法亦非常鲜明。

此外，山东运河区域方志的不少纂修者虽然总体认为史与方志的同一性，但并未明确认为方志即史。如沙澄《山东通志序》称："或问：'志与史同乎？'曰：'史隶乎官，达乎上，总核名实，固已若志。初皆某郡某邑之名人，生长其地，习知其事，记之于册，传之于后。名虽不同，其实则同。'"① 认为史与志在"隶乎官，达乎上，总核名实"方面有相同之处，二者"名虽不同，其实则同"，即持方志与史同一的观点。此外，亦有山东运河区域方志纂修者认为方志与经、史同源，六经皆志。如于睿明《临清州志序》称："自仓颉作书，制文字，已肇万世作志之鼻祖矣。由斯以谈六经，皆志也，而不以志名"，认为自有文字，即有志书，"天地古今事物之所陈者，综其全，虽在圣哲，莫之能损益也，故尊之曰经。经、史、志，同出而异名，不相离也"②。细绎于氏之观点，他认为志之意义在记述，而经为记述之权威精要者，在同为记述方面，史与志具有同一性，亦可看做方志为史观点的变体。

（二）认为方志为正史之志的观点。山东运河区域纂修的方志中，有纂修者认为方志由正史中的"志"发展而来。如高晋《（乾隆）临清州志序》首称："自职方辨土，掌天下之图，小史、外史并列。《周官》外史志四方，其今郡县志所自昉欤？"认为方志始自周官外史。此《序》续又称："龙门八书而后，若班固、范晔辈，并以史才见称后世，而律以刘知几三长之说，犹不免为一家之言，况下此者

---

① （清）赵祥星修，钱江纂：《（康熙）山东通志》卷首《序》，康熙十七年（1678）刻本。
② （清）于睿明修，胡悉宁纂：《（康熙）临清州志》卷首。

乎？顾汉、唐、宋以来，史皆有志。则志虽史之分类，而编在郡国，纪名物，辨疆理，谨风俗，网罗放失，探综图纬，则壤成赋捄，弊补偏式，王度而召来兹，所系亦綦重矣，易言志哉！"①他认为方志本身并不能与史等同，而仅相当于史之志的部分，其作用在于"纪名物，辨疆理，谨风俗，网罗放失，探综图纬"，具有其独特的功用与价值。

（三）认为志为心志的观点。于慎行《恩县志序》称："史而曰志者何？宣哲之君、明惠之长以此稽其政教，而成其心之经纬，故谓之志尔。是故君子有经国之猷，必有仁民之政；有仁民之政，必有永世之图。于是轨物可陈，方策可布，而使其心常用浹焉，故曰志也。"② 于慎行在此处更为重视方志纂修者的为政态度。他以儒家仁政观点为出发点，认为为政一方的官员要有"经国之猷""仁民之政"，才能施政爱民，此即方志纂修的起点和动机。

在明清时期，"方志即史"成为方志纂修者普遍认可的主流观点。但与此同时，山东方志的纂修者在整体认为方志即史的前提下，亦对方志与史的差别进行了辨析，显示出对方志与史关系的精细化认识。如梁遂在《山东通志序》中，从历史发展的角度，对史与志进行了梳理。他首先概述列国史之纂修脉络称："古者，列国各有史，而又有四方之志，故九丘之籍至周犹存，为外史所掌。自封建废，而史唯朝廷有之。至汉而司马氏史法大备。"认为古时史、志并行。此《序》又称："及东汉汝阳作《风俗通》之后，郡邑始各自为志。"认为后世意义上的志与列国之志不同，其差别在于所记为"列国"及"郡邑"。正因如此，他认为"志非史也"，承认二者的差别。但他同时又提出："而所识者地里、人物、风俗、艺文之事，无不毕载，则

---

① （清）张度修，朱锺纂：《（乾隆）临清直隶州志》卷首，乾隆五十年（1785）刻本。
② （清）汪鸿孙修，刘儒臣纂：《（宣统）重修恩县志》卷首，宣统元年（1909）刻本。

虽郡邑之志，而史之体略具，是志亦史也。"① 认为志与史均为对一方之全面记述，二者又有相通之处。

此外，山东运河区域方志的纂修者亦从不同角度，提出了对方志与史差别的认识。今略举如下。其一，在方志纂修态度和标准上，史和志有严格与宽泛之别。如于睿明《临清州志序》称："大抵史简而严，志繁而宽。史必衷之馆阁，志不褰夫韦布。"② 即指出在纂修方面，史较志有更为严格的标准。其二，在方志纂修内容和范围上，史和志有广狭之别。如梁遂《山东通志序》称："然志与史繁简异矣。犹之郡邑各有志，而郡之不同于邑，省会之不同于郡，其繁简亦一也。"③ 即认为郡、邑之志繁简之不同与志与史繁简之不同有相通之处。与侧重强调记述内容之繁简不同，赵祥星《山东通志序》称："郡邑之有志，犹国之有史也。史以详乎域中，志以纪乎一隅。"④ 则更侧重于强调史与志记述地理范围的广狭。其三，在方志纂修的时间、空间上，史与志有侧重点的不同。如戴文武《阳谷县志序》首先称"书契以来，史与志并重"，将史与志放在同等重要的位置，其又称："史言纵，志言横。纵以博闻，横以广见，二者若斯之隆也。"即强调史重纵向记述之深，而志重横向记述之广。他又称："后世详史而略志，志之领于史臣者，不过考前代沿革、辨定疆域而已，详固不可得闻。"⑤ 对后世志书内容过简、记述不完备提出了意见，亦涉及史和志的差别问题。

总体来看，山东运河区域方志的纂修者虽然在方志与史具体关系的认识上尚存在一些差别，但坚持方志为一方之史的观点成为方志纂

---

① （清）赵祥星修，钱江纂：《（康熙）山东通志》卷首《序》。
② （清）于睿明修，胡悉宁纂：《（康熙）临清州志》卷首。
③ （清）赵祥星修，钱江纂：《（康熙）山东通志》卷首《序》。
④ （清）赵祥星修，钱江纂：《（康熙）山东通志》卷首《序》。
⑤ （清）王时来修，杭云龙纂：《（康熙）阳谷县志》卷首《序》，康熙五十五年（1716）钞本。

修者的主流看法。这是中国注重史学这一传统在地方性文献编纂中的具体体现。以修史的标准来修志，大大增强了方志纂修的严肃性和政治性，不仅决定着山东运河区域方志的整体风貌，而且也使各级政府官员成为方志纂修最为适合的人选。他们以保存域内之史料作为方志纂修的出发点，亦有效整合与调动辖区内各种资源，形成方志纂修的合力，确保了各类重要的基础文献得以及时进入方志之中，并得到较为合理的裁剪与编排，实现山东运河区域方志体例的完备、内容的充实，有效保证了所纂修方志的整体水平与文献价值，并促成了一大批后世公认名志佳志的出现，从而使山东运河区域纂修的方志成为开展山东运河研究必不可少的基础文献资料。

二 山东方志纂修者的纂修动机

方志纂修者对方志的认识决定了对方志的态度及纂修方志的动机。总体而言，山东方志纂修者的纂修动机受到国家对方志重视程度及推动力度的直接影响，同时也受到山东运河区域地方官员了解域情以施政牧民内在要求的影响，显示出内在因素与外在因素兼备、满足个人从政要求与保存地方文献资料要求并存的复杂状态。概言之，山东方志纂修者作为各级地方官员，纂修方志为其职责所在。从纂修者履行办理政务流程的角度来看，其纂修动机主要有以下几方面：

（一）地方官员遵从上级功令以修志。明清以来，中央政府为了解地土、人民等具体情形，积极纂修全国范围的志书，如明洪武三年（1370）命儒臣魏俊民、黄篪、刘俨、丁凤等编修《大明志书》，后于九年（1376）下诏令天下州郡县纂修志书，十一年（1378）又下旨令天下郡县纂修图志。明成祖即位后，于永乐十年（1377）颁布《修志凡例》十六则，对各地编修志书的范式和内容提出明确要求。此外，中央政府督促各地修志，也意在为编修《一统志》准备材料。明代正统、景泰、天顺中曾多次下诏修志，《寰宇通志》《大明一统志》即在各地所修志书基础上纂修而成。清初，为了解各地户口、钱粮、山川形势及兵防险要等，清朝政府亦鼓励各地修志，康熙四年（1665），诏令征集志书、文集，以供纂修《明史》之用。康熙十一年（1672），保和殿大学士卫周祚上奏，要求各省聘集宿儒名贤纂修通志，"载天下形势、户口丁徭、地亩钱粮、风俗人物、疆圉险要"等资料，以备纂修《大清一统志》之用。康熙帝采纳卫周祚的建议，"令天下郡县分辑志书"，并将贾汉复纂修之《（顺治）河南通志》"颁诸天下为式"①。康熙二十二年（1683），朝廷再命礼部檄催天下，要求各省通志三月内成书。清光绪十年（1884）成立《会典》馆，征集天下志书。朝廷对纂修方志的鼓励及明令地方纂修方志的要求，大大推动了明代以来各地方志的纂修，山东运河区域纂修的方志不少即为中央及地方政府要求与推动的结果。下级官员的修志行为不少即为落实上司之命而行。如于睿明《临清州志序》称："岁壬子②之秋，俞旨修志，宪檄行州。膺斯任也，遵何道而快愉。"③再如马得祯《鱼台县志序》称："皇帝十有一年，诏直省修通志，需通志成一统志也。直省饬郡县各修志，亦需郡县志成通志也。"④可见《（康熙）临清州志》与《（康熙）鱼台县志》的纂修均为康熙帝采纳卫周祚之请，命各地修志的具体成果。再如乾隆四十二年（1777），朝廷又有修志之命。张度《临清直隶州序》称："且旧志之修，距今已三十余年。岁丁酉，部檄曰：'其修州志。'顷宪檄又督催严。度适承乏于此，其何可复诿？"⑤就清代而言，朝廷多次推动修志，大大促进了志书的纂修，推动了清代运河区域修志事业的繁荣。

---

① （清）张度修，朱锺纂：《（乾隆）临清直隶州志》卷首。
② 此处之"壬子"为康熙十一年（1672），时朝廷正有命各地纂修方志之谕。
③ （清）于睿明修，胡悉宁纂：《（康熙）临清州志》卷首。
④ （清）马得祯纂修：《（康熙）鱼台县志》卷首，康熙三十年（1691）刻本。
⑤ （清）张度修，朱锺纂：《（乾隆）临清直隶州志》卷首。

（二）地方官员主动纂修方志。作为地方官员，负有治理辖区之责，而编修方志即为其职责与政务之一。因此，地方官特别是知府、知州、县令等地方主官在方志纂修中具有一定的主动权，他们有时亦从为政之需要出发主动纂修方志。如顺治十四年（1657），贾汉复担任河南巡抚，有感于清初河南疮痍未复，文献凋零，遂致力于修志，并采取了诸多措施。其中最重要的是下发《修志信牌》，这是现存清代第一个官方下达的修志文件：

照得各府州县之有志也，其所记载不越提封四境之中，而实能备国史之所未尽，犹大宗之有小宗焉，犹江海之支流，山岳之嵝阜焉，不可废也。中州夙称文献名邦，高贤辈出，其于典故载籍必所素重。昨据该司呈送通省府州县志书，仅四十六种。其余各属，咸称兵燹之后，荡然无遗。就其中新经纂刻者，止汝州、永宁数处，此外皆系胜国旧编，而于近今之事者俱付阙如。及今不图，恐世远言湮，老成凋谢，后来虽欲从事，势必更难，拟合通行急为修纂。为此牌仰本司官吏，文到即便转行各府州县。凡无志者，速宜网罗旧章，博求稗乘，敦礼耆英，开局裒辑。其有旧志而未载近今之事者，或有虽经翻刻而因陋就简、不谙史裁者，亦须多方采集，更延名硕订正，务使缺略咸辑，今昔备载。修成，先录清稿呈送本部院批览。谅此不朽之垂，人人自有同心也。毋得违。①

就山东运河区域方志纂修情况而言，同样存在地方官主动修志的情况。如一地原本无志，地方官主动创修方志。王琳《夏津县志后

---

① （清）宋可发修，吴之谟纂：《（顺治）彰德府续志》，顺治十六年（1659）修，钞本。

序》称:"(夏津)乃独未志,识者谓之旷废。比愧虚易公来尹,毅然作曰:'远适靡导,莫辨九衢,从政无稽,何以善治?'是直一度弗贞哉?乃延诸隽杰事事。"① 有的地方官则于施政渐具头绪之后,为政遂及于修志。如李梦雷《宁阳县志序》称:"余不佞承乏兹土,以朴实为治,毋敢沽名钓异,四载于兹。时和年丰,余既喜其风俗之淳,而吏民亦安予之拙。簿书余暇,爰取旧志而校雠之,缺者补,繁者芟,壬午以后,其芳徽懿行,可以振颓风者尤搜罗,罔使或没。外此弘纲细目,随时损益,悉补订详明,适……绅士某某乐道人善,广为考辑,相与襄厥成功。不逾岁而告竣焉。"② 可见,对于某些地方官员来说,出于为政一方的要求,他们对纂修方志亦采取了较为积极的态度。

从这个意义上说,山东沿运地域方志的纂修,与纂修者自身因素有密切关系。在易时中纂修《夏津县志》之前,夏津县无志,此志之修实有开创之功。能有此创修县志之举,与易时中有志于修志有直接关系。易时中为明代之著名循吏,《明史》之《蔡清传》附《易时中传》称:"易时中,字嘉会,亦晋江人。举于乡,授东流教谕,迁夏津知县,有惠政。稍迁顺天府推官。以治胡守中狱失要人意,将中以他事,遂以终养归。道出夏津,老稚争献果脯。将别,有哭失声者。"③ 再检《(乾隆)晋江县志》卷9《人物志》称:"易时中,字嘉会,号愧虚,从蔡虚斋学。虚斋喜曰:'晚年得此士,吾《易》不孤矣。'年四十,举嘉靖壬午乡试,已蔚然为硕儒……升夏津知县,岁旱蝗起,白衣菅履,徒步祈祷,雨降蝗去,而岁以登。时武城大水,檄视之,以实上。监司惮以灾闻,驳其议。逾境谒见,陈情形,

---

① (明)易时中修,王琳纂:《(嘉靖)夏津县志》之《后序》。
② (清)李梦雷修,刘应荐纂:《(乾隆)宁阳县志》卷首,乾隆八年(1743)刻本。
③ (清)张廷玉等:《明史》卷二八二,第7235页。

率为感动，奏蠲赈。"① 据此可见，易时中为笃学硕儒，具有深厚的儒学修养，同时亦颇有爱民施政之心。（清）李清馥《闽中理学渊源考》卷六十一记述易时中在夏津之惠政更为详悉："升夏津知县。邑故寡讼，时中曰：'吾至，将多日坐堂上，屏偃扑，民有事，具来吐实，还以曲直，鞭赎都弛，重者挞遣而已。'皆争来，言讼遂多矣……夏津人绘像祠之……既终养，道出山东夏津，人闻旧邑公还，牵携数舍，迎舟曳挽，群持枣栗修脯以献，欢声载两浃。至别，有哭失声者。时金陵王公以旂以中丞赴留台，联舟河中，为之嗟叹，赋诗有'斯民信是同三代，循吏元非拂众情'之句。"② 由此可见，易时中有爱民之心与为政之德，这实为易时中致力于修志以为政的内在原因。

（三）上司与下属均有志于修志。作为地方官，往往对修志事务颇为重视，特别是上级有命修志，下级官吏往往积极办理，形成上级官员与下级官员共同修志的机制。上司与下属均有志于修志，既保证了修志活动的顺畅，同时也保证了志书的质量。如易时中担任夏津县令，本身即有志于修志，而其上司"河中张历田公方以使者之节开府临清，兼威明之用，而并文武之事。进时中于庭而教之曰：'夏津虽小，亦国之建邑也。而记载缺然，陋如之何？'因指授大义，使归而成之"。易时中"既有意于令尹子文之事③，而张公又教之，使得有成"。后志未修成，而张历田擢任，"今三河次斋王公持节来代，诸所施设，视张公不替有加焉。所以宠异时中而教之使有成，亦如张公也"④。易时中遂"得以庚子之春三月成《夏津志》，为二册，凡五

---

① （清）方鼎修，朱升元纂：《（乾隆）晋江县志》卷九，乾隆三十年（1765）刻本。
② （清）李清馥：《闽中理学渊源考》卷六一，清文渊阁《四库全书》本。
③ （明）易时中《夏津县志序》称："余往时读书，见颛孙氏所举楚令尹子文云：'已令尹必以旧政告新令尹。'而夫子许其为忠。"见（明）易时中修，王琳纂《（嘉靖）夏津县志》卷首。
④ （明）易时中修，王琳纂：《（嘉靖）夏津县志》之《序》。

卷，以付梓人。因述其所以僭妄之本心，使览者知时中之不肖，非有二公之教，则亦莫之能成也"①。前后两任上司均明确要求夏津县县令易时中修志，则纂修《夏津县志》为易时中承上司之命。而他本身作为循吏，亦究心于地方事务，上有所命，下有所需，遂有《夏津县志》之修。又如阳谷县知县王时来《阳谷县志序》称："郡大人纂修郡志，下令州邑各修志以上。余奉檄欣然，爰集邑绅士而援之以旧志，令各举所知以绩之。"② 据此可见，上司与下属均有志于修志，上司推动修志的外力与当地官员主动修志的内力相合，遂使修志活动得以顺利推进。

从方志独特的内容及作用的角度来看，方志纂修者的纂修动机主要有以下几个方面。

（一）对运河区域重要性的深刻体认。山东运河的贯通，大大提升了沿运城市的地位。这在一定程度上，亦推动了当地方志的纂修。山东沿运地域方志在纂修过程中，往往都把从辖区经过的运河作为提升当地政治、经济地位及增强当地方志纂修必要性的重要因素。从这个意义上说，运河不仅成为山东沿运地域方志纂修的重要内容，而且也成为方志纂修的原因之一。如明代之兖州府地处山东南部，京杭运河南段在兖州府经过，成为兖州纂修方志时需要考虑的重要因素。游季勋《兖州府志序》称："我国家应命开基，分封鲁藩，连络畿辅，山川人物，蔚然称首。天下转输，藉兖为咽喉，夫岂微哉！"③ 于慎行纂修《（万历）兖州府志》之《府境州县图考序》称："吾郡负岱跨海，右济前河，包鲁、卫、曹、滕列国之疆，略兖、豫、青、徐四州之境，襟带两都，幅员千里，方舆之广，历览不能穷；建置之详，

---

① （明）易时中修，王琳纂：《（嘉靖）夏津县志》之《序》。
② （清）王时来修，杭云龙纂：《（康熙）阳谷县志》卷首《序》。
③ （明）朱泰、游季勋修，包大爟纂：《（万历）兖州府志》卷首《序》，万历元年（1573）年刻本。

周谘不能尽，匪志曷纪，匪图曷征焉？"① 均对兖州面积之广大、区位之重要进行了充分的肯定。而《（万历）兖州府志》卷首于慎行《序》称："兖者，九轨之交，征赋之所会也。川则转输之士日夜不休，陆则使者之车辚辚载道。其外则洪河溃溢，岁发丁夫；其内则矿冶故徒，时时啸聚。乃其俗艰生殖，壤多沮洳，家罕终岁之储，邑尠千金之室，此亦天下靡敝凋残之地也。"② 则不但强调了兖州作为运河所经区域及南北水陆交通要道的独特地位，而且注意到兖州府百姓之疾苦及影响一方统治的不稳定因素，从另外的角度强调了纂修《兖州府志》以了解兖州府情的重要作用，突出了编修方志的重要意义。

其他不少山东沿运地域方志在纂修中，亦突出强调其辖区作为运河区域的重要性。如廖元发《东平州志序》记述东平州称："金螺峙于东，漕流带于西，灵气萃聚，忠孝节烈、谠言直谏者代不乏人。"③ 即强调包括运河在内的东平州形胜之美及对民风之影响。如临清作为运河沿线的重要城市，地处会通河、卫河交汇之处，因漕粮悉经此地运送京城，临清的政治地位大大提升。《（乾隆）临清州志》记述称："（临清）实南北之要冲，京师之门户，舟车所至，外连三边，士大夫有事于朝，内出而外入者，道所必由。"④ 此外，伴随着漕运的畅通，临清的经济也繁荣起来，成为明清时期的重要商业城市。贺王昌《临清州志序》称："清源东郡名区，西北控燕、赵，东接齐、鲁，南界魏、博，河运直抵京师，水陆交冲，畿南一大都会也。"他于康熙十二年（1673）受命赴任临清州知州，"驱车入境，见其甲第连云，人物熙攘，漕运万艘，衔尾北上。市肆毂击肩摩，不减临淄、即

---

① （明）于慎行修：《（万历）兖州府志》卷一。
② （明）朱泰、游季勋修，包大爟纂：《万历）兖州府志》卷首《序》。
③ （清）张聪、张承旸修，单民功纂：《（康熙）东平州志》卷首《序》，康熙十九年（1680）刻本。
④ （清）张度修，朱锺纂：《（乾隆）临清直隶州志》卷二《建置》。

墨，猗欤盛哉！"又称，"此地五方走集，四民杂处，商贾辐辏，士女嬉游。故户列珠玑，家陈歌舞，饮食宴乐，极耳目之观"，对临清之繁华颇有感触。并由此感慨称："非圣天子德化沦洽涵濡，乌能顿复中原承平之旧如此哉？"①对临清运河商贸之繁荣及地位之重要给予了高度重视。

正是因为临清重要性的提升，临清方志需要记述的内容也大大增加。于睿明论临清修志称：

> 清源由县升州，地居神京之臂，势扼九省之喉，连城则百货萃止，两河而万艘安流。或耕或商，或游如织，如鹜如归，既邹鲁文学本于天性，复燕赵悲歌出自慷慨，懿哉！若乃高阜长堤、桥梁塔寺，诸景胜难以琐举。虽无名山之观，而亦匪僻壤可比，诚东南之一大都会也。②

于睿明称"清源由县升州，地居神京之臂，势扼九省之喉，连城则百货萃止，两河而万艘安流"，指出临清"高阜长堤、桥梁塔寺，诸景胜难以琐举"，"匪僻壤可比"，而是"诚东南之一大都会也"。对临清位置之重要及城市之繁华，给予了很高的评价。张度《临清直隶州志序》称："乾隆四十一年，皇上用大臣议，进临清为直隶州，而属以武城、夏津、丘县，体崇事殊，非复属东昌时比。"此外，临清亦为清帝南巡所经之地，"我皇上东巡、南巡，回銮时阅视运河，必经临清，且为驻跸所。然则地方之利弊，皆在睿鉴之中，志之修

---

① （清）贺王昌《临清州志序》，（清）于睿明修，胡悉宁纂：《（康熙）临清州志》卷首。
② （清）于睿明《临清州志序》，（清）于睿明修，胡悉宁纂：《（康熙）临清州志》卷首。

也，其何可以不虔且慎夫？"① 值得注意的是，对临清重要性的认识，在临清修志官员中已经成为共识。在张度修志未竣转任后，其继任知州邓希曾亦称："圣天子建极之四十一年，特进临清为直隶州。按清渊自汉置县，逮明孝宗朝迁秩为州，以属东昌。自元开渠通运，为挽漕之咽喉，当舟车水陆之冲，固商贾辐辏之区也。"一方面指出临清升为直隶州，地位大大提升，有重修州志之必要，同时亦指出临清为"挽漕之咽喉""舟车水陆之冲"，"且近畿南数百里间，沐圣朝之休养教化，浃髓沦肌，风俗民心悉归醇厚"，其地理位置颇为重要。正因如此，对临清州之"仓储、关榷、户口、田赋、学校、屯卫"加以记述，以"扬休命于无疆"②，实为地方官员之职责。

再比如宁阳为堽城堰所在地，且县境多泉，在保障山东运河畅通方面具有重要价值。"《通志》云：'伏山盘峙于东北，洸水潆回于西南，盖古形胜之区也。'《郡志》云：'宁阳接泰山南麓，城以北多山，汶水经其境。益以诸泉，为运道所资。'"③ 宁阳地方官员在编修宁阳县志时，对宁阳在保障运河畅通方面的重要作用颇为重视，史夔《宁阳县志序》称："宁阳距兖郡五十里，先子羔所治成邑也。民俗质朴，最为近古。志称伏山盘踞于东北，洸水萦回于西南，居然形胜地也。而汶流出岱谷中，至县北境，甚为浩衍。堽城堰一筑，引汶济漕，实南北咽喉所系。前代有都水使者驻节是邑，后并归其事于有司，官斯土者任綦重哉！"④ 此《序》既注意到宁阳在运河通航方面的独特作用，同时也指出了当地官员的重要职责。

（二）保留文献以存一方之史。将方志视作一方之史，为历代修

---

① （清）张度修，朱锺纂：《（乾隆）临清直隶州志》卷首。
② （清）邓希曾：《临清直隶州志序》，（清）张度修，朱锺纂：《（乾隆）临清直隶州志》卷首。
③ （清）李温皋纂修：《（康熙）宁阳县志》卷一。
④ （清）李温皋纂修：《（康熙）宁阳县志》卷首《序》。

志者对方志的主流看法。作为各级地方官，对当地历史与现状的了解及关注较一般文人更多。注重历史的传统及方志即史的观念大大增强了各级地方官员通过纂修志书以存一方之史的主动性。这种特点与观念在山东运河区域方志纂修中亦有充分的体现。如王琳《夏津县志后序》称："夫夏津，古齐、晋要会之甸，我国朝则近省雄邑。是故遗风之所自，湛恩之所先，于文献宜罔弗征矣。"① 对保存域内文献非常重视。再如汪鸿孙《（宣统）重修恩县志序》称："恩志始成于前明万历己亥，续修于国朝雍正癸卯，迄今二百有余岁矣。虽疆域依旧，田赋犹前，而河渠之疏塞、学校之隆替、人才之消长、风俗之淳漓，莫不与政治息息相通。而乃听其湮没，年深代远，文献无征，使后之来者，有所兴废，无可考覈，是非守土者之责欤？"② 可见，在汪鸿孙看来，纂修恩县方志，其重要目的即避免恩县之历代故实"听其湮没，年深代远，文献无征"，以至使后来者无所依据。而保护一方之文献，则成为"守土者之责"。（清）徐宗幹《（道光）济宁直隶州志序》称："抱残守阙，援据综覈，先喆之功也。补遗继续，斟酌通变，后人之职也。志以传信，非以时修订，久将就湮。"③ 担心不能及时修志，以致造成文献的遗失，通过修志以保存一方文献的想法可谓迫切。

特别是自近代以来，时代变化大大加速，地方士绅往往通过纂修志书，保存旧有文献，其纂修方志的紧迫性更强。如《（光绪）峄县志》修成于光绪三十年（1904），其主要纂修者王宝田所作《峄县志序》称："兵燹之余，百物荡尽，重以强邻阚关，戎心时启，一二重臣惩前毖后，改纪政典，此固斯文绝续之秋也。"④ 可见，地方士绅

---

① （明）易时中修，王琳纂：《（嘉靖）夏津县志》之《后序》。
② （清）汪鸿孙修，刘儒臣纂：《（宣统）重修恩县志》卷首《序》。
③ （清）徐宗幹修，许瀚纂：《（道光）济宁直隶州志》卷首《序》。
④ （清）王振录、周鸣凤修，王宝田纂：《（光绪）峄县志》卷首《序》。

及时纂修方志，以免历史旧闻湮没于迅速变化的时代之中，显示出强烈的危机意识。

（三）掌握域情以有利于治民为政。通过纂修方志了解地方情形，颇有裨于治理。知府、知州、县令等主政一方的地方官员作为方志纂修的主持者，出于了解域情、从容施政的需要，往往对当地的方志非常重视。其纂修方志，有很强的资政意识。如易时中在担任夏津知县后，甫下车，即以了解夏津风土民情为急务，"始余至夏津，其大者欲知民之性，以制宽猛之常；物土之利，以经出入之法；察俗之尚，以节丰俭之中。而山川之理、经界之限、壤地之生、风气之习、贡赋之入，莫之有征"。夏津县此前并未修志，给易时中了解夏津民情造成了较大困难，"至于道路之往来、市井之集散、宫室之兴坏、沟涂之通塞，所以尽人之情而极事之变。曾吏于是土而施设有益于民，与夫不善而遗后之患，足以示劝戒，而系人心之好恶者，皆漫不可考。盖为之数月而茫然"①。编修《（嘉靖）夏津县志》之迫切性亦由此而凸显。赵祥星《（康熙）山东通志序》亦称："历代各相沿革，或世远人烟（按，当作'湮'，原文似有误。），艰于稽考；或残编断简，莫可信从。况当沧桑历变、兵火频煨，其间方舆户口、赋役风俗，求其灿然厘定者，多所阙焉。"②而通过编修方志，方可以尽快全面掌握一地之情况，对于从容施政，亦具有非常重要的意义。再比如徐宗幹在《（道光）济宁直隶州序》中称："古云：'不习为吏，视已成事。'郡邑之志乘，其政治之方策乎？"③表达了他对方志在官员为政方面重要意义的理解。正因如此，他在纂修方志过程中，即形成了存录资料以资治的想法。

此外，地方官员纂修方志，一方面为方便自己施政；另一方面也

---

① （明）易时中修，王琳纂：《（嘉靖）夏津县志》卷首《序》。
② （清）赵祥星修，钱江纂：《（康熙）山东通志》卷首《序》。
③ （清）徐宗幹修，许瀚纂：《（道光）济宁直隶州志》卷首《序》。

意在通过纂修方志，为继任者施政提供便利。易时中《夏津县志序》称："邑之有令，其继者固未有穷，而聪明才知之士加于余什伯者宜其众也。以其聪明才知，而又得以先知豫待，夏津之政则其所及于民，何啻如余之拙陋勤苦而仅得之者哉？"他认为一县之县令前后相继，前任虽然可以向后任交代工作，但是"面告之不可几，则莫如笔之于书之为明且远。此余所以不揆，欲有以遗来者，而庶几乎令尹以旧政告新之忠也"①。能通过编修方志，实现知县政务的顺利交接，使后任得以顺利快速地了解县域内的情况，以稳妥施政，实为易时中编修此志的动力。《（康熙）鱼台县志》亦强调修志对后人之作用称："天子必有《一统志》，直省有《通志》，郡县分合各自有志。志也者，即藉以纪之为令，则以贻后人者也。"②认为纂修方志的重要目的之一，即为修志"以贻后人"。

（四）纂修方志以供上级修志之用。如上所述，明清两代之中央政府均曾多次明令各地编修志书，其主要目的之一即为编修《一统志》提供材料。而地方编修《通志》或《府志》，亦往往要求下属编修方志，以供采择。从这个意义上说，不同官员在方志纂修中的地位不同，其对方志纂修的看法亦有不同，显示出同一部方志在纂修过程中，在不同评价体系内的不同意蕴。作为地位较高的官员，对山东运河区域方志的价值有较为全面的认识。如杨一清在担任中宪大夫、太常寺少卿时，曾为《（弘治）东阿县志》作序称："我先朝命儒臣纂集《大明一统志》，藏之秘府，颁之学宫，采录精当，古之所谓图志者，莫之或尚。顾禹迹所穷，万邦错峙，事极鸿纤，非国志所能尽载。举凡撮要，君子虑其有遗善焉，此郡邑志所以不可无作也。十室之邑，苟得佳志，非唯他日总制作之柄者，舍是将何所依据乎？"③

---

① （明）易时中修，王琳纂：《（嘉靖）夏津县志》卷首《序》。
② （清）马得祯：《鱼台县志序》，载（清）马得祯纂修《（康熙）鱼台县志》卷首。
③ （清）李贤书修，吴怡等纂：《（道光）东阿县志》卷首《序》。

即指出方志所记内容与《一统志》相比,有详略之差别,不仅"可垂一方鉴戒",而且可作为"他日总制作之柄者"取舍之依据,具有不可替代的价值。而作为地位较低的州县级官员,虽不一定具有高级官员那种开阔的视野,但是对于修一方之志以供纂修更高级别方志时加以采择,则有较为明确清晰的认识。于睿明《临清州志序》称:"常试度之,天下至大,四海至广,计清源一州,不犹大块中之一微尘乎?州有志,不犹列星中之一孤曜乎?志有修,不犹黄钟之奏之一细响乎?不知大块者,微尘之积;列星者,孤曜之聚;黄钟者,细响之推也。此固然,其无足怪。"[①] 他认为,临清方志之修,虽然微如"细响",然仍有助于显"黄钟"之声。从方志角度看,一州之志虽范围狭窄,篇幅有限,但对于纂修通志、一统志,亦自有其价值。这种观点,在基层纂修方志过程中,亦具有一定的代表性。

第三节 山东运河区域方志的纂修机制及经费筹集

方志的纂修是一项复杂的系统工程,需要动员多方面的力量,为多种因素共同作用的结果。值得注意的是,上级作出修志的决策,往往是从方志的作用和价值方面考虑,而下级在接到上级指令后奉命修志,则是出于遵上司之命办理,具有较多的环节和完善的办理流程。今就山东运河区域方志的纂修机制略加论述如下。

一 山东运河区域方志纂修的启动机制

山东运河区域方志的纂修,固然离不开当地士绅的参与,但朝廷及各级地方官员的发起、主持与推动,从根本上决定着一地方志的纂

---

① (清)于睿明《临清州志序》,载(清)于睿明修、胡悉宁纂《(康熙)临清州志》卷首。

修，实为山东沿运地域方志纂修最为重要的启动力量。从山东运河区域方志纂修的具体情况来看，往往在上级发出修志之命后，方志纂修活动才会逐步推进。山东运河区域方志中收录了不少与修志有关的朝廷及各级公文，保留了方志纂修启动环节的具体材料。据此，可以梳理出山东运河区域方志纂修这一政务活动的运转机制。清康熙中曾命各省纂修方志，《（康熙）山东通志》即为奉此次朝廷之命纂修，故赵祥星《山东通志序》称："躬逢我皇上右文稽古，修废举坠，百度维新，诏示宇内纂修各省通志，甚盛典也。"①此次朝廷要求各地纂修方志，不仅对《山东通志》的纂修有影响，而且对山东沿运地域各府州县方志的纂修，亦有巨大的推动作用。如《（康熙）济宁州志》卷首收录《修志奉行文移》，即保存了此次朝廷修志之命的颁行过程。康熙十一年（1672）七月初一日，户部尚书、保和殿大学士卫周祚奏请各省仿贾汉复所纂《（顺治）河南通志》《（康熙）陕西通志》体例，纂修本省《通志》，以备纂修《大清一统志》之需②。康熙帝于是月初六日将此议交礼部议奏。康熙十一年（1672）七月二十四日，礼部遂奏请按卫周祚所议，请旨命各省纂修方志，并"总发翰林院，汇为《大清一统志》，恭进睿览"③。朝廷修志之命正式颁出，此次朝廷修志的启动环节亦随之完成。

为纂修府志，有时知府亦要求各属州县纂修当地志书，以备修志之采择。因此，山东运河区域府志之纂修，亦存在由府之主要官员发起之情况。如康熙中兖州府各属州县之纂修方志，即由兖州府知府金

---

① （清）赵祥星修，钱江纂：《（康熙）山东通志》卷首《序》。
② 卫周祚称："各省通志宜修，如天下山川形势、户口丁徭、地亩钱粮、风俗人物、疆圉险要，宜汇集成帙，名曰'通志'，诚一代之文献也。迄今各省尚未编修，甚属缺典，何以襄我皇上兴隆盛治乎？除河南、陕西已经前抚臣贾汉复纂修进呈外，请敕下直、省各督抚，聘集宿儒名贤，接古续今，纂辑成书，总发翰林院，汇为《大清一统志》。"见（清）赵祥星修，钱江纂《（康熙）山东通志》卷首《序》。
③ （清）廖有恒修，杨通睿纂：《（康熙）济宁州志》卷首《文移》，康熙十二年（1673）刻本。

一凤推动。金一凤于康熙五十三年（1714）下发帖文，要求各属纂修方志：

> 兖州府正堂加二级金，为续修郡志以征文献事。
>
> 照得志书之作，将以监古今成败之迹，察风俗得失之由，以示沿革，以昭鼓劝，而其要总归于轸念民生休戚至计，事甚巨也。故广而言之，通天下有志，次而各直省有志，次而府州邑莫不有志。虽部帙不同，然指归则一。苟徒事靡文，而于守官守士之责毫无裨益，于志何取？以故前人创之，不废是举；后人因之，岂敢惮劳？本府领郡鲁邦已期月矣，鲁本元①公之封域，乃主②圣之发祥。东山泗水，胜地犹存；棫朴菁莪，遗风未泯。公余，浏览郡志一书，窃叹是编本谷山于公之纂。继续本朝时事者，乃前太守遂宁张公也。然目③乙丑至今已三十年，所缺焉④未有起而续之者，诚恐愈久愈湮，将来益难复问。唯是本府才惭鼯鼠，学愧雕虫，闻见未周，搜罗难及，岂敢谬为踵事增华？然以文献所关，事有不容再缓。所藉诸同事各抒素抱，共相参订，先辑州县之遗，汇补郡志之缺，使因革损益昭垂不朽，节孝忠良将有征考，合行咨询酌议。
>
> 为此牌仰该县官吏，照牌事理，文到立即出示通知阖属绅衿父老英俊，遵照单开条款，详加斟酌，何项当删，何事宜补，何者属譌，何者逼真。考覈勿厌精详，登载尤须慎密，务尽所长，

---

① "元"字脱，据（清）娄一均修，周翼纂《（康熙）邹县志》卷首《帖文》校补。
② "主"字，（清）娄一均修，周翼纂《（康熙）邹县志》卷首《帖文》作"至"，当据改。
③ "目"，（清）娄一均修，周翼纂《（康熙）邹县志》卷首《帖文》作"自"，当据改。
④ "缺焉"二字，（清）娄一均修，周翼纂《（康熙）邹县志》卷首《帖文》无。

先将该县志节①续明白，条分缕析，明以教我。本府乐观厥成，寔于同事诸贤达有厚望焉。幸勿视为泛泛。②

金一凤（1653—1723），字紫庭，浙江山阴人，贡生，康熙二十五年（1686）于海阳县知县任内纂修《海阳县志》，康熙五十二年（1713）至五十九年（1720）任兖州府知府，雍正元年（1723）致仕。在兖州府知府任上，他于康熙五十二年（1713）主持修复了被洪水冲毁的泗河南大桥，于康熙五十七年（1718）五月，捐资重修兖州兴隆塔。金一凤有吏才，好文学，撰有《西园集》《养性篇》，并于康熙五十八年（1719），主持纂修《兖州府志续编》二十卷。此志续张鹏翮修、叶鸣鸾纂康熙二十四年（1685）《兖州府志》而成，"续补康熙二十五年人事甚详，尤备本地故实"③，是一部用心结撰之作。在此帖文中，他称："志书之作，将以监古今成败之迹，察风俗得失之由，以示沿革，以昭鼓劝，而其要总归于轸念民生休戚至计，事甚巨也。"对方志之重要作用进行了充分的肯定。同时又称："然自乙丑至今已三十年，所缺焉未有起而续之者，诚恐愈久愈湮，将来益难复问。"对积极修志，以免文献之散佚，具有很强的紧迫感。正因如此，他要求各属县"先辑州县之遗，汇补郡志之缺"，"将该县志节续明白，条分缕析"，认真纂修各州县之志，以供府志纂修之采择。此即府治纂修的启动环节。

有时基层县志的纂修，亦由当地主要官员发动。如《（光绪）鱼台县志》的纂修，其主要推动者即为时任县令赵英祚。赵英祚，号荫轩，正白旗汉军人，同治十年（1871）进士，钦点即用知县，分发山东，后于光绪八年（1882）、十三年（1887）、十九年（1889）三

---

① "节"字，（清）娄一均修，周翼纂《（康熙）邹县志》卷首《帖文》作"接"。
② （清）王时来修，杭云龙纂：《（康熙）阳谷县志》之《跋》。
③ 金恩辉主编：《中国地方志总目提要》，第15分之53页。

任鱼台县知县，十八年（1892）任泗水县知县，后又署理夏津、泗水、金乡等县知县，并曾主持纂修《鱼台县志》和《泗水县志》。他在《鱼台县志序》中称："丁亥夏，复到鱼接篆后年余，诸废渐举。少暇，取邑志阅之。据言马志修于康熙三十年，距冯公重修在乾隆二十九年中，更七十余年，已有世远年湮之慨。今距冯志且百余年矣，其间一燬于烽火，再溺于泺水。日月朘削，风雨剥蚀，文物典章半归零落，残碑断碣摩挲而可考者百无一二，其为修辑不更难欤？"① 正是在他的倡修下，《（光绪）鱼台县志》才得以顺利修成。可见，对于山东运河区域方志纂修过程来说，地方官的提倡与推动，保证了方志纂修活动的顺利启动，是方志纂修必不可少的重要环节。

二 山东运河区域方志纂修的传导机制

上级命令下达后，下级往往会以公文传递及组织人员落实等方式逐步推进，上级修志命令因此得以逐步传递下去，修志活动亦随之逐步展开。如康熙中朝廷修志之命下达后，山东省于康熙十一年（1672）闰七月初七日接到礼部咨文，即要求各属"照河南、陕西通志款式，纂集成书，详送本院，以凭咨部"，并"札仰本府官吏照依咨案，备奉旨内事理，即速转行所属州县……照河南、陕西通志款式，纂辑成书，钉砌整齐，绫函壳套，一样四部送司，详报抚院，咨部施行"②。朝廷修志之命自上而下逐步向山东各府传导。兖州府在奉到公文后，遂"帖仰本州官吏，照依咨案札帖，奉旨内事理，该州即速详查"辖地各情形，依照河南、陕西通志款式纂修装订，"绫函壳套，一样五本送府报司，详报抚院，咨部施行"。济宁州在奉到兖州府此文后，遂"帖行儒学，聘集宿儒名贤修纂"。该州儒学奉到此

---

① （清）马得祯纂修：《（康熙）鱼台县志》卷首《序》。
② （清）廖有恒修，杨通睿纂：《（康熙）济宁州志》卷首《文移》。

文后,"随传示本庠中,择取生员六名,李佩斗、杨通俊、姜遇主、郑序、张耀台、戴沂,监生一名,杨通睿,皆平素留心典籍者,以备纂修志书,拟合申送"。据此可见,康熙十一年(1672)修志之命始自卫周祚之建议,启动自康熙帝之允准,其后经礼部、山东抚院、兖州府、济宁州层层下达,而最终由济宁儒学生员、监生等具体纂修。此时已"迫岁暮,未遑授简",遂延至翌年方开始纂修,"兹役起癸丑初夏,越蕤宾之望,未五旬而竣事"。因"是书之成,仅逾匝月……为期既迫,不克周履四封,搜采遐逸,挂漏之憾,实所未免"①。今所见之《(康熙)济宁州志》即刊刻于康熙十二年(1673)。由此可见,《(康熙)济宁州志》纂修的主要动力在于完成上司之任务,各纂修者仅为完成公务了事,因此亦影响到此志的质量。与此类似,《(康熙)临清州志》卷首《宪行》亦收录东昌府命下属纂修方志之公文,其文与《(康熙)济宁州志》前录之文基本相同,唯其文末称:"照河南、陕西通志款式纂辑成书,钉砌整齐,绫函壳套,一样四部,差人星夜送府,立等转文送司,详报抚院,咨部施行。"② 而具体临清州之办理情况,此志并未载明。可见,朝廷修志之命层层下达,推动了上自通志、下至州县志的纂修,亦为此批康熙朝府州县志集中纂修刊刻存世的主要原因。

  山东沿运地域各府发起的修志活动,同样层层传递到府县,唯相对而言,层级较少,范围亦较小。康熙中,兖州府知府金一凤发布修志之命,即大大推动了兖属各州县的修志活动。如郑廷瑾《东阿县志序》称,康熙五十四年(1715)纂修《东阿县志》,"适郡宪金公檄行修志,于是乃集邑之文学士而告之"③ 以修志之务。赵英祚《东阿

---

① (清)廖有恒修,杨通睿纂:《(康熙)济宁州志》卷首《文移》。
② (清)于睿明修,胡悉宁纂:《(康熙)临清州志》卷首《宪行》。
③ (清)郑廷瑾:《东阿县志序》,转引自(清)李贤书修、吴怡等纂《(道光)东阿县志》卷首《序》。

县序》又称:"乃急邀二三邑绅,共议纂修。"① 王时来《阳谷县志序》称:"甲午秋,郡大人纂修郡志,下令州略各修志以上。"②可见,康熙中《东阿县志》《阳谷县志》之纂修,均为此次兖州府知府金一凤推动修志的结果。

与修志自上而下的"正传导"不同,基层州县主要官员有意修志,虽为当地修志的发起者,有时仍需自下而上的"逆传导",通过上禀,以得到上司的允准。如赵英祚作为纂修《鱼台县志》的发起人,仍需"禀上宪,以懔批示",刘镜《续修邑志跋》亦称:"邑侯特加慎重,乃为上禀大宪,守候批示。"③可见,赵英祚虽有修志之意,但修志在清代为基层政务,亦须及时报知上司。而且在志书修成后,亦须将新志立时呈报。如在《(光绪)鱼台县志》修成后,知县赵英祚即禀报称:"兹已稿成付梓,除将新志刊刷完竣,装订成套,另文呈送外,所有捐修县志缘由,是否有当,理合禀请鉴核,祗遵宪示。"④时任济宁直隶州知州王恩培批示称:"据禀已悉,仰即督率绅董,广为采访,详加纂辑,务使灿然大备,信而有征,刊刷完竣后,具文送州查核,仍候各宪批示。"⑤可见,山东方志的纂修以自上而下的推动为主,同时亦在一定程度上存在上下之间的互动,最终促成了当地方志的纂修。

三 山东运河区域方志的采辑访查机制

方志的纂修一方面需要借助于旧有资料特别是前修志书的相关记述,但因一地修志前后动辄相隔数十年,时代变化,地方各种情形与

---

① (清)马得祯纂修:《(康熙)鱼台县志》卷首《序》。
② (清)王时来修,杭云龙纂:《(康熙)阳谷县志》卷首《序》。
③ (清)马得祯纂修:《(康熙)鱼台县志》卷首《跋》。
④ (清)马得祯纂修:《(康熙)鱼台县志》卷首《详文》。
⑤ (清)马得祯纂修:《(康熙)鱼台县志》卷首《详文》。

旧志所载往往存在较大出入。因此需要进行采辑访查，以期翔实地载入较新的内容。采访人员大多由当地秀才、生员等充任。赵英祚纂修《（光绪）鱼台县志》，即称为修此志，而"召诸生责以采访"①。刘镜在《续修邑志跋》中亦称："因公得晤邑侯，乃议修邑志，镜之懂忱莫可名言。遂与邑之诸君子同心协力，搜罗故实，采辑遗文，摩挲古迹，考察懿行。数月，诸册汇齐，谨献我邑侯，乞为讨论修饰。"②可见，刘镜等鱼台当地士绅主要工作为搜罗故实，采辑遗文，迨"诸册汇齐"，并呈报给知县后，其采辑访查环节即告结束。再如《清平县志》之纂修，知县万承绍"爰率绅士，博访广咨，近自方域，远逮村落，凡传闻记载，足以观感者，必尽图求荒榛陇亩之中，断碣残碑，遗墟故址，三阅月而搜罗一遍"③，亦经过了较为详悉的采辑访查。王佐《增辑清平县志序》称，此志之修，"遍访遗老，博稽前徽，务期志内天文之丽定者不爽其次，地理之奠定者不乖其宜，建设之位置者不泯其迹，赋役物产孰平而孰茂，官师人物孰贤而孰良，以及词翰之藻彩，杂赋之音律，灿然毕备而无遗珠之叹"④。由此可见，《清平县志》虽经多次纂修，因为采辑查访环节较为细致到位，搜罗资料较为齐备，因此均对方志之纂修打下了较为坚实的基础。

四 山东运河区域方志的编排撰写机制

山东运河区域方志的编排撰写是一个复杂的过程，特别需要把握以下几个关键点。

（一）充分借鉴旧有方志。山东运河区域方志的撰写，有的为在

---

① （清）马得祯纂修：《（康熙）鱼台县志》卷首《序》。
② （清）马得祯纂修：《（康熙）鱼台县志》卷首《跋》。
③ （清）万承绍《重修清平县志序》，（清）陈钜前、傅秉鉴修，张敬承纂：《（宣统）清平县志》卷首《旧序》，宣统三年（1911）刻本。
④ （清）陈钜前、傅秉鉴修，张敬承纂：《（宣统）清平县志》卷首《旧序》。

旧志基础上进行完善补充。有府县长达数十年至百余年未能修志，以至文献残缺，而旧志所载，大多已为陈迹。如《（道光）东阿县志》编修之前，即已久未修志。"旧志迺前明于文定为殿讲、孟守丞为柱史时所纂也。嗣康熙四年己巳，续修于刘令沛先；五十四年乙未，再修于郑令廷瑾，迄今百有十年矣。事历四朝，年逾百岁，山川如故，非复鲁国之下城；规制屡更，不是东平之属邑。"① 但旧有方志仍为《（道光）东阿县志》纂修的基础，李贤书《重修东阿县志序》称："旧者因之，新者增之，遗者补之，疑者阙之。凡有关于风俗、有裨于政治，一一纂入，八阅月而告成。"② 可见，旧有方志虽然编修较早，但其中保存了大量有价值的文献，特别是河湖、沿革、建置、艺文等内容往往有较强的延续性，后修方志往往大量移录，显示出方志纂修的文献叠加色彩。

县志作为较为基层的志书，除较多借鉴当地旧有县志外，还充分借鉴其他相关方志，加以排比编辑。如杨祖宪在担任博平县知县时，为纂修当地方志，遂"访求原本，兼购《府志》，广为蒐罗，细心校雠。举夫名贤节孝，文物典章，凡从前旧有者，莫不重加编次。其后来继起者，特为斟酌续增，三阅月而书成"③。因府志中往往在相关门类之下，对下属各县之内容分别记述，其中不少内容即可为相关县志纂修时所借鉴。再如清光绪中，赵英祚纂修《鱼台县志》时，所见仅有康熙三十年（1691）马得祯所修《鱼台县志》及乾隆二十九年（1764）冯振鸿所修《鱼台县志》，距光绪朝时间较久，"幸有道光戊戌徐清惠公为济宁直隶州牧时所修《州志》及咸丰戊午州尊卢

---

① （清）李贤书《东阿县志序》，（清）李贤书修，吴怡等纂：《（道光）东阿县志》卷首《序》。
② （清）李贤书修，吴怡等纂：《（道光）东阿县志》卷首《序》。
③ （清）杨祖宪修，乌竹芳纂：《（道光）博平县志》卷首《序》。

公朝安所续《州志》，其于县事不必详且备也，而修志者有可依附矣"①。即指出徐宗幹及卢朝安所修之《济宁州志》中保存的鱼台县内容在纂修《鱼台县志》时受到了重视和借鉴。

（二）注重纂修志书质量。方志的纂修质量固然存在参差不齐的情况，如章学诚《修志十议》称："近行志乘，去取失伦，芜陋不足观采者，不特文无体要，即其标题，先已不得史法也。"② 但有些方志的纂修，仍然采取了较高的标准和较为严谨的态度，以保证所纂修志书的质量。如王琳《夏津县志后序》称："纪载弗周，其弊则阙；综核弗直，其弊则诬。诬弊作政，斯蚀矣，何以志为？"他称易时中纂修此志时，"毕萃图经，周谘人士，钩稽极于散佚，采捋尽于见闻。而辨方体国尚弗悉乎？搜逖索幽于故牒，彰淑黜慝于庶老，而考俗准治，尚弗著乎？……乃扬榷臧否，断凭胸臆，躬临铅椠而笔削之，汰烦裨逸，易舛存可，曰俾饰污者可隆誉于有生之日，而不能盖愆于论定之时；述事者可铗典于未考之先，而不能漏载于书成之后，庶几其实录哉？"③ 从《夏津县志》的纂修过程来看，易时中广搜博采，认真严谨，在《夏津县志序》中，他回顾了纂修《夏津县志》的情形称："故以为簿书之烦密、图籍之散逸可以检括。而推长老之睹记、后生之传闻，可以访询而得。于是敝其神于按覈之详，易其心于延谘之数，暇则出行原野，次舍郊关，目之所接，迹之所履，亦所以多历而小蓄，虑不遗乎其土之宜，思不越乎其邑之制，而心不惑乎其人之情，乃得以尽其愚而効其尺寸于职。然未尝不自叹其劳，而唯恐其或失之也。"④

---

① （清）赵英祚纂修：《（光绪）鱼台县志》卷首《例言》。
② （清）章学诚：《修志十议》，赵耿奇编：《修志文献选辑》，北京燕山出版社1990年版，第30页。
③ （明）易时中修，王琳纂：《（嘉靖）夏津县志》之《后序》。
④ （明）易时中修，王琳纂：《（嘉靖）夏津县志》卷首《序》。

（三）积极延聘才学兼优之士人主持修志。山东运河区域方志的具体编排撰写人员，主要为地方主持修志官员延请之官员、文士及当地士子、生员。其中地方官员往往会积极邀请才学之士，主持修志事宜，以保证所修志书质量。如朱德载修《（万历）东阿县志》时，"会邑人太史于君可远、柱史孟君祠（按：或当作'淑'）孔方家居，具良史才，朱君就谋之，廼以编摩托二君，而躬率诸文学士为纂集其事。越三月，而志告成"①。于慎行明万历时曾任吏部尚书，以才华德行为朝野所推崇，前已详述，兹不赘。孟一脉（1535—1616），字淑孔，别号连珠，隆庆五年（1571）进士，授山西平遥知县，开荒积粮10万石，又修学宫，以廉洁能干升任南京御史。万历六年（1578）因上书请召直言敢谏的傅应祯、周元标、艾穆、沈恩孝诸臣回京，被削职为民。万历十一年（1583），复职，后因病辞官归乡，常和于慎行游山玩水，写诗论文。万历四十一年（1613），被任为右佥都御史，巡抚南赣，后称病辞归。卒于家。孟一脉与于慎行交好，于慎行卒后，为其作《墓志铭》。贾三近此《序》作于万历十年（1582），时孟一脉得罪家居，遂与于慎行同应时任东阿县知县朱德载之邀，纂修《东阿县志》。至清道光中，李贤书纂修《（道光）东阿县志》，即"延原任邹平令吴怡，并集诸文学士，相与商确而编辑焉"②。同样延请宿儒，主持纂修县志。特别是吴怡曾任县令，具有办理实际事务的能力，对县志记述内容亦较为熟悉，因此可以有效保障县志之纂修条理详明，足传后世。

（四）充分发挥当地基层士人的修志主体作用。地方士人为修志之主体，在山东运河区域方志纂修过程中，亦有较为清晰的体现。如《（康熙）济宁州志》卷首《凡例》称："诸生家擅青箱，研精史籍，

---

① （明）贾三近：《（万历）东阿县志序》，（清）李贤书修，吴怡等纂：《（道光）东阿县志》卷首《序》。

② （清）李贤书修，吴怡等纂：《（道光）东阿县志》卷首《序》。

故能挥汗疾书，用襄盛典。如郑生职疆圉，姜生核田赋，李、张二生董司官秩、学校，戴、杨三士撰次人物、艺文，功勤于分掌，劳萃于群力，以奏成之篇，值簿书之隙，略事撷润，俾无戾于体裁，似较前书加详核矣。"① 可见，就此志之纂修，即主要由当地生员等基层人士具体负责撰写，而地方官主要负责审核与润色。

此外需要注意的是，虽然基层士人在修志中发挥了主体作用，但是也有级别较高的官员直接参与了方志的基础纂修工作。如万历中，黄承玄纂修《张秋志》，于慎行为其作《序》称："万历癸巳，水部大夫携李黄公奉命分司，既著《河漕通考》，以播鸿猷，复以其余咨诹网罗，躬操觚翰，而镇志亦成焉。"② 由此，亦显示出各级士人对参与修志的积极态度。

五　山东运河区域方志的纂修保障机制

山东运河区域纂修方志的保障机制涉及修志经费筹集、修志班子监督及服务、志书雕版刊刻等多个方面。如其经费筹集，即有官员捐俸及士绅筹款等多种渠道。

首先是当地主要地方官员捐俸支持。地方官员纂修方志时，往往捐俸延请才学之士，参与当地修志之务。如赵英祚纂修《（光绪）鱼台县志》，即"捐俸廉，远聘东海名孝廉丁公咸亭故友，以主修饰润色"③。其禀请修志之《详文》称："卑职遂即捐廉一百六十两，延请名宿，委以纂辑之任。"④ 刘镜《续修邑志跋》亦称赵英祚"扣廉远延通儒，以备裁成"⑤，负担聘用修志幕友的费用。《东阿县志》的纂

---

① （清）廖有恒修，杨通睿纂：《（康熙）济宁州志》卷首《凡例》。
② （清）林芃修，马之骦纂：《（康熙）张秋志》卷首《序》，康熙九年（1670）刻本。
③ （清）赵英祚纂修：《（光绪）鱼台县志》卷首《序》。
④ （清）赵英祚纂修：《（光绪）鱼台县志》卷首《详文》。
⑤ （清）赵英祚纂修：《（光绪）鱼台县志》卷首《跋》。

修，其经费亦部分由县令负担。如为纂修《(康熙)东阿县志》，时任县令刘沛先"于是捐赀鸠工，补缀已残，增以新闻"①。此后东阿县县令郑廷瑾续修《东阿县志》，亦"爰捐俸金，搜罗轶事，装潢成书"②。李贤书主持纂修《东阿县志》，亦自称："食俸于兹土者几及六载，又何以告无惭于职守？"亦将修志作为地方官之职责，"爰捐俸金"③，以延请宿儒纂修方志。地方官员捐俸修志，具有倡导之意，在搭建修志班子、启动修志活动方面，具有较强的示范作用。

其次是地方士绅捐资修志。地方士绅出于保护一方文献免于沦亡，大多对修志颇为赞成，往往亦踊跃捐资，以保证修志之需。如在《(光绪)鱼台县志》纂修完成后，"邑绅通判刘子月桥出赀，鸠工庀材，躬督剞劂"④。赵英祚之禀请修志《详文》亦称："卑职于上年秋间，即邀请在籍绅士东河候补通判刘镜议及修志一事。该绅欣然乐从，并以刊版之费自认。"⑤刘月桥即上文所及之刘镜，据《(光绪)鱼台县志》卷首"姓氏"所列修志人员名单称："赞修付梓：附贡生运同衔特用同知、东河候补通判刘镜。"⑥其生平，据《(光绪)鱼台县志》卷四《金石志》记述鱼台金石称："周鲁公鼎……器今藏刘月桥家。"⑦同卷《艺文志》录梁云仙《重修圣庙新建魁星阁记》，记述光绪十一年(1885)，因"文庙大殿仅存，两庑倾圮，院宇荒凉"，刘镜曾受知县之委托，与王雯峦等四十八人"分段监修。未及一月，

---

① (清)刘沛先修，王吉臣纂：《(康熙)东阿县志》卷首《序》，康熙四年(1665)刻本。
② (清)刘沛先原修，郑廷瑾、苏日增增修：《(康熙)东阿县志》卷首《序》，康熙五十四年(1715)刻本。
③ (清)李贤书修，吴怡等纂：《(道光)东阿县志》卷首《序》。
④ (清)李贤书修，吴怡等纂：《(道光)东阿县志》卷首《序》。
⑤ (清)赵英祚纂修：《(光绪)鱼台县志》卷首《详文》。
⑥ (清)马得祯纂修：《(康熙)鱼台县志》卷首《姓氏》。
⑦ (清)赵英祚纂修：《(光绪)鱼台县志》卷四《金石志》。

而两庑各祠告成矣"①。梁云仙《续修邑志书后》亦记述刘镜称："邑绅月桥刘君素以文庙、书院与邑志三事为念，迨文庙既修，书院已建。刘君董其事而乐之，窃幸宿愿之得偿也，遂慨然以修志为己任。"② 据此可知，刘镜为热心地方文化事业的基层官员兼士绅，遂有捐资主持县志刊刻之举动。

刘镜《续修邑志跋》对此记述更为详悉："镜恐剞劂未善，难称完璧。乃自倾囊橐，为之拣选枣梨之缜密，面试手民之工拙，量度方册之多寡，斟酌编幅之广阔。因校字体之真伪，准以今例；并宽刷印之限期，责以精详。历秋而冬，乃竣厥事。"③ 据此可知，作为地方属员及士绅，刘镜热心于修志，不仅"自倾囊橐"，负担刊刻之费，而且对刻手的甄选、刻板的选择以至版面的宽窄、字体的美观颇为用心，对《（光绪）鱼台县志》刊刻成书的每一个环节均提出较高标准，并全部参与，从而保证了所刻《鱼台县志》的质量。今择此志卷一《图》之"城浦晴烟"及卷一《建置志》，并附于下，足见刘镜所刻《鱼台县志》颇称精致美观，亦与其参与、把关密不可分。

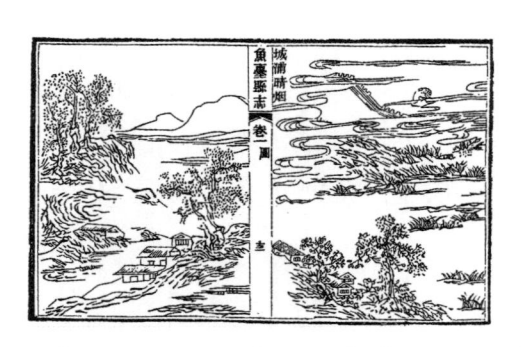

图 3-1　《（光绪）鱼台县志》卷一《图》之"城浦晴烟"

---

① （清）赵英祚纂修：《（光绪）鱼台县志》卷四《艺文志》。
② （清）赵英祚纂修：《（光绪）鱼台县志》卷首《后序》。
③ （清）赵英祚纂修：《（光绪）鱼台县志》卷首《跋》。

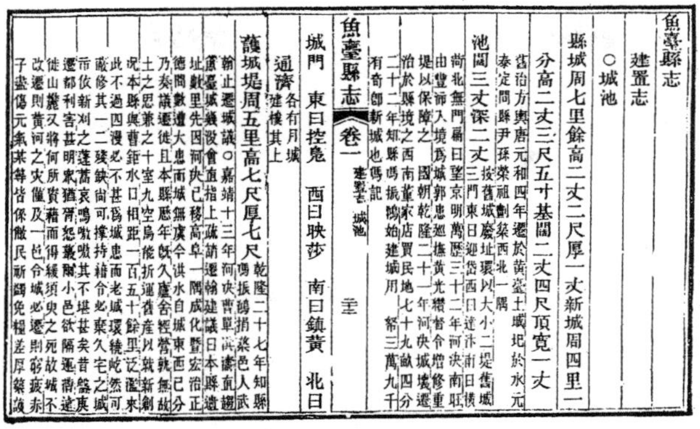
魚臺縣志

建置志

○城池

縣城周七里餘高二丈二尺厚一丈新城周四里一分高二丈三尺五寸基闊二丈四尺頂寬一丈舊治方輿唐元和四年遷於黃臺土城圮於水元泰定間縣尹孫榮祖創築西北一隅

池闊三丈深二丈按舊城廢址環以大小二堤舊城三門東曰迎岱西曰達汴南曰横尚北無門扁曰望京明萬歷三十二年河決南旺由豐沛入境爲城郭患巡撫黃光纘檄令增修重堤以保障之國朝乾隆二十一年河決城壞遷治於縣境之西南董家店買民地七十九畝四分二十二年知縣馮振鴻始建城用帑三萬九千有奇卽新城也馮記

魚臺縣志　卷一　建置志　城池

城門　東曰控鳧　西曰映莎　南曰鎮黃　北曰通濟各有月城建樓其上

護城堤周五里高七尺厚七尺乾隆二十七年知縣馮振鴻捐築邑人武翰止遷城議○嘉靖十三年河決曹單浜濟直趨魚臺城幾沒會直指上疏請遷輸建議曰本縣遺址數里先因河決已移高阜一隅成化暨宏治正德間數遭大患而城無虞今洪水自城東西已分乃奏議遷徙且本縣歷年既久廬舍經營孰無故土之思兼之十室九空烏能折運舊產以就新創況本縣與曹鉅水口相距一百五十餘里泛濫來此不過四漫必不甚爲城患而老城環繞屹然可蔽修其一二殘缺尚可撑持藉令必棄久宅之城市依新刈之蓬蒿哀鳴嗷嗷其不堪甚矣昔盤庚遷都利害甚明衆猶胥怨蕞爾小邑欲隔遷徙遠徙山麓又將何所資藉而得緩須臾之死故城不改遷則黃河之灾僅及一邑令城必遷則窮疲赤子盡傷元氣某等皆係敝民祈為免糧差厚築護

图 3－2　《（光绪）鱼台县志》卷一《建置志》

此外，地方官员士绅捐资修志，除有助于保存地方文献外，亦有其自身利益之考虑。如赵英祚在禀请修志《详文》中专门提及刘镜出资刊刻县志之举，而“巡抚部院张批：据禀，纂修该县志书绅士刘镜认捐经费，洵属好义急公，仰即传谕嘉奖。一俟修竣，呈送查考”①。今检钱实甫《清代职官年表》，知“巡抚部院张”为山东巡抚张曜②。可见，在地方官看来，刊刻方志并非个人行为，而为地方官员为政之一端。而其中异常出力的基层官员亦可以由此得到褒奖，此或亦为基层士绅积极参与修志事务的原因之一。

附　山东运河区域方志纂修中各因素互动的个案分析
——以光绪中《峄县志》《宁阳县志》的纂修为例

地方官员、地方士绅在山东运河区域方志纂修中发挥着重要作用。今以《（光绪）峄县志》《（光绪）宁阳县志》的纂修为例，对

---

① （清）赵英祚纂修：《（光绪）鱼台县志》卷首《详文》。

② 钱实甫：《清代职官年表》，中华书局 1980 年版，第 1729 页。

地方官员及士绅在修志过程中的相互影响及修志活动的推进，进行个案化研究。《（光绪）峄县志》的主要纂修者王宝田曾任内阁中书，其《峄县志序》记述修志之本末甚悉：

> 辛丑冬，宝田奉讳家居。时邑侯易州王君振录视县篆，期月，政通人和，以旧志踳驳，慨然思修之。乃与山长淄川高孝廉徽嵋定议。越日，进邑诸绅耆于庭，谕以修志事，而身捐廉以为倡，远近竞劝。遂于壬寅春二月立局，延诸生，给笔札。乃事甫定，而王君以调繁迁泰州，王君贻哲继之，始为简明条例，分各乡社采访。其明年，采访册始集，而王君又以期满去。今邑侯天津周君凤鸣，以巨学长德，实总笔削之任，而委宝田以编次。自维学殖荒落，不足当此，而义固不能辞也。因与学校诸同人谘访故实，得嘉庆、咸丰时前令万君承绍、蒋君庆第所为条目，及邑孝廉褚君修孝所辑底稿。其义例至详备，而书终未就。夫以当嘉、道盛时，其为是书宜不甚难，而卒不能成者，岂非官数迁于上，而法数变于下，吏民慢易，令玩不行，虽以万、蒋二公之材且贤，亦靡靡然束手而无奇也，而至于今，天下盖多故矣。①

据王宝田此序，《（光绪）峄县志》之纂修主要有以下几点值得注意。其一为县令等地方主要长官的重视与主持。前后数任峄县县令王振录、王贻哲、周凤鸣均对《峄县志》持支持态度，如纂修《峄县志》之议即由县令王振录提出，并"捐廉以为倡"，则《峄县志》纂修之启动，王振录发挥了主要作用。此外，王振录还主持了志局的设立及修志人员的延请之务。此《序》称："进邑诸绅耆于庭，谕以修志事。"又称："于壬寅春二月立局，延诸生，给笔札。"此外，数

---

① （清）王振录、周凤鸣修，王宝田纂：《（光绪）峄县志》卷首。

任知县还直接参与到修志之中，如王贻哲担任峄县知县后，"始为简明条例，分各乡社采访"。而在嘉庆、道光中曾任峄县县令的万承绍、蒋庆第亦曾为当时所修之《峄县志》"为条目"，均在《峄县志》纂修中发挥了主导作用。此外王宝田在《序》中特别指出："夫以当嘉、道盛时，其为是书，宜不甚难，而卒不能成者，岂非官数迁于上，而法数变于下，吏民慢易，令玩不行，虽以万、蒋二公之材且贤，亦蹙蹙然束手而无奇也。"可见县令作为地方主官，在县志纂修中发挥了主导作用，而嘉庆、道光中修志不成，亦与官员调任频繁，以至"吏民慢易，令玩不行"有关。二是地方士绅负责具体纂修。如县令周凤鸣"委宝田以编次"，而由"诸生"负责采访，"其明年，采访册始集"。此外，还充分利用旧修志稿："因与学校诸同人谘访故实，得嘉庆、咸丰时前令万君承绍、蒋君庆第所为条目，及邑孝廉褚君修孝所辑底稿。"由此可见，《(光绪)峄县志》的纂修是由孝廉褚修孝、中翰王宝田等"邑诸绅耆"主持，而"诸生""学校诸同人"则负责采访、搜集等具体修志事务。再检同志卷首周凤鸣《峄县志序》称："癸卯夏，凤鸣奉除书，承乏峄土。时中翰王君宝田读礼家居，偕邑文学纂修邑乘。下车之始，诸生进谒，以裁订事相委。"① 亦可见地方绅耆在纂修方志方面的身份与作用。

  沿运地域方志的纂修，有的更以地方士绅的推动为主。如《(光绪)宁阳县志》的纂修即为一例。宁阳县知县高升荣记述光绪中纂修县志之本末称："有乡士大夫若而人造庭，合词而言曰：'县之有志，所以存文献，详沿革，昭法戒也。宁邑旧志初修于康熙，再、三修于乾隆。迨咸丰初，邑侯清苑陈公复延请里居绅儒黄石琴中丞纠集同志，博稽旁诹，增修为二十四卷，彰彰乎明备已。会遭庚申之变，板存县署，并燬于火。迄今阅三十年，故牒渐湮，新事莫纪，每一议

---

① (清)王振录、周凤鸣修，王宝田纂：《(光绪)峄县志》卷首。

及,悼心失图。今将修废举坠,綮唯明府是赖,敢以为请。'"① 可见《宁阳县志》之修,其发轫为乡里耆旧以"存文献,详沿革,昭法戒"为请,得高升荣允准后方得纂修。高升荣遂"用是允乡士大夫之请,仍谋诸石琴中丞,以桑梓文献所关,慨然许为秉笔。而同事诸君子相与分司纂录,共底于成,凡四阅月而脱稿"②。显示出在修志过程中官员与士绅的互动。

此《序》所及之黄石琴中丞即黄恩彤。黄恩彤(1801—1883),原名丕范,字绮江,号石琴,别号南雪,宁阳县蒋集添福庄人,出身于耕读之家、书香门第。祖父黄尚璨、父亲黄宗皋均以品行文采闻名乡里。黄恩彤道光二年(1822)中举人,道光六年(1826)成进士,任刑部主事(六品),颇得刑部尚书陈若霖之器重。累迁刑部郎中(五品)。道光十九年(1839),出任顺天乡试同考官,次年(1840)任广西乡试正考官,后外放江南盐巡道(四品)"严觳水程,遴委干员,于出江过境盐船不时抽查,起获商私数十万斛,禀请严办",未期年而任江苏按察使(三品)。鸦片战争期间,于道光二十二年(1842)随耆英、伊里布与英国侵略军谈判议和事宜,并签订丧权辱国的《南京条约》,得授二品职衔。后又随耆英、伊里布赴广东与英国签订中英《五口通商章程》。此后历任广东按察使、布政使,道光二十五年(1845)升任广东巡抚,认为"粤患未已,不在外而在内也"。道光二十六年(1846)遭时论斥责,被参劾降级使用。道光二十七年(1847)以亲老遵例归养为由,返回宁阳。咸丰元年(1851),在家乡总纂《宁阳县志》,收入其《成城辩》《汶阳说》等考证文章。第二次鸦片战争后,黄恩彤曾奉旨随耆英去天津议和,到达时条约已签,随即返乡。后来,他把办理洋务的经历及文稿撰成

---

① (清)高升荣修,黄恩彤纂:《(光绪)宁阳县志》卷首《序》,光绪五年(1879)刻本。

② (清)高升荣修,黄恩彤纂:《(光绪)宁阳县志》卷首《序》。

《抚远纪略》一书。在该书序言中，他对自己与西人交涉的总结是"刚柔迭用，操纵互施，虽有时俯顺其情，要未敢稍失国体"①。咸丰九年（1859）主持编纂《滋阳县志》，补充资料，加工文字，使新志增色不少。咸丰十年（1860），安徽一带捻军大举进入鲁西南地区，黄恩彤两次奉命督办团练，抵御捻军。他首创联村筑堡之法，实施坚壁清野，使捻军无法掳掠，只得绕境而过。《（光绪）宁阳县志》称："宁阳村堡，实禀庙谟坚壁清野之策，始自添福庄，其后诸村效之。或一村一堡，或数村共为一堡，渐至雉堞林立，声势联络，一切守御之具悉备。有警则入堡共守，贼退则各勤其业。不唯野无荒田，亦且户鲜逋赋，计无便于此者。"② 同年，黄恩彤将平生所作文赋、诗词重加校勘，亲自誊写抄录，著成《知止堂集》。其35岁至50岁间作品凡13卷，为正集；50岁至60岁间作品凡6卷，为续集；又外集6卷；另有《飞鸿集》4卷，《余集》1卷，《秋声词》1卷，《飞鸿集文》1卷。光绪五年（1879），陈纪勋重修《宁阳县志》，委托黄恩彤为总撰。此志凡24卷，计30万言，事增于前而文省于旧，吸收了当时流行的纲目体和纪传体的优长，横排门类为纲，下设编目记述。在体裁上，述、志、传、图、表、录综合运用，基本接近现代志书的完备体裁，不仅堪称宁阳旧志之首，也是山东地方志中的精品佳作。光绪五年（1879），黄恩彤对县志进行续修，增补了三十年间新的资料，使《宁阳县志》更臻完备。

由上可见，各级士绅积极参与修志，是编修方志的实际主持者；地方官员出于为政之需，对方志的重视和推动，保证了方志纂修的顺利进行。双方的互动与促进，使各级地方志书的纂修得以最终完成，大量的地方基础文献得以保存下来。

---

① （清）黄恩彤撰：《抚远纪略》卷首《序》，宣统元年（1909）济南国文报馆石印本。
② （清）高升荣修，黄恩彤纂：《（光绪）宁阳县志》卷五《村堡》。

第四节　山东方志运河文献的来源与使用

方志在纂修过程中，非常重视对相关文献资料的搜集与移录。府州志特别是县志，其资料"来源于档案、家谱、文集、笔记、地方文物、器物、碑记及社会调查，笔削润色较少"①，保留了大量基础文献资料，这也是方志价值的重要方面。对大量与山东运河有关文献的搜集、改造与采录，是山东运河区域方志纂修的重要内容，同时也显示出较为鲜明的文献纂修特色。

一　山东方志对正史等所录运河文献的采择与使用

山东运河区域方志在纂修过程中，往往要在广为搜集的基础上进行采择与修改。如《（万历）兖州府志》卷首《凡例》称："所纪事多从经典，史记古史、汉唐以来诸史暨国朝制书、会典，历代诸儒文集，下及稗官所述、残碑所遗，皆取可传信者汇辑成录，以俟博闻君子润色之。如考索未明，宁为阙文，不敢臆度，附会其说。"此志注重搜集和使用各类文献，作为纂修志书的基础材料，从客观原因来看，是因此"旧志无传，事多湮没"，而从主观原因来看，则体现了方志纂修者的严谨态度。如此志所使用文献的来源颇为广泛，其中既有"史记古史、汉唐以来诸史"等官修旧史及"历代诸儒文集"等私撰文献，亦有"国朝制书、会典"等公文档案，同时亦充分采择了"稗官所述、残碑所遗"等民间文献，有效保证了所修方志内容的全面性。更为重要的是，此志在文献的鉴别与采择上非常慎重，"皆取可传信者汇辑成录……如考索未明，宁为阙文，不敢臆度，附

---

① 薛虹：《中国方志学概论》，黑龙江人民出版社1984年版，第85页。

第三章　山东运河区域方志的纂修

会其说"①，在很大程度上保证了所修方志的质量。

山东运河区域方志在利用旧有文献时，往往会对相关文献进行节录和改造，以符合志书之体例及纂修之需要。一是删减原文以合体例。方志在纂修中对所使用的原文，其篇幅较长的则加以删减和概括，以保留其主干。《（道光）济南府志》卷三十六《邓秉谦传》称："万历二十年武进士，性沉静，喜读书，娴于韬略。初任王徐塞守备，升德州游击。值白莲乱，有捍御功，人为建生祠。居乡以诗文自娱，称为儒将。"②对邓秉谦之生平进行了较为简洁的记述，而未注明出处。《（宣统）聊城县志》卷八《人物志》亦有《邓秉谦传》，其内容与上引《（道光）济南府志》相同，而于其传末注称"家传"。据此，则邓秉谦原有家传，《（道光）济南府志》或当节录此传，著录于志中。而《（宣统）聊城县志》移录《（道光）济南府志》中之《邓秉谦传》，二传之文字遂完全一致。而其注明出自"家传"，则为此两部方志著录邓秉谦传记之来源，保留了宝贵的线索。《（宣统）聊城县志》卷八之《姚鈜传》称："字元声，万历己丑进士。历商丘、永宁令、和州判，终山西按察司副使。初为令强项，执法不挠，断多平反。"③此传之末亦注称"家传"。据此，则上引二志均为节录、提炼其《家传》原文而成，去掉了《家传》中对传主的细节性描写，而保留了其中的梗概内容。二是移录原文以入方志。因方志体例及所利用文献特点，有时对所采择的文献并未进行大幅度删削，而是稍加修改，即融入志书。如《（乾隆）东平州志》卷四《漕渠》仿照《明史·河渠》之体例，编年记述东平州境内之运河本末。其记

---

① （明）于慎行纂修：《（万历）兖州府志》卷首《凡例》。
② （清）王赠芳、王镇修，成瓘、冷烜纂：《（道光）济南府志》卷三十六，道光二十年（1840）刻本。
③ （清）陈庆藩修，叶锡麟、靳维熙纂：《（宣统）聊城县志》卷八《人物志》，宣统二年（1910）刻本。

述明代崇祯中之运河情形称：

> 泰昌元年，王佐言："诸湖水柜已复，安山湖且复五十五里，诚可利漕。请以水柜之废兴为河官殿最。"崇祯十四年，张国维上疏运六策，首言复安山湖水柜，以济北闸。并见《明史》。

上引内容录自《明史》卷八十五《河渠》。《明史》记述运河范围较广，内容亦多。此两段内容在《明史》中并不连属，而是《东平州志》之纂修者根据记述州境内的运河之需要，将相关文献节录下来，连缀而成。此外，修志者为保证志书中之记述行文流畅，对相关内容稍加修改。"泰昌元年"，《明史》作"至泰昌元年冬"，显示此条为承接上文而来。唯上文所述为泇河事务，与东平州无涉，因此《东平州志》未加移录，并且去掉了有承上作用的"至"字。此外，在记述此条之后，《明史》又有"从之"，保留了朝廷对此条建议之反映。《东平州志》仅记述域内运河，与《明史》从国家层面记述办理情形者不同，因此并未并录"从之"二字。张国维于崇祯十四年（1641）所上治河之策颇多，涉及济宁枣林闸等处淤浅等情形，此后才及于上疏运六策之事。《东平州志》对《明史》中张国维之治河奏议，仅择其有关于东平者加以移录，而略其他治河之策。为表明上奏时间，加"崇祯十四年"，以明其编年之体例，并使前后文更加连属。

二　山东方志对前修方志所录运河文献的采择和移录

方志具有较为明显的继承性与累积性，后修方志往往对前修方志内容进行采择和利用。这主要是因为就一地而言，山川河流、沿革建置等不少内容具有延续性和稳定性。当地情况既然没有大的变化，后修方志亦无必要进行大的更张。旧修方志如果为公认的名志，则后修方志往往尽量采用旧志内容，其累积性色彩更为明显。如张秋作为山东运河名镇，黄承玄曾于万历二十一年（1593）初纂《安平志》。清康熙九年（1670），林芃、马之骦重修《张秋志》，其《重修〈张秋志〉凡例》称："张秋旧无志，肇自明都水大夫秀水黄公承玄，开造云雷，功云伟矣。本名《安平志》，因弘治中改镇名，遵时制也。"又称："黄公才长笔健，思慎虑周，虽经始之书，而体材赡典，程式俨然，兹事重修，多仍其概，或稍加移易，以合心之所安，不敢纯用雷同，然亦十之一耳。"① 据此可见，虽清修《张秋志》据明万历中初修已历七十余年，因黄承玄初修之志颇为精审，故《（康熙）张秋志》十分之九仍袭用旧志。在《（康熙）张秋志》中，虽注明袭用明志者尚不多见，但据此《凡例》，则明万历之前之记述，当以来自万历旧志者为多。如《（康熙）张秋志》卷三《河渠志一》之"漕河"目记述明代黄河侵扰山东运河及历次治黄保运之举后称："夫明自初叶以来，张秋决者三，而弘治癸丑为甚。诸臣塞决者三，而刘公大夏为最。迄今百有余年，远袪河害而独资汶利，狂澜不惊，岁运如期，伊谁之力哉？"按刘大夏治理张秋决河在弘治六年（1493），自是年而后百年之万历二十一年（1593），为黄承玄纂修《（万历）安平志》之年。此处虽未注明此"漕河"一篇为黄承玄纂修《（万历）安平志》之文，但据此段所及之时间推断，当出自黄承玄之旧志。此外，尚有两点可为旁证。第一点，此"漕河"一篇记述明代黄运形势及治黄之务准确详悉，如他对徐有贞"踵前人故智，引河入漕，强半欲资其利也"的做法颇不认可，并评价徐有贞治理张秋决河称："嗟乎！河不两行，事无两利，见其利而遂忘其害，君子是以知投（按，或当作'役'）之不终矣。"② 黄承玄时任负责山东运河事务的工部都

---

① （清）林芃修，马之骦纂：《（康熙）张秋志》卷首《凡例》。
② （清）林芃修，马之骦纂：《（康熙）张秋志》卷三《河渠志》。

水司郎中，"以郎官经理泇河八年之久，著有成效，在官之日，遐稽博采，缕晰条分，坐言起行，心力交瘁"①，撰有《河漕通考》二卷，对山东运河情形非常熟悉，因此其记述山东漕河脉络清晰，评价前人治河得失颇中肯綮。第二点，此篇记述山东漕河止于明万历中，此后至清康熙中约百年之漕河事务毫无涉及。由此，亦可判断此篇主体为黄承玄所撰，清代续纂《张秋志》时并未增补，而是保留了其原来之面貌。再检此志卷三《河渠志一》之"水利"目记述明张秋一带与运河有关之内涝情形称："及张秋屡决，高筑堤堰，陡其下流，而故渠亦往往湮废。故开濮曹济之间遂苦水患。溢之于东，则范县、寿张、阳谷为壑；溢之于北，则清丰、南乐、观城、朝城、莘县、聊城为壑；溢之于南，则郓城、定陶、曹县、巨野为壑。"对运河河堤阻挡潦水下泄的情形记述颇为详悉。此篇之末注称"黄公旧志原文"，为此篇多用黄承玄《安平志》原文之明显标识。

《（嘉庆）东昌府志》在为聊城人士作传记时，亦注重采录旧修之方志。如此志之卷二十八《列传三》之《牛天麟传》称："正德三年进士。任武陟县。时流贼猖獗，修城池，饬守御，贼不敢入，民赖以安。擢御史。"此传之末注称"河南通志"。牛天麟曾任职河南，此志即采录自《河南通志》。而《（宣统）聊城县志》卷八《人物志》之《牛天麟传》又转引自《（嘉庆）东昌府志》，亦注称录自《河南通志》。再比如临清州人刘梦阳所作《南板新开二闸记》，存录于《（康熙）临清州志》卷四，《（乾隆）东昌府志》卷七及《（乾隆）临清直隶州志》卷一均加移录为记述。由此可见，后修方志叠相袭用前修方志之情况较为普遍，显示出山东运河区域方志在纂修过程中较为鲜明的累积性特色。

---

① （清）黄大本《河漕通考小序》，（明）黄承玄：《河漕通考》（南京图书馆藏清抄本）卷首，《四库全书存目丛书》（史部第222册），齐鲁书社1996年影印本，第458页。

三 重要山东运河专书的缺佚对方志收录运河文献的影响

方志的纂修以旧有文献为基础。旧有重要文献的佚失,造成基础资料的残缺,对后世纂修方志往往会造成较大影响。如临清作为重要的钞关,其关志为保存临清钞关资料的基础文献。临清于明嘉靖中曾纂有关志。徐乾学《传是楼书目》卷六著录:"《清源关志》四卷,明刘玺,二本。"① 嵇璜等编《钦定续文献通考》卷一六八亦著录:"刘玺《(嘉靖)清源关志》,四卷。"并简述刘玺生平称:"玺,字双泉,唐县人,嘉靖进士,官至右副都御史巡抚宣府。"② 此书今已不传,《四库全书总目提要》之"《(嘉靖)清源关志》四卷两淮盐政采进本"提要记述撰者刘玺生平称:"明刘玺撰。玺字双泉,济州卫籍,唐县人,嘉靖壬辰进士,官至右副都御史巡抚宣府。"其记述与《钦定续文献通考》略同,内容亦尚嫌简略。今检查继佐《罪惟录》列传卷十五《清介诸臣列传下》之《刘玺传》,记述刘玺生平较为详悉:"刘玺,字廷信,南京龙骧卫人。少业儒,博雅闲将略……奉敕升署都督佥事,挂印充总兵官,提督漕运,镇守淮安……时侯勋方有宠,属玺为市南货物,付运舟分载入都罔利,玺不应,以疾请告。久之,总漕非人,复召用。玺乃预置一槎舟中,右手持刀,左手招权奸……'若能死,犯吾舟,吾杀汝,即自杀卧槎中,以明若辈之害吾军也。若爱死,勿犯,吾不能内若货以困吾军。'其人惧怕而退。"由此亦可见刘玺之正直有才略。此志之内容,《四库全书总目提要》称:"是编乃玺以户部主事监理临清关税时所编,即是关之条例也。《序》称嘉靖九年以前,案牍无征,故旧事皆不载,是犹可以散佚委也。其凡例云:'凡例制不合于今者,亦弃不取。则是征课簿

---

① (清)徐乾学:《传是楼书目》卷六,道光八年(1838)刘氏味经书屋抄本。
② (清)嵇璜、曹仁虎等奉敕编:《钦定续文献通考》卷一六八,乾隆四十九年(1784)武英殿刻本。

籍，榜示商贾吏役者耳。志乘以存旧典，宁计其现行与否耶？'玺《自序》称：'访于僚属，或曰，孙嵩山监清源有声。过通州，会嵩山，嵩山因出所集《清源关权政录》示余，遂因而补葺为此书。'则其原本实为簿籍，宜其如是矣。玺任满，未及刊，继其事者为莆田雍润，乃授之梓。书中凡署润名者，又所续增也。"① 据此可知，《清源关志》所记为临清钞关明嘉靖中之钞关条例、征课簿籍，实为明代后期临清钞关之重要原始材料。惜此志今已不传，仅可据此提要粗知其梗概，而无从了解其具体内容。

今检《（康熙）临清州志》，仅于卷一《职官》之"钞部"项下，简述户部榷税分司之执掌、废设，并列自明成化迄清康熙之官员题名。《（乾隆）临清州志》设"榷关志"一门，为自明宣德十年（1435）至乾隆十三年（1748）所征税额及征税规定，并移录明宣德帝圣旨、何一举《金部题名记》、清胡悉宁《豁免土税碑》等资料，记述颇为简略，且其存嘉靖朝材料仅"二十九年，以东昌府幕一人为收税官，名曰'委厅'，而部司监之。后委厅废，专归监司"② 一条。可见，清康熙、乾隆中两次修志，涉及临清钞关之内容均较简略，明嘉靖中之钞关内容亦颇少，而《四库全书总目》所记之《清源关志》内容在上述两志中均未有所体现。按，徐乾学卒于康熙三十三年（1694），其《传是楼书目》之编订在此之前，则其所著录之《清源关志》至清康熙中期仍存世。而修于康熙十二年（1673）之《临清州志》未加采择。《四库全书总目》著录之《清源关志》为两淮盐政于乾隆朝采进，而修于乾隆十四年（1749）之《临清州志》亦未加采择。可见《清源关志》在明嘉靖中纂修后，此后未再续修或重修。此志流传至清前期，存世已不多，所可考见者，仅《四库全书》进

---

① （清）永瑢等撰：《四库全书总目提要》（第17册）史部政书类存目二，第4页。
② （清）于睿明修，胡悉宁纂：《（康熙）临清州志》卷一。

呈本及私家所藏数本。而清代两部《临清州志》之纂修者当均未得见《清源关志》，故未能在其所修方志中有所体现。这直接导致山东运河流域方志纂修中未能收录这一重要的钞关税收资料，造成了较大的文献空白，进而影响到方志纂修内容的完善与价值。

第五节　山东方志运河文献的纂修特色

山东运河区域方志中存录了丰富的运河文献。其编排形式与方志这一文献类型的纂修方式有关，同时亦与方志文献自身的特殊性有关。概言之，山东运河区域方志中的运河文献在纂修过程中，呈现出地域性、时代性、继承性、资料性等特色，显示出较为独特的文献纂修风貌。

一　方志运河文献的地域性

地域性是方志的重要特点，"越境不书"是方志纂修的重要原则，体现了方志在纂修过程中对相关资料的取舍。方志纂修者对所记述的地域范围大多有清晰的认识，如于慎行《兖州府志序》即对兖州府进行了整体的评价："兖者，九轨之交，征赋之所会也。川则转输之士日夜不休，陆则使者之车辚辚载道，其外则洪河溃溢，岁发丁夫，其内则矿冶故徒，时时啸聚。乃其俗艰生殖，壤多沮洳，家罕终岁之储，邑尠千金之室。此亦天下糜敝凋残之地也。仁义道化之流，不已壅乎？……盖地之硗确甚于他州，故其用民也啬于常赋，斯鲁之宜也。"[①] 运河为影响山东中西部经济社会环境的重要因素，故山东沿运府州县纂修的方志，往往对运河有较为详悉的记述，显示出较为鲜

---

① （明）朱泰、游季勋修，包大爟纂：《（万历）兖州府志》卷首。

明的地域色彩。同时,伴随着一地辖区之变化,方志的记述范围亦相应发生变化。如乾隆三十九年(1774),胡德琳纂修《东昌府志》,时临清州尚属东昌府管辖。其修志甫成,胡德琳即调任,是年由季世法接任,旋又由赫绅泰接任,胡德琳遂将所修府志转交赫绅泰。因乾隆四十一年(1776)临清州升直隶州,不再归东昌府管辖。赫绅泰遂称:"抑当胡公载笔时,郡属领州邑凡十有四,军旅后以控制稍远,耳目较难,因以临清直隶监司,而武、夏、邱三邑附之,则井疆广狭已异。"①亦从侧面显示出方志纂修者对方志地域性的认识。

此外,方志纂修者往往亦注意到某一地域的独特风貌,并在所纂修的方志中加以体现,同样显示出方志的地域性色彩。如山东运河区域纂修的方志,即注重对运河的记述。通志所记述范围虽为山东全省,其所述为山东境内的运河,往往注重对山东运河起止点的记述,以与其他省份的运河区分开来。如《(康熙)山东通志》卷首《凡例》称:"黄河入山东二百里,漕河入山东七百余里,国计民生,关系甚重。其中曰河,曰闸,曰湖,曰泉,曰浅,曰坝,旧志疏漏者详明开载,而其肯綮治法,前人所行,可备后世指南者,亦搜考备书。外而胶莱新河、海运,亦详录备考。"②就府志而言,其在纂修过程中,亦注意对境内山东运河的记述。如兖州府为山东运河所经的重要地域。《(万历)兖州府志》专设"漕河"一门,记述兖州府境内的运河。此志对兖州府运河进行了整体的评价:"兖值要冲,经理尤急。盖漕运固朝廷血脉,会通尤漕运咽喉。国计所司,诚至重也。顾水性靡常,堤□(此字原书漫漶)易溃,泉源黄水,合流冲决,河渠弥漫,民居昏垫。于是疏濬蓄泄,糜费数万缗,劳役数万众,兖独当之,困惫不已甚乎?虽然,有郑当时,而后引渭穿渠之漕大利于汉;

---

① (清)赫绅泰:《东昌府志序》,(清)胡德琳等修,周永年等纂:《(乾隆)东昌府志》卷首,乾隆四十二年(1777)刻本。
② (清)赵祥星修、钱江纂:《(康熙)山东通志》卷首《凡例》。

有裴耀卿，而后河口、太原之仓实储于唐。君子以其心酌机宜，身勤疏塞，则输将顺流，国赋永赖，而郑、裴之功曾何足云?"① 再如张秋作为运河名镇，于慎行《安平镇志序》对运河名镇张秋的独特性进行了精细的记述："安平在胜国时为景德镇，尝置都水分监，以居行河之使。盖亦大聚落也。国朝开会通河，特遣水部大夫一人，驻节其地，亦总漕渠之政，南北几二千里，辐辏而受成焉，则尤称要重哉。"② 这些记述都显示出对当地独特风貌的重视，并成为纂修当地方志所关注的重要内容。

二 方志运河文献的时代性

山东方志运河文献的纂修具有突出的时代性。方志纂修内容的下限，往往为定稿刊刻之时。因此，在方志中往往保存了较多直接反映当时风貌的内容，具有较为鲜明的时代特色。如聊城作为运河沿线的重要城市，其民风变迁即受到运河的较大影响。不同时代编修的方志，往往对相关信息加以记述，具有较为明显的时代气息。如记述聊城风俗受到运河影响情况最早的为《(万历)东昌府志》。其卷二《风俗》称："聊城县：为府治，居杂武校，服食器用竞崇鲜华。公议严于三尺，士夫逡巡自爱。百姓讼稀少，然多皆窳，寡积聚。由东关溯河而上，李海务、周家店，居人陈橡其中，逐时营殖。"③ 记述聊城受运河影响而形成的商业风气。特别是提及聊城境内李海务、周家店等闸因船只聚集，而形成聚落，百姓倚运河商贸为生的情况。《(康熙)聊城县志》卷一记述清初聊城之风俗称："近邹鲁之乡，沾孔孟之化。初尚夸诈之习，后变为淳厚之俗。迨入明季，密迩两京，

---

① （明）朱泰、游季勋修，包大爟纂:《(万历)兖州府志》卷二十。
② （清）林芃修，马之骦纂:《(康熙)张秋志》卷首《序》。
③ （明）王命爵等修，王汝训等纂:《(万历)东昌府志》卷二，万历二十八年（1600）刻本。

风化沾被。日久，民有恒产，皆慕诗书礼乐，男务农，女勤织纴，间阎细民亦愿遣子入学。五伦之道，蔼然而复淳，风俗视昔尤美矣。"①此条注称取自"旧志"。此志称"迨入明季"，为清代人述及胜朝之口气。若非有所修改，则当据较此《（康熙）聊城县志》更早之清修县志。但清代此前并未修志，此处所指之"旧志"不详所指，但其述及之内容为清初，则无可疑义。《（康熙）聊城县志》续又对清初之聊城风俗再加记述称："自来民勤耕稼，士崇礼义，仁厚之风日新，夸诈之习久革，迨至于今，士学古文，民崇古风，重廉耻，贱浮诈，嫁娶不论财币，丧葬不尚僧道。诉告虽有，而无健讼者。上行下效谓之风，众心安定谓之俗，使天下回心而向道，类非俗吏之所能为。聊风近古，前诸说备矣。然不用浮屠，自督学肖岩朱公颁行家礼，易简编，始去奢从俭，自督学中淮吴公颁行宪约衍始，兴教化，节浮费，敦本实诚，转移人心之大机也。恐日久因循，不知所自，特书于册，以俟夫观风者省焉。"② 此段之记述着重于儒家教化对聊城民风的影响，运河因素相对较弱。或许与明清易代之际，连年战乱影响运河交通有关。漕运不通对运河商品经济造成了严重冲击，民生凋敝，百姓以农为本，尚属于休养生息的经济社会恢复阶段。稍晚于《（康熙）聊城县志》的《（雍正）山东通志》之纂修以各地前修之府州县志为基础，遂对《（康熙）聊城县志》上引关于风俗的内容进行了采择："聊城县近邹鲁之乡，沾孔孟之化，初尚夸诈，从变淳良，务纤啬治生，不喜为吏，嫁娶不论财币，丧葬不尚僧道，百姓急公趋赋，虽有诅告，而无健讼者。"③ 唯通志受篇幅之限制，对《县志》所记加以删减，并加"不喜为吏""百姓急公趋赋"两句，显示出方志纂修的连续性。

---

① （清）何一杰纂修：《（康熙）聊城县志》卷一，康熙二年（1663）刻本。
② （清）何一杰纂修：《（康熙）聊城县志》卷一。
③ （清）岳濬、法敏修，杜诏、顾瀛纂：《（雍正）山东通志》卷二十三。

至《(嘉庆)东昌府志》,其卷三记述聊城之风俗称:"县衙府治,居杂武校;服室器用,竞崇鲜华。公议严于三尺,士夫逡巡自爱。百姓讼稀少,然多皆窳,寡积聚。由东关溯河而上,李海务、周家店,居人陈橡其中,逐时营殖。万历旧志。近邹鲁之乡,沾孔孟之化,初尚姱诈之习,后变为淳厚之俗。迨入明季,密迩两京,风化沾被日久,民有恒产,皆慕诗书礼乐,男务农,女勤织纫,间阎细民亦愿遣子入学,五伦之道蔼然而复淳风,视昔尤美。县志。"① 主要对前修之《(万历)东昌府志》《(康熙)聊城县志》相关内容稍加剪裁,移录而成,尚少对当时士民风俗之采择。究其原因,或许与乾嘉时期重考据之学风有关。与此相对应的,则是对现实的关注有所减弱。至清末聊城再次修志,《(宣统)聊城县志》卷一《风俗》称:"县境处齐之西鄙,考之星野,则实当卫分。其人朴愿而茂,有秉心塞渊之旧焉。虽循习故事,惮于兴改,然无有桀黠渔食,持长吏长短者,租赋不待督辄先期报竣,最称易治。士多才俊,文风为诸邑冠。武风亦极一时之盛。咸同季年,声教渐替,自科举废,学堂立,习尚一变焉。乡农田亩稍丰者不能自持门户,必作佃户,藉主人,乃得相安,今则习俗稍异从前。"此段记述聊城民风之朴实,同时亦记述了晚清废科举后民间风气的转移。此志续称:"殷商大贾,晋省人物为最多,昔年河运通时,水陆云集,利益悉归外省,土著无与焉。迄今地面萧疏,西商俱各歇业。本地人之谋生为倍艰矣。"② 则记述了晚清济宁以北运河断航后,对聊城经济和民风的影响,具有较强的时代性,是对当时世情民风的真实记述,具有较高的史料价值。此志又称:"嫁娶不论财币,唯俗尚亲迎,合卺多卜诸夜。丧葬不用浮屠,自督学肖岩朱公颁行家礼,易简编,始去奢从俭。自督学中淮吴公颁

---

① (清)嵩山修,谢香开纂:《(嘉庆)东昌府志》卷三。
② (清)陈庆藩修,叶锡麟、靳维熙纂:《(宣统)聊城县志》卷一。

行宪约衍始,一岁时序上元灯火之盛,甲于他邑。若清明、寒食、端午、中秋诸令节,各有土风,大率相类从宜从俗,礼经尝言之。"① 则部分袭用前修之旧志,而其对聊城时令节气之记述,则具有较大的价值。

再如上文所及之《(乾隆)东昌府志》。胡德琳修志为乾隆三十九年(1774),赫绅泰于是年接任,"今上甲午,余以部曹从舒文襄公治兵临清,即军中蒙授东郡"。其任东昌府知府即与此次起义直接相关。至乾隆四十二年(1777)赫绅泰刊刻《东昌府志》时,虽距胡德琳修《府志》仅数年,而"昔时即草窃卒发,危城不守,堂邑令陈君首先死事,其下官弁士民,如吴琜、杨兆相、陈元梁、吴文秀等,或殉其官守,或激于义气,率皆遇贼不屈,视死如归居,尝谓豪杰树立,世不多见,故舍生取义,虽圣贤盖犹难之,若兹之炳炳皇皇,叨荣赠恤者又何人哉?由今胡公时不三数年,而创革之逡巡,事变之奄忽,节行之昭著,人物之杰出挺生,可歌可泣者,一一已须补载"②。其记述内容即为新补充的翔实资料。再如《(光绪)鱼台县志》之纂修,亦注意到自前志之修时间较久,缺漏甚多。其称"第冯《志》成于乾隆甲申,百余年矣。虽疆域犹是,而景物非昔。其间名宦之著绩、往哲之流风,与夫烈女节妇之事关风化者,及今修之,犹恐不无挂漏。倘失今不修,致令前贤之丰功伟绩、潜德幽光表表生前,没没身后,至与依草附木者流同归于尽,良可慨也。矧此百余年间,水旱兵燹,历不绝书。我国朝蠲租施赈、荡寇恤民诸旷典,恩同再造。倘不登诸邑乘,用志皇仁,其失岂浅鲜哉?"③ 即注重对域内新变化的记述。

---

① (清)陈庆藩修,叶锡麟、靳维熙纂:《(宣统)聊城县志》卷一。
② (清)赫绅泰:《东昌府志序》,(清)胡德琳等修,周永年等纂:《(乾隆)东昌府志》卷首。
③ (清)赵英祚纂修:《(光绪)鱼台县志》卷首《后序》。

第三章　山东运河区域方志的纂修 ·145·

此外，济宁州志的纂修即受到济宁区划变迁的影响。廖有恒修、杜通睿纂《（康熙）济宁州志》保持了乾隆之前的行政区划。而《（道光）济宁直隶州志》所记范围则为金乡、嘉祥、鱼台三县。如此志卷四之三据道光十六年《赋役全书》，记述金乡县"起运款目"，称金乡"漕粮兑军儹运本色正耗米二千一十六石二斗九升二合五勺有奇……临清仓本色正耗米折银一百五十六两八钱五厘有奇"，而其记述"存留款目"，称金乡"河道夫食银三千九百五十八两二钱二分四厘"①。金乡县在乾隆中始归济宁直隶州管辖。故金乡有关运河漕粮赋役方面的资料，也在《（道光）济宁直隶州志》中加以收录，显示出志书纂修与时俱进、反映当时最新情况的特色，具有较强的时代性。

三　方志运河文献的继承性

前修方志为后修方志所承袭，下级所修方志为上级所修方志采择，方志文献遂具有较为鲜明的继承性。梁遂《山东通志序》称："东省久无通志，非无志也，志亡于兵燹，而散在各郡邑，犹之无志也。散在各郡邑，而修之者无人，郡邑亦犹之无志也。郡邑无志，而通志亡矣。"② 即显示出府州县志与通志的密切关系。特别是上级方志记述范围较广，往往保存了较多下属地域的内容，下属地域在纂修方志时，往往会对上级方志有所借鉴。如《鱼台县志》自乾隆二十九年（1764）冯振鸿纂修后，至光绪中重修县志，中经一百余年，搜集材料颇为不易。而"道光戊戌，徐清惠公为济宁直隶州牧时所修州志，及咸丰戊午州尊卢公朝安所续州志，其于县事不必详且备也，而修志者有可依附矣"③。此处所指即为道光二十一年（1841）徐宗

---

① （清）徐宗幹修，许瀚纂：《（道光）济宁直隶州志》卷四。
② （清）赵祥星修，钱江纂：《（康熙）山东通志》卷首《序》。
③ （清）赵英祚纂修：《（光绪）鱼台县志》卷一《例言》。

幹修、许瀚纂《(道光)济宁直隶州志》及咸丰九年(1859)卢朝安纂修《(咸丰)济宁直隶州续志》。除采用《济宁直隶州志》外，《(光绪)鱼台县志》在纂修过程中，也大量借鉴了前修县志的内容，"今又广为采访，并各旧志汇而取之，较旧例酌加裁定，或分或合，为十志以总其纲，各列子目，以疏其类。仍统为四卷，非敢谓删繁就简，实因人之书以成书尔"。此志并且根据其内容之多少加注："志内州县事文从同者不注所从出，其偏引一志者加细注曰某志。"① 即显示出后修方志利用前志资料的自觉意识。

　　与纂修县志时采用府志内容不同，一地前修之方志亦往往为后修方志所继承与沿用。如《峄县志》之纂修"盖自明万历十年始也。唯时乡先达石葵贾公家多藏书，才优著述，考古征今，创为撰次，迄今尚有醇史之称焉"。正因此志之纂修颇为精审，因此得到后人的推崇。后至清康熙十二年(1673)，峄县知县田显吉主持重修《峄县志》，称"沧桑以后，搜访为艰，广询博讨，仅告成事一时，亦有继美之目焉"。即为在《(万历)峄县志》基础上补充而成。至康熙二十四年(1685)，刘允恭再修《峄县志》，"取县志而检阅之，残佚者几过半矣。慨然捐俸锓补，遂附以近今十余年之事，以成全璧"②。此次纂修之《峄县志》同样为在前志基础上增加近十数年之峄县内容，增修而成。

　　在地域特色风物的记述上，后志对前志的袭用与继承更多。如山东方志中对济宁观莲亭的记述即为一例。对此亭，治河都御史李瓒曾为《记》认证之。李瓒此《记》今存于《(道光)济宁直隶州志》卷四十五，记述观莲亭情形甚悉，今移录于下："观莲亭在观澜桥之北仅三十步许。正德丁丑，知州康世臣植莲濠中。每当盛开，致政长

---

① (清)赵英祚纂修：《(光绪)鱼台县志》卷一《例言》。
② (清)刘允恭修，褚光镆等纂：《(康熙)峄县志》卷首《附言》，康熙二十四年(1685)刻本。

第三章　山东运河区域方志的纂修

史张君显、知州刘君概载酒泛舟于其中。逮今五六年，根深茂密，不啻千百本。菡萏丛出，清香袭人，然无亭馆以寄游观。先是，道人募缘筑基壕本，结邻于莲池，乃构大堂三楹，塑神祠之。时水部主事杨君抚奉例撤去，堂未之毁。余命知州黄堂小结一亭，连于堂后，甃以砖石，缭以木槛，扁曰'观莲'。嘉靖癸未夏六月朔日，总理河道工部右侍郎濮阳李瓒书。"① 据此，则此亭当建于嘉靖癸未，即嘉靖二年（1523）。此外需要注意的是，观莲亭为济宁保存时间较长的名胜之一，《（民国）济宁县志》卷四《名胜篇》称："县境胜迹大半圮废，今所存者唯酒楼、南池、观莲亭及浣笔泉耳。"此卷又记述观莲亭称："观莲亭在州南门运河左岸，久未修葺，池水亦涸。"② 此古迹在明清时期多次修葺，后虽不免于残破，但始终存世，因此明清所修方志之中多有涉及。

在山东方志中，《（道光）济宁直隶州志》最早记述此亭称："观莲亭，在济宁州城南东水门外。亭枕城濠，内多植莲。嘉靖六年，治河都御史李公瓒命知州黄堂建，有《记》。"③ 此条记录被《（康熙）山东通志》卷七全文移录，文字完全相同。按《（康熙）山东通志》记述胜朝之事，应在"嘉靖六年"前加"明"字以示朝代之更迭，方更为妥帖。此志未加"明"字，其袭用明志之痕迹更为清晰。《（道光）济宁直隶州志》卷五之三记述"观莲亭"称："在济宁州南东小门外。亭枕城濠，内植莲。明嘉靖二年知州黄堂建，治河都御史李瓒有《记》。"④ 其表述较前稍有调整，但内容并无变化。据此可见，关于观莲亭之记述最初出现于《（万历）兖州府志》，此条记述被《（康熙）山东通志》《（道光）济宁直隶州志》所移录，显示出

---

① （清）徐宗幹修，许瀚纂：《（道光）济宁直隶州志》卷四十五。
② 潘守廉修，袁绍昂纂：《（民国）济宁县志》卷四，民国十六年（1937）铅印本。
③ （明）朱泰、游季勋修，包大爟纂：《（万历）兖州府志》卷四十五。
④ （清）徐宗幹修，许瀚纂：《（道光）济宁直隶州志》卷五。

较为明显的继承性特点。

四 方志运河文献的资料性

资料性是方志的重要特点。黄苇称："方志的编纂不在于著述，而在于编辑、剪裁。它是经过众多人员长期搜集资料，在丰富材料基础上编成的。方志资料大多翔实具体，编者也多如实记述，较少笔削润色，这样自然就保存下大量的原始资料。"① 山东方志以府县为主，其纂修当地方志时记述政务及民生，在采择材料时有机会使用基层大量原始公文，这是其他类型的著作所不具备的优势。正因如此，山东运河区域纂修的方志收录了不少有价值的运河原始文献，为对山东运河进行专题研究提供了有价值的基础资料。如《（光绪）宁阳县志》卷首移录"前志"②《凡例》称：

一、山川并关形胜，而河道通塞系于民生尤切。前二志略而弗详，今通为查明源委，胪举于册，庶留心地方者一览可悉。

一、汶水堤工累经修筑，乃地方利弊之大者。前二志虽立闸堰一门，而殊未详悉。今将新旧各案，悉为登载，并论著其得失之由。③

正因如此，《（光绪）宁阳县志》遂保留了关于汶水堤工的较多基础资料。其卷五设"堤堰"一门，并称："旧志虽立闸堰一门，闸废久矣，今所修者堤耳。故改闸称堤，而但纪旧闸，于新堤工段、丈尺、用度，概略而弗书。今历考故牍，录其可据者备列于左，俾后之

---

① 黄苇：《方志学》，第282页。
② "前志"当指陈纪勋修，黄恩彤纂《（咸丰）宁阳县志》。
③ （清）高升荣修，黄恩彤纂：《（光绪）宁阳县志》卷首《凡例》。

从事者犹得见其厓略云。"① 可见，此志之纂修，即注重利用宁阳县当地整修汶河之原始公文。其首记"旧规"称："汶河决宁阳，阖境除贫民地不及五亩免科外，其五亩以上履亩科夫，每地三亩出夫一名。后从民便折价，每夫一名折制钱二百五十文，由各社首董汇缴工次，由县遴委绅士，分段承修，县令亲临督役，工料实用实销。"② 详细记述如发生汶河决口灾害后，宁阳地方征调民力进行整修的筹款及办理机制。其次记"旧案"，为"乾隆三十六年""嘉庆十六年""道光二年""道光十八年""道光二十六年""同治六年""同治十二年"凡七次办工的基础信息。今移录三条如下：

> 嘉庆十六年，汶决堽城、石梁、桑安等口。十七年，知县陈溎督修堽城闸等处土堤五段，计五十七丈。又于十九年督修桑安二口土堤二段，计八十一丈，工料银数无考。
>
> 道光二十六年，汶决堽城、石梁等口。二十九年，知县陈纪勋督修土堤正口门四段，连单薄堤根计三百七十四丈，共用工料京钱叁万壹仟柒百柒拾叁仟柒百捌拾贰文。
>
> 同治十二年，前县张炜任内禀请修筑石梁口等处堤工。于是年三月十九日开工，四月初八日工竣，共长五百五十五丈四尺，需用工料市钱一万四千九百五十千九百二十四文。有碑，见《艺文》续增。③

据上引诸条，可见此志对宁阳县旧办之堤工，记述其决口时间、地点，及时任知县办理堵口修堤工程之开工时间、工程丈尺、经用钱粮，均准确明晰，据此亦可了解清代中晚期办理河道修治工程的施工

---

① （清）高升荣修，黄恩彤纂：《（光绪）宁阳县志》卷五。
② （清）高升荣修，黄恩彤纂：《（光绪）宁阳县志》卷五。
③ （清）高升荣修，黄恩彤纂：《（光绪）宁阳县志》卷五。

及开支基本情况。其信息不明者，即以小字注明，以示慎重。其同治十二年（1873）之堤工工程，则注称："有碑，见《艺文》续增。"今检《（光绪）宁阳县志》卷二十一录黄恩彤《重修堽城石梁各堰碑记》，记述此次工程情形称："壬申夏秋霖潦，汶水盛涨，居民栗栗，昼夜防虞，幸免横溃。绅士某等以旧堰渐圮，相与白诸邑侯张公，请照旧章，集赀重修。公上其事于大府，立荷施行，并委太守陈公来宁驻工督视。爰于癸酉春诹吉鸠夫，计方授役，拨其浮沙，填以实土，浆其粉壤，杵以夯破，仆者起之，庳者崇之，罅者塞之，陂者平之。恐其内岸之啮也，则钉桩下楗以御之。防其外岸之坍也，则锐上丰下以坦之。"① 据此记，则此次工程之上年（即此记所称之壬申，同治十一年，1872），水势浩大，堽城堰损坏较重，经地方绅民请求，时任宁阳县知县张炜禀请开工。此工程开工于癸酉（同治十二年，1873）春，同上引之"于是年三月十九日开工"相合。上引之公文与此引之黄恩彤所作记文，均为此次堽城堰修筑工程之基础资料，对于全面了解此次运河整修工程，具有较大的文献价值。

此外，山东运河区域方志的文献价值亦体现在方志所存大量与运河有关的记文中。如《（道光）济宁直隶州志》卷九所录孙扩图《兰河院禁派秸料记》一文，即保留了清代征派秸料的详细记述。因方志在存录记文时一般不加删改，因此其记述具有较为明显的资料特色和文献价值。今移录此《记》如下：

> 吾州自绅士至于庶民均有切骨之累，曰派纳运河秸料一事，盖阅数十年来无所告诉者矣。夫河员于冬月平价购办秸料，以预运河之需，例也。州县派民纳，非例也。派纳而并供各衙门薪烧之秸，尤非例也。始而力田之农与有田五亩以上之绅士派每亩

---

① （清）高升荣修，黄恩彤纂：《（光绪）宁阳县志》卷二十一。

勉。既而采派并行，则肆工市贾皆在派中。兼之胥役奉行不善，交纳本色，则十倍秤收；折纳钱文，则一母十子。夫胥役坐制小民之命固已既绅若士，或贫彻骨，万难措办。不得已而出于告诉之途者，亦必目之为刁为劣，卒之一无得免。

不佞自归田后，即亲受其累。三诉三斥，案牍可稽。夫绅士与工贾亦无论已，嗟彼良农，银米已完，而追呼如故；旱潦有赦，而私派不休，此何理也？岂意忽遇清风之拂，遽霑甘露之和，有如我督河院兰老公祖之莅任济宁也。维皇帝之四十有八年夏五月，以行河务重，俾公开府于东，澜安黄运、绩著旟裳有日矣。公起家山右，名儒大贤也。以命世济时、振纲肃纪为己任，其清如秋，其仁如春，其令如山，其才如海，历任善政，更难仆数。而严禁派料一事，致令我济之人感极而泣，即此以知我公谋国之远、爱人之深。而独秉千钧之力，济以一尘不染之操，实难得而可怀也。

先是，公历守令监司，日用所需无不市价平买。其历济也，以料为薪之常，局遂不得行，因而年例之科派亦暂得止。于是有呈请批示立案之举，公乃慨然下教，严行禁止，行道行州，一如绅士之求。州牧王侯亦深知其累，悉陈颠末，不隐不遗，并乞永远立案，而公复切批而详示之。时不佞方老病卧床，绅若士或来告者，曰："兰老公祖，众母也，州人永福矣！且不宁唯州之人，凡邻河之县罔不然。"不佞乃强起，手加于额曰："有是哉！信如是，何以使穷乡僻壤人皆闻，何以俾数十百年案不磨，而我公之泽与济之水而俱长乎？"则皆曰："请以公之教勒诸石，并勒州之禀，而绅士姓名列于下，树诸黉宫，礼也。"不佞喜曰："得之矣！"即扶病而记其事。乾隆四十九年岁次甲辰闰三月记。①

---

① （清）徐宗幹修，许瀚纂：《（道光）济宁直隶州志》卷九。

兰河院即兰第锡（1736—1797）。第锡字庞章，山西吉州人，故此《记》称："公起家山右，名儒大贤也。"乾隆十五年（1750）中举，授凤台教谕，擢顺天大兴知县。三十四年（1769）升补永定河北岸同知，四十四年（1779）迁永定河道，四十八年（1780）署河东河道总督，故此《记》称："维皇帝之四十有八年夏五月，以行河务重，俾公开府于东，澜安黄运、绩著旂裳有日矣。"五十二年（1787）实授，五十四年（1789）调江南河道总督，奏请河堤分界栽柳，并禁近堤取土，又奏请于新堤南筑月堤为障。嘉庆元年（1796），因丰北汛河水泛滥，自请治罪。二年（1797）十二月卒于任上。秸料为清代修筑堤坝、堵塞决口的必备物料，其中弊窦颇多。如乾隆二年（1737），河南巡抚尹会一奏称："向例采办之时，分别干、温、青三等交收。青者，新收秌秸，其性带潮，以二斤作一斤；温者，其性渐干，以斤半作一斤；干者，其性已燥，以一斤作一斤。遂有不肖河员以温为青，任意折算，殊为民累。"① 此《记》记述济宁官绅百姓因摊派秸料而大受扰攘的严重情形："交纳本色，则十倍秤收；折纳钱文，则一母十子。"而且官绅百姓"不得已而出于告诉之途者，亦必目之为刁为劣"，以至于"银米已完，而追呼如故；旱潦有赦，而私派不休"，给百姓带来很大的困苦。此《记》记述兰第锡严禁科派秸料称："公乃慨然下教，严行禁止，行道行州，一如绅士之求。"大大减轻了官绅百姓的困苦。总体来看，此《记》记述清乾隆中济宁百姓沉重的科派秸料负担及上层河务官员的治理措施，对于了解清中期山东河工物料的实在情形，提供了重要的第一手资料，具有较大的价值。

---

① （清）尹会一：《健余奏议》卷三《河南上疏》，乾隆十五年（1750）敦崇堂刻本。

第四章 山东方志运河文献的内容

第一节 山东方志中的运河本体文献

山东运河对沿运社会的影响是多方面、全方位的，渗透到山东运河区域的各个领域，并对山东运河社会的形成与运转起到了强大的塑造作用，在工程层面、文化层面、社会层面均对沿运地区产生了显著的影响。与方志作为一地百科全书的性质相对应，在山东运河区域纂修的方志中，保存了大量与运河有关的文献资料，并呈现出多样化、丰富性与层积性的特点，呈现出独有的文献风貌。其中，运河本体文献就是对山东运河本身的记述，主要涉及山东运河概况、运河河道里程基础数据及与运河防汛、泄洪有关的设施情况等多个方面。

一 山东方志对运河概貌的记述

山东方志中往往将山东运河作为一个整体，从运河发展史的角度，对山东运河进行综合记述，具有较强的宏观性和较为开阔的视野，有助于较为全面地了解和把握山东运河的概貌。如《（万历）东昌府志》卷十四《河渠志》之"河渠考"记述山东运河，并较为全面地记述了东昌府境内之运河：

> 元初，粮运自浙西入江淮，溯黄河至中滦，陆运至淇门，由

御河舟达于燕。世祖至元二十年，以江淮水运不通，命兵部尚书奥鲁赤等自任城穿渠，导洸、汶、泗水北流至须城安山，入清济故渎，经东阿至利津河入海。后海口沙壅，又从东阿陆转二百里，抵临清下御、漳。以道经茌平，夏秋霖潦，转输艰阻，二十六年，用寿张尹韩仲晖、太医令史边源言，复自安山西南开渠，由寿张西北过东昌，又西北至临清，凡二百五十里，引汶绝济，直属御漳，建闸节水，名会通河。明洪武二十四年，河决原武黑阳山，由旧曹州、郓城西河口漫安山湖，而会通河塞。永乐九年，以陆运劳费不赀，用济宁州同知潘叔正言，遣工部尚书宋礼等，发山东丁夫十六万余人，疏浚元会通河故道自济宁至临清三百八十五里。又筑坝戴村，遏汶水，分流南旺，北达临清，会通河始复。正统十三年，河决荥阳，自开封北经曹、濮趋漕，决沙湾东堤入海。景泰四年，左佥都御史徐有贞奉命往治，浚广运渠，起张秋金堤，达于大潴，逾范及濮，上设九堰，建泄水诸闸于东昌龙湾等处，以宣其流，而沙湾塞。弘治六年，都御史刘大夏筑堤黄陵冈，由是河南徙，始不病漕。①

此段简要记述了山东运河自元代初年至明弘治中期的开凿及修治历史。其记述重点有二，其一为会通河之开凿。会通河主要在东昌府境内，其称："自安山西南开渠，由寿张西北过东昌，又西北至临清，凡二百五十里，引汶绝济，直属御漳，建闸节水，名会通河"，记述会通河言简意赅。其二为会通河之疏浚。记述明初宋礼重浚会通河及景泰四年（1453）、弘治六年（1493）徐有贞、刘大夏两次堵筑黄河决口、维护东昌府境内运道的本末。此两次大的运河工程发生在东昌府境内，而对运河全程之通塞，实具有根本影响。因此朝廷多次派遣

---

① （明）王命爵等修，王汝训等纂：《（万历）东昌府志》卷十四《河渠志》。

第四章 山东方志运河文献的内容

大员，全力修治。《(乾隆)东昌府志》卷七《山水》记述"漕渠"称：

> 元开会通河，由安民引汶绝济以达漳、卫，而东昌遂为运道之要津矣。明于南旺引汶水南北分流，南有马场、蜀山、独山、南阳诸湖以为蓄潴，故其流特盛；而北流苦微，又卫河底深，自汶入卫，势等建瓴。故元有会通、临清二闸之建，明又设南板闸及新闸以节宣之，然则东昌漕渠所系重矣。自来碑记于此特详，不可与诸川同日语也，故别为漕渠门，列于山川之后。自临清南板闸以南，曰上河，汶水也；以北曰下河，卫水也。①

此段记述山东运河之概貌，尤其突出聊城境内之运河情况。其称汶河、卫河水位不同，"卫河底深，自汶入卫，势等建瓴"，因此建造"南板闸""新闸"以节宣水势。而且记述聊城境内所称之"上河""下河"，保留了聊城境内运河的基础信息。

再如乡土志是晚清开始出现的一种新的方志类型，"记载了多种门类的历史资料……对山水、地理、疆域沿革、气象、水文方面的记述，则支持历史地理学的研究"②。黄绍箕《乡土志例目》指出，纂修乡土志是为配合奏定《学堂章程》中初等小学堂科之需要，"盖以幼稚之知识，遽求高深之理想，势必枘凿难入。唯乡土之事为耳所习闻，目所常见，虽街谈巷论，一山一水，一木一石，平时供儿童之嬉戏者，一经指点，皆成学问，其引人入胜之法，无逾此者"。其所设条目繁多，并分述其内容梗概。如其"水"目称："叙水道之源委……有原委均不在本境者，某水发源何境、何山、何区镇、何大山

---

① （清）胡德琳等修，周永年等纂：《(乾隆)东昌府志》卷七《山水》。
② 马隽：《晚清民国时期山东乡土志研究》，西南民族大学，硕士学位论文，2018年，第84页。

之麓，至何处出本境，入何境、行境内若干里……又有人力沟通之水道，务载明何方自何处上承何水，向何方行，过何地至何处注何水。凡水之可通舟楫者，务注自委上溯至何区何地可行大船，自何区何地至何地可行小船，或可行筏。"① 山东是清末纂修乡土志最多的省份，共编成乡土志约70部，"总体上呈西密东疏的特点，越靠近鲁西，修志的州县越多且密集，越接近鲁东，修志的州县越少且分散"②。《聊城乡土志》编印于光绪三十四年（1908），向植《聊城乡土志跋》称："聊城，春秋战国之世为齐西边……五十年前物产丰而人文盛，最为商贾辐辏之区。自漕艘停运，会通河淤垫，不以时修，稍形凋敝矣。然其故家遗俗，犹足称海邦一大雄镇。"③ 此志完全按照《乡土志例目》纂修，其"水"目记述聊城境内之运河注重简洁清晰：

> 元世祖至元二十年，以江淮水运不通，自济宁新开河，始分汶、泗诸水，西北流至须城今东平州地之安民山入清济，经东阿至利津入海。后因海口沙壅，又从东阿县陆转百里抵临清，下卫水，又比（按，当作"北"）合漳水以输京师。至二十六年，始自安民山西南、寿张县西北至东昌、临清引汶绝济，直属卫漳。其长二百五十余里，南由阳谷之官窑口入聊境，北至博平之梭堤儿出聊境，其长六十五里，赐名会通河。然则止此二百五十余里得名会通河，今概谓漕渠为会通河者，误也。④

此段记述了山东运河的基本情况，特别是对聊城境内运河入境与

---

① 俞天舒辑：《黄绍箕集》，《瑞安文史资料》（第17辑），政协瑞安市文史资料委员会1998年版，第157页。

② 马隽：《晚清民国时期山东乡土志研究》，西南民族大学，硕士学位论文，2018年，第2页。

③ （清）向植编：《（光绪）聊城县乡土志》卷末，光绪三十四年（1908）石印本。

④ （清）向植编：《（光绪）聊城县乡土志》。

出境地点及境内运河长度进行了记述，显示出较强的地域性特色。

山东方志纂修者在占有相关资料的基础上，对山东运河进行了整体记述，方志中收录的不少原始文献亦注重从整体上对山东运河进行概括性记述，同样具有山东运河史的性质与价值。如《（康熙）宁阳县志》卷八所录（明）商辂所撰《堽城堰记》，此文在记述堽城堰修筑本末之前，对山东运河的疏浚与使用进行了较为详悉的回顾。保留了成化六年（1470）之前山东运河的历史梗概，尤其重在概述引导汶水、泗水以接济山东运河水源之情形。此《记》首先对人力疏导汶、泗二水之前的情况进行了简要记述："汶、泗二水，齐鲁名川。汶出济南莱芜县，泗出兖州泗水县。二水分流南北，不相通。自古舟楫浮于汶者自兖州而止，浮于泗者自兖南而止。"此《记》续述元代南粮北运及开凿运河情形称："元时，南方贡赋之来，至济宁舍舟陆行数百里，由卫水入都。至元二十年，始自济宁开渠抵安民山，引舟入济宁，陆行二百里，抵临清入卫。二十六年，复自安民山开渠至临清。"为保障山东运河水源，遂通过修堰以导引汶、泗之水，此《记》记述其情形称："乃于兖东筑金口堰，障泗水西南流，由济河注济宁南北。筑堽城堰，障汶水南流，由洸河注济宁。汶之下流又筑戴村堰，障之西南流，南抵济宁，北抵临清，而汶、泗二水悉归漕渠。"因两堰之修筑，山东运河水源得到接济，"于是舟楫往来无阻，因名之曰会通河"。此记又记述明代山东运河情形："我太祖高皇帝定鼎金陵，无事漕运，向之河堰废损殆尽。"而至永乐帝迁都北京，重新修治会通河，"爰命大臣相视旧规，筑堰疏渠，漕运以通。第堰皆土筑，每遇淋潦冲决，水尽泄，漕渠尽涸，随筑随决，岁以为常，民甚苦之"①。亦从山东省域的层面上，对境内运河进行了整体化的记述，对研究者宏观把握山东运河修治与使用的基本情况，起到了积

---

① （清）李温皋纂修：《（康熙）宁阳县志》卷八。

极的作用。

二 山东方志对运河河道及运河工程的记述

山东方志保存了山东河道位置、所经地域的详细资料。将不同时期方志对河道水文资料的记述结合使用，可以据此了解山东运河及运河流域河道变迁情况。山东方志中关于运河及相关河道的较早记录保存在元代于钦所纂修的《齐乘》中。此志卷二对元代泇河的状况进行了较为精细的记述。其记"东泇"称："东泇出沂州西北其山，南流至卞庄站，东分一支，入芙蓉湖，溉田数千顷——湖在沂州东南芙蓉山下——香粳锺亩，古称'琅邪之稻'，即此。西泇出峄州东北抱犊山，东南流至三合村，与东泇合。南贯四湖，溉田倍芙蓉，又南合武河，入于泗，谓之泇口，淮、泗舟楫通焉。"① 明末开凿南阳新河后，缓和了夏镇以北运道的淤塞，但在留城以南，因保存了旧运道，仍受到黄河的侵扰。黄河、运河交汇的茶城一带运河容易出现淤塞。隆庆三年（1569），黄河在沛县决口，"茶城淤塞，自考城、虞城、曹、单、丰、沛抵徐州俱受其害，茶城淤垫，漕舟阻邳州不能进"②。为避开黄河对运河的侵扰，明末又开凿了泇河。于钦《齐乘》记述了元代泇河的情况，对泇河的流向、分支及汇合情况记述颇为详细，保留了大量元代泇河的基础信息。如在上引"其山"后注称："城内普照寺，有金僧居山颂碑，作'其山'。"③ 在上引"卞庄站"后注称："国初立站，今废。"在上引"与东泇合"后注称："又有鱼沟水，出浮丘山，合于此，故名三合。"④ 不仅对相关地名进行了解释，而且对相关驿站等设施亦有明确记述。更为重要的是，此条还记述了

---

① （元）于钦撰，刘敦愿、宋百川、刘伯勤校释：《齐乘校释》卷二，第132页。
② （清）张廷玉等：《明史》卷八十三《河渠一》，第2039—2040页。
③ （元）于钦撰，刘敦愿、宋百川、刘伯勤校释：《齐乘校释》卷二。
④ （元）于钦撰，刘敦愿、宋百川、刘伯勤校释：《齐乘校释》卷二，第132页。

泗水入淮之泇口，指出元代泗水、淮河通航情况。这些对于研究明代开泇河之前河道使用状况，提供了重要的信息。

总体而言，山东存世大量明清纂修的方志中，保存山东运河河道及工程有关资料数量更大，种类更多，内容亦颇为丰富。

（一）运河旧有河道及相关工程遗迹

山东运河开凿和使用时间较久，《元史·河渠志一·兖州闸》称："新开会通并济州汶、泗相通河，非自然长流河道，于兖州立闸堰，约泗水西流，堽城立闸堰，分汶水入河，南会于济州，以六闸撙节水势，启闭通放舟楫，南通淮、泗，以入新开会通河，至于通州。"① 山东地区受到黄河河道变迁等因素影响较大，山东运河不少旧河段及相关河道工程设施，若在运河漕运中不再使用，则在相关运河专书中的记述相对较少。方志负有记述辖区自然历史状况之责，因此对某些已失去漕运功能的旧有河道及设施，亦有较为详细的记述。如《（嘉靖）夏津县志》记述境内之"古堤"称："古堤，自西南来，盘曲低昂，状若蛟螭。（至）临清为会通河所断，逾河而北。城之东南复枕其半，俗呼为东堤。转而东北柴二庄，为夏津境。历赵家、韩家、侯家诸庄，绕治迎薰南门、挹旸东门之外，又转而东北桑家店，为恩县界。其委濒海，盖古之堤防也。"② 《夏津县志》称："据史料记载，自公元前 602 年（周定王五年）黄河主流、支流流经本县，大改道有六次之多，决口达千余次。这是塑造本县微地貌形态的主要因素。由于黄河多次决口、泛滥、沉积，形成呈南西—北东向展布的高地、坡地、洼地相间的地貌景观。"③ 则此堤当为防范当地黄河及支流水患所修。唯历时既远，至明嘉靖中修志，虽存堤形，但对其了解已相当有限，故仅推测称："盖古之堤防也。"

---

① （明）宋濂等撰：《元史》卷六十四《河渠一》，第 1615 页。
② （明）易时中修，王琳纂：《（嘉靖）夏津县志》卷一。
③ 刘承志等编：《夏津县志》，山东人民出版社 1991 年版，第 79 页。

(二) 运河河道里程的基础数据

山东运河河道使用时间跨度较大，河道变迁颇多。方志在对境内运河的记述中，保存了大量当时运河的基础数据，具有较大的价值。如夏津为山东境内运河流经的重要县，《(嘉靖)夏津县志》从多个方面记述了境内运河。此条先记述卫河概况称："卫河在县西四十里，其源出河南卫辉府辉县苏门山百门泉，东北引滏、洹、淇三水，流千里为馆陶，会漳水，又北九十里为临清，与会通河合。"次称卫河在夏津县境内之河道情况，"北流至半壁店入境。八里至裴家圈，三十里至渡口驿，又五里许为武城界。其委入海，汉名屯氏河，隋名永济渠，又名御河"①。据此，则明嘉靖朝，运河在夏津县境内凡四十三里。此志修于嘉靖十九年（1540），其所记则为嘉靖前期夏津卫河情况。《漕河图志》卷一记述夏津县所辖河道情况称："夏津县，在漕河之东四十里。该管河：东岸北自武城县桑园口，南至临清州界赵货郎口止，长四十六里；西岸北自武城县刘家道口起，南至清河县界渡口驿止，长七里。"②《漕河图志》有弘治九年（1496）刻本，其记述内容与《(嘉靖)夏津县志》内容基本相同，唯其记运河所经地点及里数，较《(嘉靖)县志》较简，且有出入，可以相互补充。

有时方志在记述运河河道里程时，注重对运河与运河所经府、州、县城关系的记述。如《(乾隆)兖州府志》卷十八《河渠志》之"河道纪程"记述清代乾隆朝山东运河里程：

峄县，在运河东北五十里；
滕县，在运河东六十里；
鱼台县，在运河西南三十里；

---

① （明）易时中修，王琳纂：《(嘉靖)夏津县志》卷一。
② （明）王琼：《漕河图志》卷一，水利电力出版社1990年标点本，第28页。

济宁州，南门外即运河，附济宁卫；

嘉祥县，在运河西二十五里；

汶上县，在运河东北三十五里；

寿张县，在运河西三十里；

阳谷县，在运河西五十里；

峄县河道，南自黄林庄江南邳州界起，北至吴家桥滕县界止，计长一百一十里。①

《（乾隆）兖州府志》纂修于乾隆二十五年（1760），时济宁州未升为直隶州，尚属兖州府管辖。此志记兖州府属与运河有关之各州县及与运河之方位关系，并特别记述所辖峄县河道之起止点及河道长度，在所记内容及角度上具有较大特色。

（三）运河补给泉源资料

山东中部的泉水为山东运河的重要补给水源，（明）胡瓒《泉河史》卷三称："山以东之泉或穴于地中，或原于山下，为川为泽，无之而非是也。顾散横弥漫，徒委之江海之壑，亦何所利焉？自会通河成，而涓滴皆为国家助矣。其始得名者百数十，已更以数百计，乃倏枯倏润，时废时修，虽莽易之殊报，亦沧桑之递迁。"② 山东中西部方志之《山川志》或《泉源志》中保存了大量当地泉源的基础信息，具有较高的文献价值。今以宁阳县为例稍加说明。《（康熙）宁阳县志》中记述了宁阳县属济运泉源情形，今移录如下：

蛇眼泉，在北郭门外，泉孔如蛇眼，故名。

古泉，出城西北隅。

---

① （清）觉罗曾尔泰修，陈顾㵝纂：《（乾隆）兖州府志》卷十八，乾隆二十五年（1760）刻本。

② （明）胡瓒：《泉河史》卷三，第543页。

三里沟泉，在县东北里许。

井泉，在东郭门外。

张家泉，在城东十五里，西入县川。

柳泉，在县西十里，旧南流十五里入洸，为积沙所渗。嘉靖六年，工部主事吴鹏导之东流八里，经城南，合蛇眼等泉，至济宁天井闸入运河后又依南流入洸。今于康熙三年工部王封改东流，经城会诸泉入灉河。

金马庄泉，距县东南十二里，地名刘家村，出土中。

古城泉，距县南十五里，地名沙庄村，出土中。

龙鱼沟泉，出县东北六十里，西北流十二里入汶。

龙港沟泉，出城东北五十里，西北流约七里入汶源头一派澄泓，万孔沸涌，喷起浪花……入汶接运，大有所赖，八景之一，惜不及旧。

鲁姑泉，在毯山之阳，出土中，西南流二十五里，会泺氵蒙山泉。

泺氵蒙山泉，在城西北三十五里，地名罗山村，出土中，西南流入于蒲湾泊。

日渊泉，在北郭西北。工部史载名之，有诗，见《艺文》原名李家泉。

新屯泉 在城东北二十五里。

罗星泉 在城东北三十五里。①

今据《（乾隆）宁阳县志》卷一所记泉源情形，稍加对比宁阳泉源之前后变迁。《（康熙）宁阳县志》为康熙四十一年（1702）李温皋纂修，《（乾隆）宁阳县志》为乾隆八年（1743）李梦雷、刘应荐纂修，两志之纂修前后仅隔41年，但《（乾隆）宁阳县志》

---

① （清）李温皋纂修：《（康熙）宁阳县志》卷六。

卷一《方域》之"泉源"目中对宁阳泉源的记述，即有颇可补充《（康熙）宁阳县志》之处。概言之，主要有以下几方面。一是记述有别。宁阳县内的泉源，在《（康熙）宁阳县志》及《（乾隆）宁阳县志》中均有记述，但相关内容有增加或变化。如在"古城泉"条中，《（乾隆）宁阳县志》在旧有记述之后，又新增"西南流十□里入漕，由洸入漕"。记述较为详悉。而"日渊泉"条，《（乾隆）宁阳县志》卷一作："在北郭西北，原名李家泉。"其记述较《（康熙）宁阳县志》更为简略，且将康熙志此条之小注改为大字正文，记述格式亦有变化。二是顺序有别。《（乾隆）宁阳县志》以所注入的河流为标准，调整了县内泉源的顺序，如将蛇眼泉、古泉、日渊泉、三里沟泉、井泉、张家泉列为一组，其次序与《（康熙）宁阳县志》有别，而在其下以小字注称："以上六泉，俱由灉河入漕，由洸入漕。"① 除宁阳外，山东中部不少州县所纂修的方志中亦保存了大量域内泉源的名称、流向、汇入河流等基础信息，对于就山东泉源济运进行专题研究，提供了必要的基础资料。

（四）运河堤堰闸坝等水利设施资料

运河水利设施的修建，与防洪、保水、行运、防冲决密切相关。为防止洪水对运河区域造成损害，山东沿运地区往往修造堤防，以保田卫民。不少水利工程为当地百姓自发修建，部分重要工程为当地地方官主持修建，而其开工则往往要禀请上司允准。月堤为在河道险要或单薄的堤段，在堤内或堤外加筑的形如半月的河堤，以防河道决溢。沈括《梦溪笔谈》卷十一《官政一》称："杜伟长为转运使，人有献说，自浙江税场以东，移退数里为月堤，以避怒水。"② 《元史》

---

① （清）李梦雷修，刘应荐纂：《（乾隆）宁阳县志》卷一《方域》，乾隆八年（1743）刻本。

② 中国科学技术大学、合肥钢铁公司《梦溪笔谈》译注组译注：（宋）沈括《〈梦溪笔谈〉译注》（自然科学部分），安徽科学技术出版社1979年版，第18页。

卷六十五《河渠二》亦称："（文宗至顺元年）六月五日，魏家道口黄河旧堤将决，不可修筑。以此差募民夫，创修护水月堤。"① 据此，则修筑月堤作为防汛手段，较早即已出现。夏津县在卫河东四十里，境内亦受卫河水患侵扰。《（嘉靖）夏津县志》记述明中期夏津修建月堤工程之本末甚悉。此志首先记述了嘉靖庚寅（1530）夏津遭受洪灾情况称："嘉靖庚寅，河决外堤，民庐舍田禾荡然一空，凋敝甚焉。"因丁酉（1537）、戊戌（1538）二秋，"河复溢。民惧，辄驰告时中"。易时中遂"岁发附近夫八百余人修之。堤幸以完"。因修补外堤，虽然水患未成，但是隐患犹存，故"主簿胡尚仁谋于时中，曰：'此未足以图永久也。无已，则修月堤乎？'时中力赞其议，请之治河都御史可泉胡公、水部郎卢山邵公，咸俞焉"。在禀请上司同意后，"己亥春，乃发概县夫千七百有五人，暨德州九屯夫二百三十人修之。越三月讫工，民其庶有永赖乎？是役也，德州千户钮继先、裴家圈巡检李宗禄亦与有劳焉"②。此次修筑月堤工程实施于嘉靖己亥（1539），文中提及之"可泉胡公"为胡缵宗。缵宗（1480—1560），字孝思，一字世甫，号可泉，亦号鸟鼠山人，陕西巩昌府秦州人，正德三年（1508）进士，参与编纂《世宗实录》，嘉靖六年（1527）任山东布政司左参政，十五年（1536）升河南左布政使，十七年（1538）总理河道。"卢山邵公"为邵元吉。元吉，浙江余姚人，嘉靖进士，授员外郎，嘉靖十四年（1535）任济宁都水分司主事，后任都水郎中。二人均为负有山东河道管辖责任的重要官员。他们对易时中修建月堤之议颇为支持。《（嘉靖）夏津县志》对此次修筑卫河月堤的工期、夫役、参与官员均作了非常细致的记述，而且记述了相关堤防的情况："旧堤：东岸北自武城界横河口，南至临清界

---

① （明）宋濂等：《元史》卷六十五《河渠二》，第1624页。
② （明）易时中修，王琳纂：《（嘉靖）夏津县志》卷一。

二十里口，十有九处，共长五千三百一十一丈七尺。西岸无。新堤：东岸八处，共长一千三百九十八丈五尺；西岸四处，北自武城之刘家道口，南至清河潘家口，共长一千零八十五丈。"① 因为此次修造堤防在此志纂修之前一年，且修堤主持者即为此志的纂修者，对相关情况知之颇悉，因此保留了关于此次运河工程大量重要的原始资料。

山东运河所经之山东西部地区，以汶上县南旺地势最高。《明史》卷八十五《河渠三》记述兖州府境内之运河地势及修治情况称："南旺者，南北之脊也。自左而南，距济宁九十里，合沂、泗以济；自右而北，距临清三百余里，无他水，独赖汶。"② 此后明代多次整修兖州府境内之运河闸坝，"宣宗时，尝发军民十二万，浚济宁以北自长沟至枣林闸百二十里，置闸诸浅，浚湖塘以引山泉。正统时，浚滕、沛淤河，又于济宁、滕三州县疏泉置闸，易金口堰土坝为石，蓄水以资会通……宪宗时，筑汶上、济宁决堤百余里，增南旺上、下及安山三闸……武宗时，增置汶上袁家口及寺前铺石闸，浚南旺淤八十里，而闸漕之治详"③。山东方志亦记述了大量与运河有关的调水设施，可补正史之不足。山东运河因水源不足，需要引导汶水和泗水接济运河，为此修建了金口堰和堽城堰，作为山东运河的重要控制性工程。《（康熙）宁阳县志》卷八存录了（明）商辂《堽城堰记》一文，保存了明成化中修筑堽城堰的基础资料。商辂此《记》称，成化六年（1470），工部员外郎奉命治理山东漕河，"督夫采石，首修金口堰，不数月告成"之后，在上司巡抚都御史牟公大力支持下，修筑堽城堰。此次工程"肇工于九年九月，讫工于十年十月"，主要有以下诸要点。其一为更换建

---

① （明）易时中修，王琳纂：《（嘉靖）夏津县志》卷一。
② （清）张廷玉等：《明史》卷八十五《河渠三》，第2080页。
③ （清）张廷玉等：《明史》卷八十五《河渠三》，第2081页。

坝位置。此《记》称："(张盛) 以堽城旧址河阔沙深，难于用力。乃相西南八里许，其地两岸屹立，根连河中，坚石萦络，比旧址隘三之一。乃谓：'于此置堰，事半于古，功必倍之。'"不仅施工难度较小，而且保证了工程质量。其二为记述了施工人员。此《记》称："遂择癸巳九月望日兴事，委兖州府同知徐福、阴阳正术杨达、耆民张伦、许鉴分领其役，储材聚料，百需咸备。"此处之阴阳正术为府阴阳学正术之省称。明代府、州、县皆置阴阳学，府阴阳学置正术一人，为学官，不给俸禄。掌相宅、选日、星卜、占候等事。《明史》卷七十五《职官志四》之"阴阳学府"条称府设正术一人，从九品，洪武十七年置，设官不给禄。据此可见，此次工程为张盛主持，而具体办理人员则为兖州府同知、阴阳正术等地方官员及士民百姓。其三为记述了施工过程及工程基础数据。此《记》称："明年春三月，命工淘沙凿底，石如掌平。底之上甃石七级，每级上缩八寸，高十有一尺。中置巨细石，煮秫米为糜，加灰以固之。底广二十五尺，而用石板甃二层，广一十七尺。开甃口七，各广十尺，高十一尺，置木板启闭。遇山水泛涨，启板听从故道西流。"此处记述了堽城坝之尺寸规模及泄水口尺寸，以便水势过大及时泄水。而"水退闭板，障水南流，以灌运河"，保证了运河同时具备泄洪与分流的作用。此外，为保证大坝稳固，"两端为逆水雁翅二，各长四十一尺。顺水雁翅二，各长三十五尺。中为分水五，各广二十三尺，袤一百三十八尺。两石际连以铁锭，石上下护以铁拴，甃口上横以巨石，或三或四，各长十余尺"。为防止洸河淤沙侵入，"堰东置闸为二洞，皆广九尺，高十一尺，中为分水。一旁为雁翅二，亦用板启闭，以候水之消涨。涨则闭板以障黄潦，消则启板以注清流。洞上覆以石，石之两旁仍甃石高一十有八尺，中实以土，与地平，俾水患不致南浸洸河，免于沙淤。闸之南新开河九里，引汶水通洸河口"。商辂在此《记》之末称："都宪喜其功之成,命兖郡守钱源征予以记。往岁克谦还自东鲁,语及修堰之役,予心善之。乃今绩用有成,可靳于言?……予故备书其事为记。"① 可见张盛于工程完工后卸职回京,商辂对张盛此举颇为熟悉,且认为此堰之修,"所以开漕运无穷之利",具有很大的价值。而且山东巡抚对此举颇为认可,并命兖州府知府请商辂为《记》以述其本末。其请商辂为《记》,必然提供此次工程的原始资料,这些资料今已不存,所幸商辂在撰写此记时,对这些材料进行了采择和使用,并将与此堰有关的大量基础数据保存了下来,对后世了解堽城坝之规制,具有很大的价值。

山东运河为保证通航,亦修建了不少与漕粮挽运有关的设施,并在山东方志中有较为详细的记述。如《(光绪)峄县志》卷二十三收录褚光镆《韩庄石坝记》一文,记述韩庄石坝建造之本末。此《记》首先记述石坝修建之必要:"韩庄,故微山湖口也,河与湖仅一土堰障之。每值阳候泛滥,则飞涛喷薄……漕艘至此,往往沸腾抵触,挽拽艰难。故岁必筑修,亦岁辄亏覆。"至顺治十一年(1654),"夏阳水部常公负宏才远略",认为此坝为"公家之金钱、小民之脂膏系焉,即悉力为之,而徒付西风之一浪,岂任使之意乎?由是锐意议筑石堤"。他"役石工一百四十一名,即食夫役之廪饩而杜其侵渔,采石徐方之双山,伐椿滕、峄之北山。凡方舟载石,入山运木,悉皆额编之夫役,未尝扰闾左也。又限以时日,计日龥其尺丈,玩愒者以法绳之……经始于甲午年七月,落成于丙申年十二月。计长四百丈,阔一丈二尺,高八尺。堤岸既成,漕无壅阏,诚所谓万世之利、非常之绩,一劳而永逸者也"②。据此,则清顺治中,修筑此四百丈长之石堤,可避免微山湖口"沸腾抵

---

① (清)李温皋纂修:《(康熙)宁阳县志》卷八。
② (清)王振录、周凤鸣修,王宝田纂:《(光绪)峄县志》卷二十三。

触,挽拽艰难"之患,以便漕船行走。则此文之所记,对于了解山东微山湖一带运河漕运亦颇有借鉴意义。

第二节 山东方志中的运河河务文献

运河河务为运河管理使用过程中的各种事务,涉及运河管理制度、运河漕粮运输、运河交通管理等诸多方面。山东方志《漕运志》《驿传志》等纲中往往保存了大量与山东河务相关的文献资料,对于了解山东运河的使用及管理,具有较大的价值。

一 山东方志对运河交通的记述

水驿是以船为主要交通工具的驿站,其转递手段为"代马船"。据《唐六典》载,唐朝开元、天宝时,"钱塘江已有水驿之役"。越州至杭州设浙江渡,有驿船。水驿的功用:一是传播政令、沟通联系,巩固国家疆圉;二是推动商业贸易,加快物资流通,改善人民生活;三是加强中央与地方的联系,促进各民族之间的文化交流与融合。运河是重要的交通要道,沿途设置水驿,配备数量不等的船只和驿夫,以接送官员,运送物资,在明代以来即常设不废。山东方志中对运河水驿的记述较为详悉,保存了明清时期山东运河交通的重要基础资料。

(一)山东运河水驿的数量及位置

明初洪武朝各地里程情况,尚存录于《寰宇通衢》中。时明朝建都南京,称京师。此书首列京师至东西南北、东南、西北、东北、西南四面八方边疆的道里和驿站数,次列京师至直隶各府的里程及驿站数,再次列京师至各布政司及所属各府、卫里程和驿站。今据其所记明初山东及周边地区水驿情况,列表如下。

表4-1　明初（洪武朝）山东及周边地区水驿及里程表（由南及北）

水驿名称	相距里程	水驿名称	相距里程	水驿名称	相距里程
夹沟水驿	九十里	泗亭水驿	九十里	沙河水驿	六十里
橹桥水驿	七十里	南城水驿	一百二十里	开河水驿	七十里
安山水驿	七十里	荆门水驿	八十里	崇武水驿	八十里
青杨水驿	七十里	清源水驿	八十里	渡口水驿	八十里
甲马营水驿	九十里	梁家庄水驿	七十里	安德水驿	八十里
良店水驿	八十五里	连窝水驿	七十五里	新桥水驿	七十里
砖河水驿	七十里	乾宁水驿			

至明中期嘉靖朝，明代之水驿设置有所变化，今据《（嘉靖）山东通志》卷十等整理出山东沿运水驿表如下。

表4-2　　　　　明中期（嘉靖朝）山东运河水驿表

所属州县	水驿	位置	官员
德州	梁家庄水驿	在州南七十里	驿丞一人
	安德水驿	在州城西门外	驿丞一人
	良店水驿	在州北七十里	驿丞一人
济宁州	南城水驿	在城南门外	驿丞一人
东平州	安山水驿	在州西南十五里	驿丞一人
汶上县	开河水驿	在县西南三十里	驿丞一人
阳谷县	荆门水驿	在县东五十里	驿丞一人
东昌府	崇武水驿	在东门外河西	驿丞二人
临清州	清泉水驿	在州城西南五十里	驿丞一人
	渡口水驿	在州城北五十里	驿丞一人
馆陶县	陶山水驿	在县西南四十里	驿丞一人
武城县	甲马营水驿	在县东北二十五里	驿丞一人

注：此表据《（嘉靖）山东通志》卷十、卷十五等编制。

据表4-2可知，明代中叶嘉靖朝山东境内水驿凡11处，较明初洪武朝之20处，减少近半。今检《（嘉靖）德州志》卷二记述明嘉靖中之水驿情况称："良店水驿，在城北四十里；安德水驿，在西门外迤北，嘉靖三年重修，扁曰'驻节'……梁家庄水驿，在城西南七十里。"① 而此志亦记述其水驿驿丞情况："良店水驿，驿丞李蕴，江西丰城人，以承差；安德水驿，驿丞郝时泰，陕西华州人，以承差……梁家庄驿，驿丞马志仁，陕西富平人，以承差。"② 所记均为时任驿丞官员之职名。《（嘉靖）德州志》纂修于嘉靖七年（1528），表4-2所据之《（嘉靖）山东通志》纂修于嘉靖十二年（1533），时间相隔颇短，两志所记述之德州境内之水驿情况尚未出现变化。再检于慎行编《（万历）兖州府志》卷十八《驿传志》记述明万历朝兖州府水路情形为"水路：五驿站一递运所"，其详情如下：

> 南接直隶沛县，北接东昌府聊城县，凡南直、浙江、江西、湖广、福建、两广朝贡进鲜皆由此道。今计其里数，具于左。
>
> 由沛县泗亭水驿而北九十里，为河桥水驿，即故谷亭所建也。府境内原设沙河、鲁桥二水驿，嘉靖四十五年奏准并为河桥一驿，移于适中谷亭镇。北至济宁，南至沛县，俱九十里。又将沙河递运所亦随前驿归并为谷亭递运所。隆庆五年，新挑运河已成，复将驿递改设南阳地方，又将济宁、谷亭递运所裁革，旧编水夫分配各处水驿。故今河桥一驿，乃鲁桥、沙河及谷亭递运所并而为一也。
>
> ……
>
> 由河桥水驿而北九十里，为济宁州南城水驿。在城南门外，洪武五年建，州居水陆之冲，驿亦设马以备送迎，极冲衢也。

---

① （明）郑瀛修，何洪纂：《（嘉靖）德州志》卷二。
② （明）郑瀛修，何洪纂：《（嘉靖）德州志》卷二。

第四章　山东方志运河文献的内容

……

由南城水驿而北九十里，为汶上县开河水驿，在县西南三十里，自永乐年间开通河道建立。

……

由开河水驿而北七十里，为东平州安山水驿，在州西南十五里，永乐九年建。

……

由安山水驿而北七十里，为阳谷县荆门水驿。在县东五十里，安平镇运河西岸。洪武三年建，自此而北九十里，为东昌崇武驿，出郡境矣。

……

东平州金线闸递运所，原建戴家庙，嘉靖五年改建安山镇，距州一十二里。①

上引所记之南城水驿、开河水驿、安山水驿与《(嘉靖)山东通志》之记述相同。唯兖州府原设之沙河、鲁桥两水驿，见上文《明初(洪武朝)山东及周边地区水驿及里程表》，而不见于上文《明中期(嘉靖朝)山东运河水驿表》。今又检朱泰等纂修《(万历)兖州府志》卷二十七《驿传》称："四十二年，两院会题，革沙河水驿，以其去兖州府治远，去济宁州治近，中复有鲁桥驿，将二驿归并移于谷亭镇，为递运所，以空闲书院为衙门。"② 此外，(明)陆深《俨山外集》卷九之《南迁日记》，记述嘉靖八年(1529)三四月间，沿运河南行之经历称："十七日辛亥晴发，李主政遣人护行。晚团月出高柳，碧天如洗，东岸遥山，隐隐列翠，西望平畴，麦黄初刈，若淡金

---

① (明)于慎行修：《(万历)兖州府志》卷十八《驿传志》。
② (明)朱泰、游季勋修，包大爟纂：《(万历)兖州府志》卷二十七《驿传》。

在镕。极目浮跃，微风新涨。联舟而下，间以鼓吹，亦平生玩月最佳处也。宿鲁桥驿。"① 可见，明万历中两次纂修之《兖州府志》对裁撤沙河水驿时间之记述不同，而鲁桥驿至明嘉靖八年（1529）仍在使用，唯不知其裁撤时间是否为嘉靖四十五年（1566）。此志对兖州府各水驿之特点及历史亦有精当的记述。如其记述济宁州南城水驿之水陆兼有，且因地处要冲而极为繁忙重要。此外，此志对各水驿的建立年份也都有准确精要的记述，保存了兖州府水驿的大量基础信息。

山东水驿作为重要的运河交通设施，在清代方志中也有相关记述。如清乾隆三十四年（1769），山东巡抚富明安之奏折称："查东省沿河德州等十一州县额设水驿十四处。"② 据此，则明清两朝山东水驿之数量处于不断变化之中。

除对水驿之整体概括外，山东方志还对当地水驿有较为详悉的记述。如荆门水驿地处阳谷县境内，其水驿之设与荆门闸有密切关系。荆门闸分上下两闸，荆门上闸在今阳谷县东偏北五十里，荆门下闸距上闸二里半，亦在今阳谷县东偏北五十里，而荆门水驿亦在东阿县东。山东方志对荆门水驿的记述较为详悉。其一是记述了荆门水驿的位置。《（嘉靖）山东通志》称："荆门水驿，在县东五十里。"③《（康熙）山东通志》称："荆门水驿，在县东安平镇。"④《（光绪）阳谷县志》则称："荆门水驿在县东四十里张秋镇河西。"记述更为详悉。其二是记述了荆门水驿的规制："正厅五间，后厅五间，左厢房三间，后厨房三间，库房三间，右厢房三间，大门三间，公廨一所。"⑤ 其三是记述了荆门水驿的夫役及经费。《（康熙）山东通志》

---

① （明）陆深：《俨山外集》卷九《南迁日记》，嘉靖二十四年（1545）刻本。
② （清）左宜似修，卢崟纂：《（光绪）东平州志》卷七，光绪七年（1881）刻本。
③ （明）陆釴等纂修：《（嘉靖）山东通志》卷十五。
④ （清）赵祥星修，钱江等纂：《（康熙）山东通志》卷十七。
⑤ （清）董政华修，孔广海纂：《（光绪）阳谷县志》卷三，民国三十一年（1942）铅印本。

称："荆门水驿在安平镇，水夫二百九十七名，连闰共银三千七百二十四两三钱八分六厘六毫六丝。"① 四是记述了荆门水驿的兴废。《（光绪）阳谷县志》卷三称："驿旧在县治东五十里，明洪武三十年知县刘源修。二十五年，河道淤塞废，永乐九年河通，十三年主簿俞原重修，成化八年知县孟纯迁建张秋河西。弘治六年河决，移建河东，嘉靖十年仍建河西，今厅房俱废。"② 可见，就位置而言，荆门水驿与荆门闸均地处县东，相距约十里，后因运河淤塞、决口等因素，曾多次变迁于运河东西两侧，但距离荆门闸始终较近。

（二）山东运河水驿的民夫

清代运河水驿民夫数量亦在不断变化之中。山东水驿"每驿原设水夫二百三十名，嗣于雍正十一年前抚臣岳濬奏定每驿裁夫六十九名，仍留一百六十一名"③。此外，在山东方志中，还保存了对水驿民夫使用情况的具体记述。如《（光绪）峄县志》记述峄县境内之水驿称："闸河当南北来往之冲，城南四十五里万家驿，明万历三十四年，河漕总督御史曹时聘请于其地设水驿，驿丞一员，国初仍之。至乾隆七年，奉文裁汰，自后驿务一切责成于县。"此志又记述此后峄县万家驿民夫之变化称："其裁留水夫一百六十名，国朝顺治十三年知县贺王昌力陈偏累，请准千名以内，峄与滕县均应。千名以外，沂、邹、费、郯城协济，永为定例。至康熙，诸邑托辞告免。"因万家驿水夫旧有"沂、邹、费、郯城协济"之例，而"诸邑托辞告免"，峄县民夫负担沉重，因此知县仲弘道及滕县、郯城二令呈文上陈。此志节录了此公文之主干，所载为其他文献所未见，保存了基层办理运河交通事务的基础资料：

---

① （清）赵祥星修，钱江等纂：《（康熙）山东通志》卷十七。
② （清）董政华修，孔广海纂：《（光绪）阳谷县志》卷三。
③ （清）左宜似修，卢崟纂：《（光绪）东平州志》卷七。

往令沿河兵船本牌过往，千名以外协济纤夫，奉例遵行有日。近沂、邹、费三邑托以道路稍远告免，止议郯城一处协济滕、峄。殊不思夫役之往返虽遥，而雇夫工值可不胫而至也。远来之伺候虽劳，而届期代觅可安坐而办也。若以雇觅无烦协济，则河闸徭募之夫何为协济工食？若以邻封可免协济，则江南丰、萧、砀之夫何为协济于沛？即后日之销算，果可以销算峄、滕、郯邑之粮，宁不能销算沂州、邹、费之项？请乞严檄照常立取遵依。如推委道远，则着该州县各差员至河干雇觅，以应夫数。庶三邑不至代膺参罚矣。①

由此公文可知，原本负有协济民夫之责的沂、邹、费三邑以路途稍远为由，请求免除此役。峄县等三县知县对此理由颇不认可。并提出了解决办法。即由有派夫之责各县负担"雇夫工值"，雇募民夫，则夫役往返之劳可免，"而届期代觅可安坐而办也"。甚至可以"各差员至河干雇觅，以应夫数"，均属可行之策。由此亦可了解山东运河夫签派的具体情况及其运作机制。

（三）山东运河水驿的使用及经费

水驿的正常运转离不开必要的经费支持。山东方志中保存了关于山东水驿民夫工食银两的基本情况。今以乾隆三十四年（1769）裁减山东水驿民夫工食银为例，稍加说明如下。

巡视东漕御史范宜宾因山东运河每年十月煞坝，至次年二月开坝，中间四个月水夫虚设，于是年上奏，请求裁减上述四个月之水夫工食。东平州知州沈维基作为基层官员，了解山东水驿民夫情形，极力反对裁减此项银两，得到了上级的同意。山东巡抚富明安遂上奏恳请照旧发放山东运河煞坝期内之水夫工食。富明安此折保存在《（光

---

① （清）王振录、周凤鸣修，王宝田纂：《（光绪）峄县志》卷十二。

绪）东平州志》卷七中，对于了解清代山东水驿之正常运转颇有助益。首先，可以据此折了解山东运河水驿每年的使用时间。富明安奏称："东省煞坝，于乾隆二年经原任户部侍郎赵殿最奏定十一月初一日。近年南旺封坝多系十一月初旬之内，并非十月即行煞坝。至开坝日期，以南漕船只顶台庄闸为准。遇天暖冻开，即开坝较早。是以正月内即有差船行走，亦非二月始行开坝。约计运河每年煞坝无船月日，不过冬、腊正初两月有余。"则山东水驿之使用时间，每年在九个月以上。其次，可以据此折了解，山东运河水驿之民夫除负责水驿之日常事务外，"铜铅船只随处守冻停泊，均须拨役看守"，尚负有看护守冻船只之责。最后，亦可据此折了解山东运河水驿民夫之工食银情况。富明安奏称：山东各水驿每驿设有水夫一百六十一名，"向系长养在驿，专候应差。每名岁支工食银一十两，按季给发，并非临时雇募、每日给银五六分者可比。此等夫役均系无业贫民，每日仅得银二分七厘零，本属不敷食用。因长年给以工食，是以常用在驿，不致散逸。若裁去四个月工食，每名年仅六两六钱六分零，每日止得银一分八厘五毫。穷民口食不敷，势必四散觅食。遇要差搁浅，必致呼应不灵。即使临时雇觅，所需工价较每日一分七厘之数倍多，反觉糜费，兼恐误公"。而且煞坝正在冬季，"食力穷民，当此严寒，若无工食，未免拮据"，因此奏请"将德州十四处水驿人夫工食，每年仍按季全行给发，免其扣减煞坝日期，以恤穷役，以资办公"。乾隆帝认可此请，朱批"所奏是。有旨谕部，照所请行"[①]。据此可以清晰了解清代中期山东水驿民夫之日常工食银数量，则山东每年之水驿工食银开支亦可据此测算。

（四）行旅沿山东运河出行的细节化记述

山东运河水源不足，且地势中高而南北低。为保证水位，沿途设

---

① （清）左宜似修，卢崟纂：《（光绪）东平州志》卷七。

置大量船闸,山东运河因此又有"闸河"之称。船只行驶于运河中,必当闸内外水位大致相平后,方可启闸放船。因此船只常在闸下停泊,等待开闸,是为守闸。策彦周良于嘉靖十九年(1540)作为副贡使出使明朝,对山东运河河闸多有记述,如第三天"航路十里而止,盖以处处多闸,且水又浅也"。过鲁桥驿时,"航路十里而有闸,故泊于此"。次日"舟行少许而有闸"①。因此策彦周良多有关于守闸的记述,如称"闸多水浅,故迟了"②;"闸多,故不着驿"③;"闸亦多,故着驿迟了"④;"水浅闸多,泊于中流"⑤;"傍闸旁而泊"⑥;"停泊于中流之闸前"⑦之类的记述。由此可见,因山东运河水少闸多,"守闸"成为颇具山东运河特色的水路经历。守闸往往时间较长,等待开闸时,心情也容易变得焦虑烦躁。心中的不平往往要借助诗歌加以宣泄,因此便出现了以守闸为主题的诗文作品。

现以安山守闸为例。据谈迁《北游录·后纪程》所载,安山码头距东平州十二里,且筑有石城,即历史地图上标示的安山镇⑧。安山闸在大安山乡,系运河中枢总汇之区,民国为东平九区驻地,中华人民共和国成立后属梁山县,曾为区、社驻地,今为东平县大安山乡驻地⑨,地处戴村坝正东,其南依次为靳口闸、袁口闸。明清以来文人北行,多有对安山守闸的记述。如《(光绪)东平州志》卷二十收录皇甫冲《安山坐闸》:

---

① [日]牧田谛亮:《策彦入明记の研究》,松崎印刷株式会社昭和三十年(1955)版,第118—119页。
② [日]牧田谛亮:《策彦入明记の研究》,第119页。
③ [日]牧田谛亮:《策彦入明记の研究》,第138页。
④ [日]牧田谛亮:《策彦入明记の研究》,第140页。
⑤ [日]牧田谛亮:《策彦入明记の研究》,第251页。
⑥ [日]牧田谛亮:《策彦入明记の研究》,第251页。
⑦ [日]牧田谛亮:《策彦入明记の研究》,第249页。
⑧ 薛洪勣:《也谈〈金瓶梅〉与临清》,见黄霖、杜明德主编《〈金瓶梅〉与临清——第六届国际〈金瓶梅〉学术讨论会论文集》,齐鲁书社2008年版,第153页。
⑨ 东平县志编纂委员会编:《东平县志》,山东人民出版社1989年版,第47页。

第四章 山东方志运河文献的内容

> 客行贪利涉，流水锁重关，津吏惟高卧，征人尽损颜。
> 缆纤青草际，樯寄绿杨间。纵有分风送，那能任往还。①

皇甫冲（1490—1558），字子俊，明代诗人，长洲（今江苏苏州）人，著有《皇甫华阳集》等。此诗将安山闸比作"流水锁重关"，足见过闸难度之大。并称："纵有分风送，那能任往还。""分风"有顺风之意。（晋）葛洪《神仙传》之《栾巴》条称："庐山庙有神，能于帐中共外人语。饮酒，空中投杯。人往乞福，能使江湖之中分风举帆，船行相逢。"② （清）谈迁《枣林杂俎》之《宫亭神》条亦称："宫亭神甚灵，有婢名如愿，客有所求，叩如愿即获。又能于湖心分风，使上下各得顺风。"③ 皇甫冲此行虽得顺风，但因安山闸之阻，仍难以"任往还"，足见行人守闸之无奈。《（光绪）东平州志》卷二十又收录谢肇淛《舟滞安山》一诗称：

> 百丈方舟一线泉，待风待闸两流连。客程莫笑蹉跎甚，拙宦何如上水船。④

由谢肇淛此诗可见，守闸的主要原因在于水源不足。正是因为此处的运河需要得到泉水的补给，才能保证水位，开闸所泄出之水补给困难，因此守闸时间颇为长久。如会通河南旺段柳林闸规定："须积船二百余只方可启板，启完即速过船，船过完即速闭板。"⑤ 在山东

---

① （清）左宜似修，卢崟纂：《（光绪）东平州志》卷二十。
② （晋）葛洪：《神仙传》卷五，中华书局 2017 年版，第 193 页。
③ （清）谈迁：《枣林杂俎》，中华书局 2006 年标点本，第 511 页。
④ （清）左宜似修，卢崟纂：《（光绪）东平州志》卷二十。
⑤ （清）张伯行：《居济一得》卷二，清同治《正谊堂全书》本。

运河船闸中，安山闸的等待时间较长。张伯行《居济一得》对安山闸启闭情况记述较悉。张伯行为河南仪封人。仪封城北原有堤，康熙三十八年（1699）六月因遭大水而被冲垮，伯行招募民工用口袋装土堵塞决口。河道总督张鹏翮巡视黄河后，上疏推荐张伯行能够办理河务。康熙帝命他到河工任职，督修黄河南岸堤二百余里，以及马家港、东坝、高家堰各工程。后任山东济宁道，专管山东运河等河道。张伯行安山闸启闭之法当来自实践经验："靳口闸地势最高，故闸上之水视闸下之水，每高四五尺，必须安山闸多下闸板，则此闸上下之水不致大相悬远。若此闸上水比闸下高四五尺……需速著人去叫安山闸下板，安山闸即多下板，则此闸上下水势，自不大差，无论启板之时，粮船易放，而闸上之水亦不至一泄无余，袁口上下亦不至浅阻矣。此闸放船一完，即送袁口会牌，而不送安山会牌。需俟袁口再放一塘来，此闸再放一塘去，然后送安山会牌，使安山放船。盖此闸放两塘，安山始可放一塘也。"又称："安山闸板宜多下，盖以靳口闸地势太高，若此闸一少下板，则靳口闸水势必致太峻，且闸上之水一泄无余，而袁口、开河上下必致浅阻矣……亦俟靳口放两塘，此闸始可放一塘也。"① 可见安山闸开闸时间一般为上下相邻河闸的两倍左右，这也导致安山守闸时间更长。

此外需要指出的是，安山闸闸官、闸吏之横暴，又大大增加了行人过闸的困难。上引皇甫冲《安山坐闸》描绘行人心情细致入微，在主观上"客行贪利涉"，但因为守闸难行，而又"征人尽损颜"。特别是将行人"尽损颜"与津吏"唯高卧"加以对比，可见闸官对行人之焦虑毫不在意，这在很大程度上又大大增加了行人坐闸的难耐与焦虑。钱谦益《阻舟安山闸》诗亦称："北河水涩河流湾，百步一曲如回环。南河水流闸满地，十里一闸闸昼闭。闸门迥似天门高，沙

---

① （清）张伯行：《居济一得》卷四。

冲石击水怒号。闸官如帝卒如鬼，寻丈限隔喧波涛。"① 其对闸官、闸吏的描绘更加直接，态度也更加鲜明，可见闸官、闸吏之横暴，乃是使行人在守闸之时烦躁不安的重要原因，此诗之内容亦可与皇甫冲《安山坐闸》相互印证。

二　山东方志对漕运事务的记述

山东沿运城市不少地处漕运要区，其所纂修方志中存录运河漕运资料较为丰富。如《(道光)济宁直隶州志》引《旧志》称济宁"高堙深隍，水陆交会，南北冲要之区；襟带汶泗，控引江淮，漕运咽喉，河督建节宿兵于此"②。办理漕务是山东河务官员及沿河各府州县地方官员的重要政务，其相关事务的办理情况也在山东方志中有多样化的体现。

（一）山东漕粮的征收

明清时期的漕运赋役与漕运制度密切相关。《明史》卷七十九《食货志》称："（宣德）六年，（陈）瑄言：'江南民运粮诸仓，往返几一年，误农业。令民运至淮安、瓜州（今江苏省江都县瓜州镇），兑与卫所官军运载至北，给与路费耗米，则军民两便。'是为兑运。命群臣会议。吏部（尚书）蹇义等上官军兑运民粮加耗则例，以地远近为差。每石，湖广八斗（加耗米八斗，下同），江西、浙江七斗，南直隶六斗，北直隶五斗。民有运至淮安兑与军运者，只加四斗，如有兑运不尽，仍令民自运赴诸仓。不愿兑者，亦听其自运。军既加耗，又给轻赍银为洪闸盘拨之费，且得附载他物，皆乐从事，而民亦多以远运为艰，于是兑运者多，而支运者少矣。"③ 明清时期地方政府所征收的税粮大多有指定的用途和指定的送纳仓库。其中解送中央政府或其他地的叫起运，留供本地开支的叫存留。起运部分又有

---

① （清）左宜似修，卢崟纂：《(光绪)东平州志》卷二十。
② （清）徐宗幹修，许瀚纂：《(道光)济宁直隶州志》卷二。
③ （清）张廷玉：《明史》卷七十九，第1719页。

解京（中央各部、寺、仓）、解司（本省藩司）、解府（本府）等名目。山东为有漕省份，有缴纳漕粮之责，同时亦负担漕粮征缴和运输的相关费用。征收赋税为各县所办理之重要事务，山东方志中的《赋役志》《食货志》等纲中，往往抄录当时《赋役全书》之相关记述，列举当时所征缴的与漕运有关的各类税收，其记述各县之赋役较为准确可靠。《（康熙）临清州志》卷二记述康熙十三年（1674）之前临清州与漕运有关的税负情形称：

一、漕粮兑军儧运本色正耗米七千九百五十三石二斗六升六合九撮二圭二粟六颗〇轻赍银五百九两九厘二丝四忽五微九纤〇席草银五十三两八钱三厘四毫二忽二微八纤〇盘费银三百三十九两八钱一分九毫六丝七忽六纤〇临清仓改兑本色正耗米三百七十二石二斗一升二合八勺四抄九撮三圭六粟六颗〇席草银二两六钱九分二毫七丝一微三纤〇盘费银一十六两九钱九分五毫四丝八忽三微四纤。

一、运军行月二粮〇运军行粮本色米一百一十七石一斗五升二合六抄九撮七圭七粟七颗〇府库盐钞银四十两一钱七分一厘五毫五丝一忽九微一纤。①

此志保存了清初康熙朝山东临清与漕运有关之赋役情况。再如《（乾隆）夏津县志》卷四《食货志》记述乾隆朝该县与漕运有关之赋役情况，并注明相关情形"俱照乾隆五年分《赋役全书》现行则例开载"。其"起运"项下记述夏津县与漕粮有关之赋役称：

一、起运漕粮兑军儧运本色正耗米六千五百八十七石七斗一升五合八勺五抄七撮四圭二粟三颗五粒，内在请旨事案内，奉文

---

① （清）于睿明修，胡悉宁纂：《（康熙）临清州志》卷二。

改征黑豆二千八百六十七石五斗七升四合七勺。

一、轻赍银四百二十一两六钱一分三厘八毫一丝四忽八微六纤。

一、席草银四十七两七钱三分九厘三毫四丝二忽七微六纤。

一、脚价银三百七十六两八钱八分一厘五毫八丝四忽九微九纤。

一、临清仓改兑本色正耗米二千二十一石六斗七升二合八勺四圭六粟七颗九粒，内在请旨事案内，奉文改征黑豆八百八十石一升五合三勺。

一、席草银一十五两六钱五分二厘二毫四丝三忽六微八纤。

一、脚价银一百一十五两六钱七分三厘八毫四丝六忽三微三纤。

一、闰耗银三百四十九两九钱四厘九毫二丝六忽。

一、闰耗米三百四十九石九斗四合九勺二抄六撮。

一、运军行粮本色米三百八十八石七斗八升三合一勺六抄六撮五圭四粟四颗六粒。

《（乾隆）夏津县志》卷四《食货志》之"存留"项下记述夏津县与漕粮有关之赋税称：

> 河道夫食银九百八两四钱七分三厘四毫一丝，例解河库，听候支放。内停役夫四十名，每名六两，共银二百四十两；夏镇河夫二名，每名工食银十二两四钱，共银二十四两八钱；代编鱼台县河夫二名，每名工食银一十二两四钱，共银二十四两八钱；桩草银六十两。本县捞浅铺夫，见役二十五名半，工食连闰银二百八十一两四钱一分二厘八毫七丝；河道水手十二名，每名工食银十二两四钱，共银一百四十八两八钱。河滩籽粒赁基银原额一百二十八两七钱四分九厘六毫四丝，此项征银原不足额，不敷之数

例在丁地银内照数批解。

据上引《临清州志》及《夏津县志》之山东漕运赋役的相关记述，可知清代前期和中期与漕运有关的赋税较为固定，如漕粮兑军儧运条目、席草银等条目均具有较长时间的延续性。兑运是漕粮经由经征之州县交兑上船，经监兑官监兑检验，交运弁起运。兑运上船后，漕粮责在运丁。清代规定，凡帮船兑运漕粮，先尽本地军卫所就近派兑，倘船不足数，再于隔属派拨兑运。据以上两志，百姓所缴之赋税有本色与轻赍之别。本色为实物赋税，而轻赍银，因赍送漕米至外省往往折银，以其轻便易赍，故名，为折银赋税。清代采取本色与折银并行的方式，而且在闰月还征收闰耗银，即闰月加耗之银。此外需要注意的尚有两点。其一为改兑。清代各省额征漕粮，凡运京仓者称为正兑，运通仓者为改兑。正兑、改兑皆有数额。如山东省额征正兑正米十三万三千七百二十一石，改兑正米六万两千一百零一石。临清仓为改兑正耗米的收储地之一，自清初至清中叶临清及夏津的漕米均在临清仓改兑。山东方志中保存了各地的兑米数额，保留了漕粮缴纳的基础数据。其二为起运和存留。此二条目自明代即已存在。《（乾隆）震泽县志》卷十一《赋役二》称："考明万历末《赋役全书》：凡运解两京及外省、外府者，皆谓之起运；其在本府、本县中支给拨用者，皆谓之存留；而随解支所赍之银米，则别谓之岁用。其外有练兵、贴役、解扛诸银亦属焉。国朝顺治中及康熙间《全书》并无岁用名目。又《全书》在顺治中者，起存数大项外，多不为之区别。在康熙间者，诸项皆区别起存。而万历末所谓岁用银半归存留项下。"① 漕粮在交兑完竣后，即开船起运。清代规定各省漕粮一经征

---

① 吴江区档案局，吴江区方志办整理：《（乾隆）震泽县志》（上），广陵书社2016年版，第165页。

齐后，即将本省额征若干、本年起运若干、缓缺若干、逐一比较上三年之盈绌数目，奏明皇帝并报部查核。存留目下所征之赋税则留于当地使用。据上引《（乾隆）夏津县志》之存留条目，其中亦有有关运河的地方支出内容，特别是辖境内之河道役夫、捞浅铺夫之工食银及桩草银等河务工料银两，均需要由留存项下负担。

（二）山东漕粮的运输与存储

漕粮兑运是漕粮运输的重要环节。《明史》卷一五三《陈瑄传》称："六年，瑄言：'岁运粮用军十二万人，频年劳苦。乞于苏、松诸郡及江西、浙江、湖广别佥民丁，又于军多卫所佥军，通为二十四万人，分番迭运。又江南之民，运粮赴临清、淮安、徐州，往返一年，失误农业，而湖广、江西、浙江及苏、松、安庆军士，每岁以空舟赴淮安载粮。若令江南民拨粮与附近卫所，官军运载至京，量给耗米及道里费，则军民交便。'"① 据此可见，山东德州、临清等运河沿岸的重要城镇在漕粮兑运方面发挥着重要的作用。如《（乾隆）德州志》记述德州水次兑漕州县情况称："山东有漕州县六十九，在德州交兑者二十四。本处征漕水次兑运历城、章邱、邹平、淄川、长山、齐东、新城、齐河、济阳、禹城、长清、陵县、临邑、德州、德平、平原、惠民、青城、阳信、乐陵、商河、滨州、利津、蒲台，以上二十四州县皆额征粟米。"② 记述了清代中期山东在德州兑运漕粮的州县数目。据此，亦可了解德州在漕粮兑运方面的特殊地位。

（三）运河漕仓的使用与管理

设立漕仓，储运粮食，对于维护国家统一与政权稳定具有重要意义。明清时期，各有漕省份漕粮大多在交兑于各沿运粮仓后，再进行集中运输。王云指出："鲁西运河区域北通京师，南控江淮，在军事、

---

① （清）张廷玉：《明史》卷一五三，第4208—4029页。
② （清）王道亨修，张庆源纂：《（乾隆）德州志》卷七《漕政》。

交通方面均居重要地位，因此，明清时期为储存转运漕粮，在这里修建的粮仓不仅数量多，且规模很大。"① 漕仓的使用往往有较长的时间跨度，且有兴盛与衰落之别。

一是记述山东运河漕仓的历史。山东方志中对漕仓使用历史进行了较为细致的记述，对于了解漕运仓储变迁脉络具有较大价值。如德州为京杭大运河沿线重要的仓储所在地，《（乾隆）德州志》卷七记述德州漕仓，首先记述漕运制度变化与德州漕仓之关系称："明初，会通河淤，南运饷北平者舟楫不通，乃立陆路递运所，由德州下河。永乐中，既疏会通河，漕大利，而德州为南北咽喉，故置仓转受，与淮、徐、临为四仓。宣德中，河南、山东皆输德州。已从陈瑄言，令民运淮者兑于卫所，官军各军于附近领兑运通，是为兑运，与支运兼行。其后罢瓜、淮兑运，令里河官军雇江船，于水次交兑，而民出耗有差，四仓支运之米皆就水次兑之，是为改兑。自是为长运，而漕制以定。"此时德州漕粮仓储达到较高水平，"其临、德二仓岁贮预备米十九万余石，以山东、河南改兑米充之。遇灾伤，则以足运额。又以四仓之地南北咽喉，令共贮米百万"。此志亦记述德州漕粮仓储政策的变化及对德州漕仓的影响称："漕臣暗于计者，以四仓贮米数多，议运之入都，而改折正米三十余万。又临、德二仓岁有积银，计臣复录以归太仓。于是仓储渐耗，失立法之意矣。"② 较为详悉地记述了德州运河漕仓的使用与兴衰过程。

二是记述山东运河漕仓管理人员。山东沿运重要漕仓之官员负有收粮护仓、保障京师供应之重任。其称职与否，直接关系到漕务的正常运转。漕仓在收贮漕粮时，亦存在较多陋规。在方志中，往往有对漕仓管理弊端的记述。如《（嘉靖）光山县志》卷七记述明正德中临

---

① 王云：《明清时期山东运河区域社会变迁》，人民出版社2006年版，第50页。
② （清）王道亨修，张庆源纂：《（乾隆）德州志》卷七《漕政》。

清仓之盘剥称："时中贵用事，临清仓厂设太监，冗滥非额。其投托者廪饩卒役动以万数，不赀之费，虽鸡犬不宁焉。"① 据此，即可知临清关陋规盘剥之严重。此外，在方志之《艺文志》中，有时亦保留了漕仓管理人员的相关文献。如《（康熙）临清州志》卷四《艺文》收录了胡尧元所撰《仓部题名记》一文。胡尧元（？—1526），字廷猷，湖广蒲圻人。正德六年（1511）进士，授户部山西司主事，以沮辱阉党，黜高邮同知。兴水利，毁淫祠，修文游台，祀苏轼、黄庭坚等人。官至广西布政司右参政，卒官。此文作于正德九年（1514），时胡尧元奉命以户部主事管理临清仓务。此《记》首先对自己担负之临清仓管理之责表明了看法："维兹土齐鲁之境，为京之东藩，路交南北，地滨漕河，为东藩之临清。肇文皇还定鼎邑，周谋君国，视地分部，命官建司。维临清南引徐、淮，北迤德、津，据要而中居之，岁受山东、河南之赋几三十万，以节漕力，以望京储，厥维重哉！"正是基于对临清仓重要性的认识，他对保留临清仓仓官题名重要性进行了论述："粤起永乐，历正统，人三岁一代。自景泰岁唯一人为成制，咸专兹大廪厘革，是司内宰之分职，而外方伯之事也。上下百五十年来，而往者名版不录，寂无所稽，以兴后人，顾非缺与？或谓钱谷有司之事适署其位，及期而入于朝也，实王人也，奚能此邪？然位卑则务小，近利则忘义，非朝廷所以防外有司，而崇视吾王人之意与？则凡历乎是者，庸弗敬哉？"认为作为户部主事，而负责临清仓务，为朝廷之专使，应当对所负之责给予高度的重视。他认为，对于临清仓官而言，注重操守，认真办理事务为其本职："其笃念邦本，允司其平，而罔失常征，始谓之曰'利仁'。履兹臣度，检修唯饬，无慕利以斁厥贞，始谓之曰'正义'。去且守道不变，内

---

① （明）沈绍庆修，王家士纂：《（嘉靖）光山县志》卷七，嘉靖三十五年（1556）刻本。

陟外迁，迈有施于民，而无其身图，始谓之曰'有成'。"如果反其道而行之，"自贻尔戾，既敛且窃，无宁箧献子之诮。故语曰：'君子疾名之不称辞，日恐修名之不立。'盖匿其迹于一室，而声流于千里。振其风于既往，而有作于数十百年之下，名存故耳。则是名不可没也。名不没，则其实存。实存，则其于为人，贤不肖可知已"。则通过题名碑记，亦可以使临清仓官之贤与不肖显露无遗。正因如此，他认为"人存则修名……其于为人，贤不肖可考已"，可以达到"以肇嗣纪，以永贞官宪"① 的目的，对漕仓管理人员注重官箴，勤于厥职，亦有一定的督促与约束作用。

第三节　山东方志中的运河文化文献

　　大运河是祖先留给我们的宝贵遗产，是流动的文化。大运河承载的文化价值和精神内涵依托于运河实体产生，并随着大运河的历史变迁而逐步形成发展、推陈出新，在当前我国加快推进文化自信、弘扬中华传统优秀文化的历史背景下，具有更加突出的价值。山东沿运地域纂修的方志中保存了大量运河文化素材，是弘扬山东传统运河文化的重要基础资料。概言之，在方志中保存较多的运河文化文献主要集中在对山东运河区域民风民俗及对运河区域信仰的相关记述上。

一　山东方志对沿运士民风气的记述

　　士民风气与传统民俗关系密切，且随着经济、政治状况的变化而代有变迁，对记述的时效性有较高的要求。纂修方志时，其所记内容多以修志年月为记述的时间下限，且其所记述之士民风气多为调查目击所得，因而在民俗研究方面，具有较大的价值。运河作为南北人员

---

① （清）于睿明修，胡悉宁纂：《（康熙）临清州志》卷四《艺文》。

物资流通的重要通道，对聊城沿运地域民风民俗带来多方面的影响，并形成了鲜明的特色。

（一）商业文化与传统文化的融合共生

运河沿线地域民风的变迁，受到了运河的巨大影响。如《（万历）东昌府志》卷二记述沿运河自南而北的聊城、临清、馆陶民风即存在较大的相似性：

> 聊城为府治，居杂武校，服食器用，竞崇鲜华。公议严于三尺，士夫逡巡自爱，百姓讼稀少，然多呰窳，寡积聚。由东关溯河而上，李海务、周家店居人陈椽其中，逐时营殖。
>
> 临清州绾汶、卫之交而城，齐、赵间一都会也。五方商贾鸣棹转毂，聚货物，坐列贩卖其中，号为冠带衣履天下。人仰机利而食，暇则置酒征歌，连日夜不休。其子弟亦多椎埋剽掠，不耻作奸，故兵道弹压之。士人文藻翩翩，犹愈他郡。
>
> 馆陶县风气淳和，士驯雅好文，密迩临清，服室奢逾，自部使监兑境上，居民馆中，州富户而利其奇赢，俗争弃农务贾。①

此种风气在明代形成，在清代得到了继承和延续。如《（康熙）临清州志》卷一记述临清之士民风气称："俗近奢华而有礼，士虽务名而有学。文教聿兴，科第接踵，舟车毕集，货财萃止，诚天下佳丽之地。衣冠文物胜于他邑，崇礼让，重廉耻，不好健讼，服贾者居田什之六，士大夫尚礼好义，文物甲于东方。"一方面，临清"舟车毕集，货财萃止"，民俗奢华，具有较为鲜明的运河文化色彩；另一方面，临清又"文教聿兴，科第接踵"，且"崇礼让，重廉耻""尚礼

---

① （明）王命爵等修，王汝训等纂：《（万历）东昌府志》卷二。

好义"①，显示出传统文化的深厚影响。由此亦可见临清等因运河商贸而兴盛的城市，往往存在运河商业文化与传统儒家文化相交融的文化风貌，并形成了逐利好奢与重本好义相互融合杂糅的特殊形态。

（二）运河因素对士民风气的影响范围

明清时期，东昌府及临清直隶州均有辖县，方志纂修者往往从更大的范围着眼，对所辖县之士民风气进行较为精细的比较和记述，据此亦可判断运河因素对当地影响力之大小。今以《（乾隆）东昌府志》关于临清州、聊城县、莘县士民风气的记述为例，稍作比较分析如下。

表4-3　　　《（乾隆）东昌府志》中关于临清州、
聊城县、莘县士民风气的记述

	与运河的关系	相关记述
临清州	地处会通河、卫河交界处，运河沿岸重要商业城市	州绾汶、卫之交而城，齐、赵间一都会也。五方商贾鸣榔转毂，聚货物，坐列贩卖其中，号为冠带衣履天下。人仰机利而食，暇则置酒征歌，连日夜不休……士人文藻翩翩，犹逾他郡
聊城县	东昌府治所在地、会通河沿岸商业城市	县为府治，居杂武校，服室器用，竞崇鲜华。公议严于三尺，士夫逡巡自爱，百姓讼稀少。然多啙窳，寡积聚，由东关溯河而上，李海务、周家店居人陈橡其中，逐时营殖
莘县	运河未经过的县城	士风淳笃，男女勤于耕红，俗严事城隍，岁时祷赛，牢具、香楮相望，人有冤苦，抱牒叩庙而呼，讼较他邑甚简

据上表，临清作为重要的运河商业城市，商贾云集，商品丰富，临清百姓多"仰机利而食，暇则置酒征歌，连日夜不休"，其民风尚奢华、好饮宴，显示出较浓厚的运河商业特色。而聊城县作为府治所

---

① （清）于睿明修，胡悉宁纂：《（康熙）临清州志》卷一。

在地和会通河沿岸的商业城市,其"服室器用,竞崇鲜华",且境内临河之李海务、周家店等闸附近,亦受到运河商业的较大影响。可见,影响聊城县之士民风气的,既有政治因素,亦有商业因素,其士民风气受运河商业影响相对较小。莘县距离运河较远,因此"男女勤于耕红,俗严事城隍",尚为传统的农耕社会形态。由此可见,运河商贸等因素主要对运河沿岸重要的商业城市和沿运周边的船闸及市镇的民风,产生较为明显的作用,而对于虽属东昌府所辖,但距离运河较远地域的士民风俗,则基本没有影响,其辐射力呈现出较为清晰的沿运带状分布态势。此外,即使是重要的运河城镇,运河因素对不同人群的影响也呈现显著的分化状态。如《(康熙)临清州志》卷四收录贺王昌于康熙十二年(1673)担任临清州知州时所作的《题清源诗》,其"名士清尊白玉尘,佳人红袖紫鸾笙""富商喜向红楼醉,豪客惊看白日斜"①之句,记述临清繁华景象及士民游冶生活颇为生动,且具有鲜明的商业色彩。但他作为地方官,亦敏锐地意识到临清运河经济的不平衡性。在他为《临清州志》所作序中,首先肯定了临清的繁华:"盖此地五方走集,四民杂处,商贾辐辏,士女嬉游,故户列珠玑,家陈歌舞,饮食燕乐,极耳目之观。"同时他也察觉到:"至于本境之民,逐末者多,力本者少,徭役之烦,牵挽之苦,四郊之外,有家无儋石、半菽不饱者。"因此他认为:"况所谓盛者,特郭廓耳。外腴而中枯,貌有余而内不足也。"②临清商业人口受益于运河漕运者多,而其他人群则难沾其溉。由此亦可见,在距离运河远近不同的城市之间,甚至同一城市的不同人群之间,受运河的影响均存在较大差别,并对当地士民风气的形成造成了较大的影响。

---

① (清)于睿明修,胡悉宁纂:《(康熙)临清州志》卷四。
② (清)于睿明修,胡悉宁纂:《(康熙)临清州志》卷首。

(三) 运河因素与士民风气的纵向变化

运河对沿岸商贸、城市建设等，在较长的历史时期内产生了直接的影响。与此相对应的，其对士风民气的影响，亦呈现出纵向延伸的变化轨迹。如宁阳虽为堽城坝所在地，其境内河道对于运河通航作用甚巨，但其民风受运河影响却颇为有限。《(光绪) 宁阳县志》卷六《风俗》称："《郡志》：邑境狭隘，不通商贾，而土颇膏沃。其俗敦厚驯雅，易于兴善。明成化以前，士尚气节，以礼义相高。后稍衰薄焉。然地僻而政简，吏治称易矣。《旧志》：宁阳密迩圣居，遗教未泯，士敦礼让，勤诗书，诵读之余，多治农事，非公不履县庭，衣冠咸尚朴质……崇尚齿德，不敢以贤智先长者，耻与胥役耦……妇女劳于馌饷，少纺织，蚕桑亦罕，贸易不出乡土，工技不作淫巧。急赋税，供徭役，从无逋欠。礼仪不尚虚文，拱揖尚左，饮食多粗粝，燕会称家丰俭，屋宇多茅茨，衣裳多绢布。闾里中有一善可称者，则公举于官，以示旌奖。"其风气尚为农耕传统，但至此时修志之光绪中，"太平已久，体大物博，生齿日繁，而土不加辟，则富者渐贫。风气日开，而俗不知检，则俭者渐奢。是以昔之衣冠朴质者今多纨绮矣，昔之饮食粗粝者今且酒肉矣。其他踵饰增华、糜财伐性之事，方且日新月异而靡所止。夫以偏隅瘠壤，既乏商贾之利，亦亡林泽之饶，所赖以养生者唯力田耳。乃耕者止此数，而食者倍。入者止此数，而出者倍。驯至八口之家，曾无一年之蓄。脱有水旱，将何恃不恐乎？"① 则此变化亦为清末整体风气转变与时代变迁在具体县城之表现，尚难看出运河的直接影响。详绎此志，则虽时代有变迁，但据上引之"邑境狭隘，不通商贾""以偏隅瘠壤，既乏商贾之利，亦亡林泽之饶"，可见宁阳之商业在明清运河通航时代均不甚繁荣，其所受运河影响亦较为有限。

---

① (清) 高升荣修，黄恩彤纂：《(光绪) 宁阳县志》卷六。

有的方志记述了运河通航对当地民风的影响，同时也记述了此民风形成后，对当地百姓生活带来的变化。如《（光绪）峄县志》就运河之通塞对百姓生活的影响，进行了较为详悉的记述。咸丰五年（1855），黄河在铜瓦厢决口北流，夺大清河入海，济宁以北之山东运河漕运基本停止，济宁以南之运河漕运亦大受影响，运河经贸呈现凋敝之势。其卷七《物产略》记述铜瓦厢决口前之峄县民风称："峄地被山带河，南接江淮，其中具五民，皆仰机利而食……故当是时，圣清之兴垂二百载。千戈寝息，年谷屡熟，而邑之商民皆得衣丝帛食粱肉，安于富乐，而不复知行贾工作之艰。盛矣哉，岂非所谓'尧时无穷人'者邪？"可见，峄县受运河通航之利，峄县商民"衣丝帛食粱肉，安于富乐，而不复知行贾工作之艰"，显示出较为浓厚的商业色彩。而究其原因，固然有"千戈寝息，年谷屡熟"的因素，而其主要原因在于"当乾、嘉盛时，江浙、湖广诸行省漕粮数千艘，皆道峄境北上，商旅岁时往还不绝，而奇物珍货衍溢，居民皆仰之以赡身家，而本地所有麦豆及煤炭诸物，亦得善价而营销数千里"①。可见峄县"安于富乐"民风的形成，与运河交通带来的商业繁荣有直接关系。但在"道、咸之变，漕运中废"之后，"重以关津税厘之朘削，商贾疑畏。于是外货不进，内货不出，而峄之生计乃大困"。运河通航之利虽已不存，但峄县"习于佚乐，不知作苦"的民风一时之间难以转变，以至于"游惰者既流于囤夺而无耻，而廉勤有心计者亦以浮费支绌，而不能自振"，而"奸豪大贾乘隙而攘其利权，日掺奇赢，以恣垄断"，"山川自有之物产，皆无力自为之，以至丐贷篡夺，媮为一切，而不复能为异日之计"。②可见峄县"习于佚乐，不知作苦"民风之形成，与运河通航、商业繁荣有密切关系，而这种民

---

① （清）王振录、周凤鸣修，王宝田纂：《（光绪）峄县志》卷七。
② （清）王振录、周凤鸣修，王宝田纂：《（光绪）峄县志》卷七。

风形成后又有其惯性，在运河交通优势弱化后，成为影响峄县民生的消极因素，以至于志书纂修者王宝田遂发"《传》所谓'沃土之民不材'，殆以此耶"之叹。

（四）运河因素对民间习俗的影响

民间习俗，是广大民众创造、享用和世代传承、相沿成习的生活模式，是一定地域内较大社会群体在行为和心理上的集体习惯。聊城沿运地域方志保存了较多的民间习俗资料，主要有以下几方面。

一是庙会习俗。庙会多设于寺庙前，因该寺庙所供之神，而称某某庙会。"庙会最早是一种祭祀神灵的宗教活动，也是一种民间文化娱乐活动。"① 庙会同时也具有显著的经济功能，"庙会的定期举行，加强了农民与市场的联系，它一方面沟通了商品流通的渠道，为外地商人来鲁从事购销活动提供了新的场所，也为本省农民、手工业者出售自己的农副产品提供了便利条件"②。聊城沿运地域受到运河经济的影响，商贸活动较为活跃，因此明清聊城运河区域的庙会活动比较兴盛。《（民国）清平县志》称："庙宇林立，春秋佳日往往演剧赛神，年有定期，谓之庙会。每届会期，则商贾辐辏，士女如云，车水马龙，奔赴络绎，极一时之盛。"③《（康熙）临清州志》记大宁寺因地处临清最为繁华的新城中洲，故"百货萃止，列肆贸迁，规模宏丽，实冠诸刹"④，显示出庙会与商业的密切联系。《（道光）东阿县志》卷二亦记述张秋举办庙会情形，其一为"三月二十八日，祀东岳大帝，天齐庙演剧，远近香客云集，商贾因以为市，前后七八日甫散"；其二为"十月十五日，三官庙演剧，远近香客云集，商贾因以为市百物，前后半

---

① 李泉、王云：《山东运河文化研究》，齐鲁书社2006年版，第158页。
② 胡梦飞：《明清时期山东运河区域庙会习俗考述》，《济宁学院学报》2017年第6期。
③ 梁钟亭、路大尊修，张树梅纂：《（民国）清平县志》第4册《礼俗志》，民国二十五年（1936）铅印本。
④ （清）于睿明修，胡悉宁纂：《（康熙）临清州志》卷二。

月甫散"①，对聊城各地庙会习俗进行了较为细致的记述。

二是节日习俗。山东沿运地域经济繁荣发展，也对沿运地域节日戏游活动产生影响。如《（民国）临清县志》记临清之元宵节称："正月十五日为元宵佳节，街市及庙宇皆悬灯三日。其灯以绢为之，彩绘精美，各项社伙，彻夜游行。鱼龙漫衍，极一时之盛。先期在雪花桥侧有灯市，市上花炮纷陈，各种纸灯殊形谲制，尤呈异采。"②张秋地处阳谷、东阿、寿张三县交界处，《（道光）东阿县志》记述张秋元宵节称："元夕张灯为乐，食元宵，放花爆，宴集歌呼，达旦不禁。捏面为灯，注香油，各处散之。按月捏者曰月灯，按家长岁捏者曰岁灯。"③临清、张秋地域相近，其元宵节风俗均有张灯赏灯、燃放花炮之俗。但《（道光）东阿县志》记述张秋习俗兼及"捏面为灯"，具有较强的地域色彩。

三是日常习俗。山东方志中有不少对沿运民俗的生动记述，如运河名镇张秋为阳谷属地，其境商贸繁华，沿岸绿柳成荫，《（光绪）阳谷县志》卷十六称张秋镇"在邑东鄙，商贾云集，人烟稠密，运河中分，孤城外绕。近城一带柳株无算。当盛春之时，野花铺地，百鸟唱鸣，游人多携酒设席于其内"。此志并引刘琰《柳园即事诗》称："闯入深林草色齐，几行绿柳锁长堤。游人多少浑无瞻，好景当前不敢题。"④即是对旧日张秋春游之俗的细致描绘，对直观理解运河沿线商业城镇士民风气提供了形象化的记述。

二 山东方志对沿运民间信仰的记述

民间信仰是在广大民众中自发产生并自然传播的神灵与神物崇

---

① （清）李贤书修，吴怡纂：《（道光）东阿县志》卷二。
② 张自清修，张树梅等纂：《（民国）临清县志》卷三，民国二十三年（1934）铅印本。
③ （清）李贤书修，吴怡纂：《（道光）东阿县志》卷二。
④ （清）童政华修，孔广海纂：《（光绪）阳谷县志》卷十六。

拜，寄托着广大民众对平安、幸福生活的祈求，并以口头或行为的形式广泛存在于各种民俗事象之中。民间信仰是一种普遍的民间文化现象，与民间文化处于难解难分的胶合状态。总体来看，民间信仰"不仅是非物质文化遗产的重要组成部分，而且是诸多非物质文化事象形成的生命之源和赖以生存的土壤"①。山东运河漕运的发展对沿运民间信仰也产生了较大影响，这些均在山东方志中有较为细致的记述。

（一）山东运河信仰的多样类型

山东临清作为会通河、卫河交汇的枢纽城市，漕运往来兴盛，流动人口较多，民间信仰类型复杂，影响也较大。如《（民国）临清县志》卷十一《礼俗志》称："临清五方杂处，宗教非一。"②续又罗列"道教""释教""回教""基督教""家理教""红枪会"等条目。其中家理教实即罗教，今以之为例，稍加说明。明正德间，曾任运粮军卒的山东即墨人罗梦鸿创立罗教，"讳白莲之名，演白莲之实……愚夫愚妇转相煽惑"③。明末罗教在苏杭一带漕运水手中逐步传播开来，在漕运兵卒中影响很大，并随运河漕运进入山东等地。万历十五年（1587），都察院左都御史辛自修上书称："白莲教、无为教、罗教蔓引株连，流传愈广，踪迹诡秘。北直隶、山东、河南颇众。值此凶年，实为隐忧。"④因此请求朝廷严行拿访。由此可见，罗教在明代晚期即通过运河漕运等路径延伸到山东。《（民国）临清县志》卷十一《礼俗志》四《宗教》又称：

> 其宗派有三：曰翁、曰钱、曰潘，钱、潘两系则徒众甚多，

---

① 向柏松：《民间信仰与非物质文化遗产保护》，《中南民族大学学报》（人文社会科学版）2006 年第 5 期。
② 张自清修，张树梅等纂：《（民国）临清县志》卷十一。
③ 《明神宗实录》卷五三三，"万历四十三年六月"。
④ 《明神宗实录》卷一八二，"万历十五年正月"。

各地皆有……师长收徒谓之开山门，宣传教旨谓之摆香坛。隶其籍者如家人父子，故称"家理"。其支派有江淮泗嘉兴白等，皆船帮名称，故亦称在帮。盖江河流域各船户纠聚党羽，把持漕运，流传至今，余风未泯也。①

可见，罗教作为与运河关系密切的宗教，自明末起即一直在山东临清一带发展，并形成了家理教等新形态。上述《(民国)临清县志》对家理教的记述，不仅涉及其收徒、传教的具体形式，并且指出家理教的传播与运河漕运船帮的直接关系，显示出运河对沿运地域民间宗教的影响。

临清本地信仰兴盛，除上文所及外，较为著名的还有关帝信仰和龙王信仰。临清关帝庙始建于明正统中。《(乾隆)临清直隶州志》卷五称："关帝庙在新城广积门外。明正统二年，守御千户所刘方增扩地宇。时守御军调遣山西，还过蒲川，经王故里，各取土一掬，囊归，塑为像。隆庆元年，知州刘志业重修，州人汪保董其事，保捐千金。乾隆壬辰，知州万绵前重修。"②尤可注意的是，此志并引明工部分司贺逢舜《重修关帝庙碑记》一文，记述百姓崇信关帝情形："自王公贵人轩冕金紫，以及荷锄戴笠之夫，苟有人心，靡不知有王庙貌，而尸祝之者纷如也。岁时伏腊，击洪钟，伐大鼓，兰茝荪蕙之芬馨如烟如霭，匹夫匹妇扶老携幼而入庙门，则云旗天马，若或见之，罔敢逸志。"③据此可见明代临清百姓对关王崇敬之盛。其对祭祀关王的时间、礼节及场景的记述，对于了解明代山东临清关王祭祀具有很大价值。除关王信仰外，临清的龙王信仰亦颇为兴盛。《(乾隆)临清直隶州志》卷五称："龙王庙，在卫河南水门内西浒，春秋仲月上戊日祭，知州

---

① 张自清修，张树梅等纂：《(民国)临清县志》卷十一。
② (清)张度修，朱锺纂：《(乾隆)临清直隶州志》卷五《典祀》。
③ (清)张度修，朱锺纂：《(乾隆)临清直隶州志》卷五《典祀》。

濮万镒重修。国朝康熙四十年，奉旨加封显佑通济昭灵效顺金龙四大王。"① 濮万镒，滁州人，清顺治中曾任临清州知州。此条记述了祭祀龙王的时间，亦为相关信仰研究提供了有价值的信息。

（二）山东运河信仰的官方色彩

山东运河所经地域方志中往往设有《祠祀志》，对域内之各类信仰及相关坛庙寺观加以记述。王宝田《（光绪）峄县志》卷十《祠祀》之前序称："治民事神，废一不可。故祠庙坛壝载在正典者，有司岁时谨祠，事无论已。即佛庐道宇，及诸丛祠，概足以感善寝恶，御灾捍患，民且敬事，严如官署，是亦治民者所不废也。"② 其中部分祠庙各地均有建设，显示出官方对运河信仰的重视。今就此志有关山东运河的祠祀情况列表如下。

表4-4　　　《（光绪）峄县志》存录部分运河祠祀表

名称	位置	兴废	本末
天后圣母宫	在城东南六十里台庄闸西	国朝雍正二年，加封天后圣母。十一年，通行直省，列入祀典。咸丰三年，复募福建士商重修	《历代封典录》云：圣母姓林氏，福建莆田县人，父讳唯愨，母王氏。诞降于宋太祖建隆元年三月二十三日，太祖雍熙四年九月九日化升，时显灵异湄屿间，乡人立祠祀之，后神功屡著
金龙神庙	在台庄运河北……一在韩庄湖口北……一在丁庙闸月河内	创建无考，雍正八年圮于水，嘉庆十年重建。道光二十九年，泇河厅李保安、知县朱彦华、县丞韩瑞东重修	俗名大王庙，神姓谢名绪，行四，浙江钱塘安溪村人，隐于金龙山。宋亡，投苕水死。后敕封为神，列祀典庙
湖神庙	在城西南六十里韩庄正南	乾隆二十四年，知县忠连奉文创建镇伊河者。大殿三间，东西厢各三间，山门戏楼三间，僧房六间，庙基四亩，咸丰二年黄水冲倒	

---

① （清）张度修，朱锺纂：《（乾隆）临清直隶州志》卷五《典祀》。
② （清）王振录、周凤鸣修，王宝田纂：《（光绪）峄县志》卷十。

续表

名称	位置	兴废	本末
龙王庙	在台庄可风桥西	雍正元年漕宪张大有、知县张镜倡修,康熙三十四年重修,嘉庆二十四年燕士英等倡众续修	
杨公祠	在万年闸	漕船运丁所建	南河总督杨公锡绂生祠

据上表可见,峄县作为运河所经的重要县城,其境内运河祠祀较多,就其所处位置而言,大多在运河两侧,其中天后圣母宫和杨公祠分别在"台庄闸""万年闸",金龙神祠在"丁庙闸月河内"。漕船守闸,等候开船,时间一般较长。相关祠庙修建在闸旁,方便运军行人等上岸拜谒。就创建者而言,伽河厅李保安参与修建金龙神庙,漕县张大有参与修建龙王庙,漕船运丁修建杨公祠,可见与运河关系密切的官员和运丁修建相关祠庙的积极性较高。而负有地方管理之责的知县等官,亦积极参与祠庙的修建。天后宫所供奉的天后为福建人。《(光绪)峄县志》卷七记述峄县志商业时称:"烟杂货则多福建人。"可见福建商人在峄县人数较多。遂有在咸丰三年(1853)募资重修天后圣母宫之举。

(三)山东运河信仰中对治河人物的祠祀

治河人物对运河通塞的影响巨大。沿线居民往往为有功于百姓的治河人物修建祠庙,并加祭祀,以求其佑护。在山东沿线地域纂修的方志中,保存了大量相关记述。如对陈瑄、陈豫的祭祀即为典型一例。《(嘉靖)山东通志》卷十八记"功襄侯祠"称:"恭襄侯祠,在临清州西南。永乐间建,祀恭襄侯陈瑄,以疏会通河有功。"其记"黟国庄敏公祠"称:"黟国庄敏公祠,在临清州东,成化七年建,祀恭襄侯孙庄敏公陈豫。"《(康熙)山东通志》卷七所记略同,但文字稍有差异。其"恭襄侯"条,在"临清州"后有"治"字;其"庄敏公祠"条,建祠地点作"临清州永清门",

较《(嘉庆)山东通志》更为准确。而《(乾隆)临清直隶州志》卷五记述"庄敏公祠"更为详悉:"黟国庄敏公祠,在新城永清门内迤东,祀平江侯陈豫公。三镇临清,有保障功。明成化甲寅得列秩祀,乾隆四十四年州人重修。"① 不仅在记述时段上更加拉长,而且记述了陈豫对临清之功绩。

陈豫在景泰中镇守临清,《(乾隆)临清直隶州志》卷十称:"正统十四年秋八月,上北狩,众多议和。于谦曰:'社稷为重,君为轻。'遣人申戒各将,分守宣府、大同、天寿、昌平,命平江伯陈豫守临清。"② (明)陈循《送平江侯陈豫镇守临清》称:"武烈垣垣振后先,已看三世续貂蝉。九重城闱熊罴侣,千里关河将相权。国以忠勤专付托,民依节钺遂安全。东风把酒都门道,相送南行稳着鞭。"③ 据此,亦可了解陈豫奉命出京镇守临清之片段。陈豫抵达临清后,大力整治武备,抚循百姓,"也先入犯……建城堡,练兵抚民,安静不扰"④。对于保障临清之安宁,起到了重要的作用。

需要特别指出的是,除在方志之"祠祀"中保存域内与运河有关的祠祀,据此可以了解当地运河信仰概貌外,山东运河区域方志中,亦保存了与信仰有关的记文,可以较为全面详悉地反映当地祠祀及信仰的基本情况。如《(康熙)宁阳县志》卷八存录汪邦柱《重修堽城龙神庙记》,记述宁阳之堽城龙神庙兴废本末甚悉。汪邦柱,字如石,长沙人,万历四十七年(1619)进士,崇祯朝曾任工部都水司主事,管理南旺河道泉闸,官至湖广参议。此《记》记述龙神庙于运河漕运之功称:"国家六师之命听于漕,而漕之命

---

① (清)张度修,朱锺纂:《(乾隆)临清直隶州志》卷五。
② (清)张度修,朱锺纂:《(乾隆)临清直隶州志》卷十。
③ (明)陈循:《芳洲诗集》卷三,万历二十一年(1603)刻后印本。
④ (清)张度修,朱锺纂:《(乾隆)临清直隶州志》卷十。

听于汶。夫数百万军储，驾艘扬帆，乘风破浪，不遇溃决之虞、浅涩之患，微神之力不及。此故龙神之祠几遍南北。"宁阳作为山东运河之关键，亦建有龙神庙。故此《记》称："即本司封内，亦为庙祀，而祀于宁阳之堽城者其一也。庙因而立，为遏汶入洸而设。"据此可见，宁阳县境内之龙神庙非止一处，而其中即有建于宁阳之堽城者。此《记》又记述堽城龙神庙之兴废称："自胜国时已然，永乐间稍更置。迨成化九年，复为改筑，制如旧，而工较前有嘉焉。坝之用既重，庙之奉斯隆，固其宜也。庙不知所创始，传主政之重修在嘉靖中年，则犹可考。"据此，则此堽城龙神庙之创始殆不可考，而自元代山东运河贯通，即有此庙。入明后，在永乐、成化、嘉靖中屡有兴废，而至汪邦柱作此《记》之崇祯八年，作为负有治理泉源之责的工部官员，他"既巡泉，过其地，获伏谒祀下，乃见栋宇摧残，甓甃剥落，所不至游麋鹿而长荆棘者几何矣"。则此庙虽存，而亦已残破不堪。汪邦柱认为："庙本以立，难胜风雨之侵；祀无专守，莫任扫除之责。年久圮坏，所繇来也。然则祀典虽存，仅同告朔……亟图缮葺，鸠材庀事，规旧饰新，期完固，不期美观。"此次修缮工程之经费，"不敢为妥灵故，动河缗于告匮之日也。木石陶冶并匠作之费，皆出自余捐赀，间助以各泉之废株、各泉夫之余力"。而办理此工程，"赞其成者刘邑侯芳大，董其功者督浚典史惠应芳也"。可见，此《记》记述堽城龙神庙之护漕作用、兴废始末，而尤详于崇祯朝重修之经费、人员。今检《(康熙)宁阳县志》卷六，其记述"龙王庙"称："敕建龙王庙，在汶河岸，祭同汶河神明，春秋二仲戊日。康熙二年，汶大水，知县何如龙恐堽城闸堤决，以建龙王庙祷之，因而得免。即创建龙王庙三楹，在堽城闸堤迤东，塑像未裹。康熙七年，知县刘兴汉金妆辉煌之。"① 再检《(光绪)宁阳县志》卷六:"龙王庙,有二。其一在汶河岸上,明敕建。一在堽城闸堤上,国朝康熙二年知县何如龙建。祭用春秋二仲上戊日。"此志又以双行小字注称:"按:龙王即雷雨之神也,故《会典》不载。"② 据此,可知堽城龙神庙至清初已倾圮不存。清康熙二年(1663),宁阳县知县何如龙重建。此庙至光绪中仍存,并祭祀不绝。

汪邦柱此《记》除记述龙神庙外,并记述距龙神庙不远之汶河神庙:"此地更有汶河神庙,建于成化十一年,修于天启初年,修之者为余同年友薛公王衡。其中有孤木插天,宛如张鳞奋甲;双碑镇地,时为带澜含滋。而庙貌虽存,倾颓已甚。左右前后旁楹夹廉俱已化为乌有矣。"汪邦柱认为:"河之神与龙之神同,河神之于漕与龙神于漕,其功同,故其列于秩祀同。"因物力支绌,"修龙神庙,而未及修河神庙"。据汪邦柱此《记》,则同样建于汶河堽城坝附近的汶河神庙初建于成化中,续修于天启初,至崇祯八年(1635)已破败不堪。再检《(康熙)宁阳县志》卷六,其记汶河神庙称:"汶河神庙,在堽城坝。成化十一年,员外张盛来督水利,创造堽城坝闸,因立庙,奏请敕封,春秋致祭。殿前碑上螭首流赤水,土人呼为血碑,八景之一,为'禹碑虹渚'。殿后桧柏插天,盘根空中,夭乔宛若龙吟,八景之一,为'虬枝岐柏'。"③ 此志之内容与汪邦柱所作《记》之内容正可印证,尤其是对庙中石碑与古柏之记述尤其相合。此志于此条下又称:"按堽城禹王庙,其称名无考。康熙三十八年,知县李温皋以祭诣庙,顾瞻宇下,览碑撰记,为汶河神庙,并未颂及禹绩。因念禹治水,遍历九州,浮于汶,达于济,则汶在疏导中,明矣。且勿论平地成天,万世永赖。即今东南漕运飞挽皆由于济。而汶接济会

---

① (清)李温皋纂修:《(康熙)宁阳县志》卷八。
② (清)高升荣修,黄恩彤纂:《(光绪)宁阳县志》卷六。
③ (清)李温皋纂修:《(康熙)宁阳县志》卷六。

通，实为扼要，其利赖又何如哉？既有春秋二祭，则奉祀后裔讵得无人，致缺优典耶？"①

据此志，宁阳县知县李温皋曾于康熙三十八年（1699）诣汶河神庙，以此为禹王庙，并"欲具疏上请，比姬公后裔荫袭世爵，以彰崇报。疏成，职在邑令，不敢越分冒渎，留附于志，是所望于位高专禋祀者"。此志卷八载李温皋《拟奏请大禹世袭疏》，对其请祀禹王庙之意再加阐发。此《疏》记述宁阳禹王庙情形，而此实即汶河神庙："城北三十里，为堽城。去堽城北数武，即汶河。其源出莱芜，其流西入会通河济运，实系大禹时疏凿故道，即《禹贡》所谓浮于汶、达于济是也。迄今汶之南岸遗有禹王庙存焉，庙中残碑断碣可考，庙后龙头古柏老干盘旋，与孔桧、颜柏并传灵异。"此《疏》亦强调汶水对于运河漕运之重要："窃思神禹治水十三载，疏凿于龙门之区，结穴于会稽之野，而汇涐于齐南鲁北之间。则汶水诚接上济下会通之要扼。而我国家数百万漕艘悉由此飞挽，是神禹之为功于河渠者甚大。而禹庙设于宁阳之堽城，所系匪尠也。"正因如此，他提出祭祀大禹之请："夫古来擅制作之隆者唯周公，集道统之成者唯孔子，而称治水之尽善者唯神禹。三圣之功，并垂天壤，炳若日星。乃孔门代有传袭，至我朝而禋祀更盛。元公后裔东野氏，前圣驾幸阙里时，亦特给博士，世袭主祀。独大禹之明德既远，而庙食未享。夫崇封嫡嗣未蒙乎承袭，是盛典之应行，端有待于今日，而前代之缺略，正有赖于圣主者也。"② 由此亦可见地方官员对国家漕运及身负职责之关注。其重视禹王庙祭祀之观点，亦为研究地方官员之信仰与祠祀，提供了细节化的案例。

需要指出的是，山东运河沿线祠祀兴废不常，山东方志对此亦有

---

① （清）李温皋纂修：《（康熙）宁阳县志》卷六。
② （清）李温皋纂修：《（康熙）宁阳县志》卷八。

所记述。如《(乾隆)临清直隶州志》卷一存录明代邱濬《过会通闸》诗称："清江浦上临清闸，箫鼓丛祠饱餕余。几度会同河上过，更无人说宋尚书。"① 可见，对重要运河人物的祠祀不是长期持续的，而是经常出现兴废更替的变迁，并易引发文人之感慨。由此，亦可见运河祠祀与民间信仰动态变化的显著特点。

第四节　山东方志中的运河建筑文献

运河的通航改变了山东沿运地区的经济版图与人员流向，促进了沿运城市的建设与发展，以城垣、衙署、寺观等为代表的运河建筑不断出现，并形成了较为清晰的运河色彩。山东方志中对运河建筑的记述，对于了解运河对地方社会的影响，提供了一个很好的切入点。

一　山东方志对运河城镇城垣的记述

运河作为南北重要的经济流通动脉，大大促进了沿运城市的发展，德州、临清、聊城、济宁、张秋、七级、台儿庄等沿运城镇商业更加繁荣，城市规模不断扩大。在山东沿运地域方志中，往往保存了较多与城垣修筑有关的基础文献。如朱泰《(万历)兖州府志》卷十七"城池"目记述明代兖州府各州县城垣情形，保留了运河沿线城市城垣规模等基础数据。如其记宁阳县城城垣称："土城周围四里五十步，高一丈七尺，门四，池深八尺，阔一丈二尺，即蛇眼诸泉绕城合流南迤。"② 其记述明代滕县城垣情形称："滕县城……旧唯土城，国朝洪武二年砌以砖石，周五里许，高三丈五尺，阔一丈五尺，门四，铺二十四，城外有郭墙，周围十余里。正德七年，因流贼犯城，

---

① (清)张度修，朱锺纂：《(乾隆)临清直隶州志》卷一。
② (明)朱泰、游季勋修，包大爟纂：《(万历)兖州府志》卷十七。

巡抚赵璜檄知县齐士恩筑之。池深一丈五尺，阔三丈五尺。"记述颇为详悉。今据此志所载，编制明代兖州府属运河区域城垣情况表如下。

表 4-5　　　　　明代兖州府属运河区域城垣情况表

州（县）	城制	池制	备注
宁阳	土城，周围四里五十步，高一丈七尺，门四……国朝成化十八年，工部主事乔缙督泉于此，复加修葺	深八尺，阔一丈二尺	（池）为蛇眼诸泉绕城汇合后南流
滕县	洪武二年砌以砖石，周五里许，高三丈五尺，阔一丈五尺，门四，铺二十四，城外有郭墙，周围十余里	池深一丈五尺，阔三丈五尺	郭墙为正德七年，因流贼犯城，巡抚赵璜檄知县齐士恩筑之
峄县	石城……洪武二年……改筑……周四里许，高一丈二尺，门四	池深二丈，阔三丈	
鱼台县	土城，周七里余，高三丈二尺，女墙三尺，门三，无北门	池深二丈，阔二丈	
济宁州	旧土城，周九里三十步，高三丈四尺，阔二丈，门四……洪武四年甃以砖石		后人徙太白酒楼于南城
嘉祥县	土城……成化三年，知县赵瑄重修，周四里余，高一丈五尺，阔七尺，东西二门，弘治七年，知县程文建南北二门	正德八年知县管声建，池自城南转曲而西	
东平州	土城，周二十四里，高二丈，南北各一门，东西各二门	池深八尺，阔六丈有余	

续表

州（县）	城制	池制	备注
汶上县	土城，周十二里许……正德间知县王栻修筑……门四	池深五尺，广一丈二尺	
东阿县	土城，周四里一百三十步有奇，高一丈八尺……洪武八年知县朱真筑		
阳谷县	土城，周九里……成化五年，知县孟纯筑，阔①一十二里，高五丈，阔三丈，门四……正德六年，知县卢鉴复筑外垣	池深阔各二丈	
寿张县	土城，周五里许，高二丈六尺，门四……成化三年，知县魏崇筑。正德六年，知县张玉林重修	池深一丈五尺，阔三丈	
安平镇	旧名张秋，弘治后始易今名，在阳谷、寿张、东阿界，嘉靖间，督河郎中张文凤修		《（万历）兖州府志》未注明安平镇城之规制。《（康熙）张秋志》卷二《建置志》称："正德辛未……蹂践其区，几陷鱼肉，土人始有修城之役……辛丑、壬寅之际，会……数深入，诸郡戒严，督河使者张公文凤乃建议修故城……新城为万历三年，大中丞汝阳赵公赞巡抚东时所筑。周八里，高二丈五尺，其下厚四丈，其上锐四之一。城楼四座。"

据上表可知，《（万历）兖州府志》保存了明代万历朝山东兖州府运河沿线主要州县城垣情况。在上表所列之12座州（县、镇）城

---

① "阔"，或当作"周"。

垣中，明确为明洪武中修筑且确定城垣规制的有滕县（洪武三年）、峄县（洪武二年）、济宁州（洪武四年）、东阿县（洪武八年）等四州（县）。当时尚未对元修山东运河进行修治，故其筑城所受运河因素之影响尚小，其规制多为砖城，周四五里。明代兖州府沿运州县另一个集中修筑城垣的时期为弘治朝，有宁阳（成化十八年）、嘉祥县（成化三年）、阳谷县（成化五年）、寿张县（成化三年）。其中除阳谷县城垣周九里外，其余多为周四五里。明代山东运河南段运河所经之县城城垣规模，在永乐重新疏浚会通河前后，均以周四五里为多，可见明代山东运河的重新贯通，对山东运河南段县城规模的影响相对较小。相对而言，济宁和东平城垣分别为周九里和二十四里，规模相对较大，其中一个重要因素为济宁在洪武初（洪武十八年之前）曾为济宁府府治所在地，而东平州之行政规格亦较高，其突出的政治定位成为人口集聚及城垣规模较大的直接原因。

此外，也应充分考虑山东运河对沿运府州县修筑城垣的推动作用。如《（万历）汶上县志》论汶上县之城垣称："宁独汶倚重之，唯是南北走集，广袤二百余里，控制亦匪易矣。"① 而宁阳作为山东泉脉的重要发源地，负有整治泉源责任的官员在当地城垣修筑方面发挥了重要作用，如成化间，工部主事乔缙于督泉时修葺宁阳城垣。尤其值得注意的是，山东运河沿线城镇为财富集中的富庶之区，在动乱时往往尤其易遭觊觎，保护城镇百姓及财产即成为修筑城垣的直接动力。如上表中，汶上县、阳谷县、寿张县城垣均在正德间重修，即与当时刘六、刘七起义等动荡因素侵扰山东运河区域有直接关系。杨胤贤为寿张县重修城垣作《记》称："正德间，蓟盗倡乱，纵横齐鲁之墟，予邑罹祸尤惨。盖闯入城闉，而肆其剽掠者殆数次矣。覆车之辙，殷鉴不远。况梁山恒薮巨盗，自古迄今，难以更仆数也。绸缪牖

---

① （明）栗可仕修，王命新纂：《（万历）汶上县志》卷二《建置志》。

户，思患预防，可不亟为之所乎？"①即体现了地方官修建城垣以防战乱的因素。

在运河城镇城垣修建方面，张秋镇城垣较为集中地体现了诸多因素的综合影响。如上引《（康熙）张秋志》卷二《建置志》称："正德辛未……蹂践其区，几陷鱼肉，土人始有修城之役……辛丑、壬寅之际，会……数深入，诸郡戒严，督河使者张公文凤乃建议修故城。"②可见，正德辛未（六年，1511），刘六、刘七起义的侵扰为张秋修建城垣的直接原因。而万历辛丑、壬寅［二十年至二十一年 1541—1542］之际，蒙古入侵，杨胤贤为安平修城所作《记》称："辛丑、壬寅之际，虏酋俺答凭骄骛黠，数犯边圉。又深入内地，横肆劫掳。又诡诞凶骄，敢问平阳、临清路，由是中外戒严。"③工部主事张文凤重修张秋城垣，由此可见，保障漕运成为修筑城垣所要考虑的重要因素，显示了战乱对运河漕运及经济的影响，同时也体现出包括河务官员在内的地方官员对运河城镇城垣的重视和对修城事务的积极主持与参与。

此外，运河城垣之建设过程，亦为经济因素与政治、社会因素共同作用的结果。山东方志之《建置志》等纲中往往对山东城垣的建造进行多方面的记述，从中可以梳理出多样化的信息。今以临清城垣建设为例，稍加说明如下。《（康熙）临清州志》卷一《城池》记述临清初未有城垣，"自后魏始在卫河西，土人曰'旧县集'者，宋建炎间患水，移曹仁镇在会通渠南，并有剩址。明洪武己酉，徙县治汶、卫环流之中，未城"。影响临清城垣建设的重要因素之一为应对军事及战争威胁：

---

① （明）朱泰、游季勋修，包大爟纂：《（万历）兖州府志》卷十七。
② （清）林芃修，马之骦纂：《（康熙）张秋志》卷二。
③ （明）朱泰、游季勋修，包大爟纂：《（万历）兖州府志》卷十七。

正统己巳，兵部尚书于谦议临清当城。以平江侯陈豫、都御史孙曰良治其事。属时饥，不果筑。景泰改元，巡抚洪瑛始卜今地，协二公成之。先是靖难后，会通渠北置广积仓城，遂因之，故其西北特出，缘仓基也，俗谓之幞头城。城高四寻，广三寻，围九里百步，甃以甓。为门四，东"威武"，南"永清"，西"广积"，北"镇定"。正隅为戍楼八，戍铺四十六，人马陟降处为蛾眉甬道，外凿湟周匝，深广皆九尺。弘治乙卯，副使陈璧为女墙，树界坊，筑月城，浚湟叠石，为四桥。正德庚午副使赵继爵、癸酉副使李充嗣、嘉靖丙申副使张邦教又相继增葺。①

据此可知，临清因临近运河，成为人口聚集的大市镇。在临清城修建之前，临清已经成为重要的仓储基地，"会通渠北置广积仓城，遂因之，故其西北特出"，在保证京城粮食供应方面具有很大的价值。因此其于景泰中筑城，即为了保护临清仓储、防备瓦剌之入侵。此外，临清城垣的建造也受到运河经济因素的影响。伴随着临清运河漕运地位的提升、人口的汇聚和财富的聚集，临清城垣的面积也不断扩大。如此志续称：

州四方贸易地，溯河之民生聚日衍，城居不能什一。正德辛未盗起，瀛灏守臣据堑筑土，以卫城外之众，谓之边墙。嘉靖壬寅，巡抚都御史曾铣、兵备副使王杨得丘文庄公书曰：临清宜跨河为城。遂协群议，由旧城乾、巽两隅拓而广之，延袤二十里，跨汶、卫二水，为门六，东"宾阳""景岱"，南"钦明"，西"靖西""绥远"，北"怀朔"。为水门三，汶一、

---

① （清）于睿明修，胡悉宁纂：《（康熙）临清州志》卷一。

卫二，各为戍楼对峙。为月城四，为戍铺三十有二，凿池深阔，垣高广并如旧城，而闉闍之宏丽峻敞实过之。第诎于时，未有甃甓。嘉靖丙午，按察副使李遂为水道二。己酉，副使丁以忠为小门于靖西、绥远之间。辛亥，巡抚都御史王忬、副使李宪卿为敌台三十有二。己未，副使张鉴、知州李希欧修战舰，增楼橹，水门各筑翼楼二，有云桥、射窦以严攻守之具。①

据此可知，临清土城之面积大大超过砖城，其"跨河为城"，主要即因"州四方贸易地，溯河之民生聚日衍，城居不能什一"。对临清运河商贸的保护，是临清城垣拓展的主要原因。此外，通过上述两段记述，亦可以较为清晰地了解山东运河沿岸临清城垣的规模及规制，保存了山东运河区域城垣建设的重要基础资料。

二 山东方志对运河衙署及名胜的记述

运河因素在很大程度上影响着山东运河区域城市及建筑的风貌。山东方志对河道衙署、名胜古迹等各方面内容进行了较为细致的记述，具有较大的意义和价值。

（一）运河衙署

山东方志中对辖区内设立之河道衙署往往有较为细致的记述。如济宁为"都水监之所驻，故公署特多"②。今据《（道光）济宁直隶州志》卷四之二，依据原志之次序，胪列济宁境内之运河衙署如下：

---

① （清）于睿明修，胡悉宁纂：《（康熙）临清州志》卷一。
② （清）徐宗幹修，许瀚纂：《（道光）济宁直隶州志》卷四。

表 4-6　　　　　　　　清道光朝济宁运河衙署一览表

衙署	位置	沿革	格局
管河州判署	在州同知署南	今废	
总督河院署	在州治东，或曰元总管府旧治	明永乐九年，工部尚书宋礼建。弘治间，尚书陈某、隆庆间都御史翁大立重修	正堂六楹，后堂六楹，颜曰"禹思"。堂后为部院宅，左为帝咨楼，曲周刘荣嗣建，国朝三韩杨方兴改为雅歌楼。又东为后乐圃，李从心及杨方兴皆有记。乾隆四十二年，总河姚立德改额为平治山堂。西为射圃，本属儒学，康熙初，广宁卢宗峻改入署内
运河道署	在院署西，旧系济宁卫署	康熙九年，复设管河道，因改卫署为道署，而移济宁卫于察院旧署。康熙十一年，副使岳登科重修	正堂六楹，前抱厦如堂。数德堂四楹，岳登科创建。左为客厅，右为书吏房，东为书轩，后为居宅。堂两列为皂隶、门子房，仪门东为寅宾馆，西为衙神土地祠
运河同知署	在州署西南	《全河备考》云：明隆庆三年建，原系曾子书院	后为颐真宫，即正学书院。正堂四楹，东为客厅，西为库吏房，后西居宅。西为三桧堂，老桧三株，数千百年物也。抚宁翟凌云建，今废……东西为书吏、皂隶房，仪门东为寅宾馆，西为土地祠……康熙九年，运河同知王有容修……雍正三年，运河同知杨三烱以署之西偏为曾子故居，别建曾子祠
泉河通判署	在运河厅署后	乾隆三十八年，通判万年瑚增建	今泉河厅署，坊曰"功分转运""任重虞衡"，大堂曰"敬信"，嘉庆二年，古吴顾礼琥题
河标中军副将署	在东门内大街		嘉庆二十二年，添建中营箭厅，副将清德记。道光十年，修大堂抱厦等处，副将惠泉记，俱有碑
巡漕使院	旧在南池，今在草桥之东，赁民居		前志载沈廷芳《南池使院诗》，入艺文

续表

衙署	位置	沿革	格局
治水行台	在城西		明李如圭有《治水行台记》，见漕运
工部分司署			今为普济堂，康熙末曾改书院
济宁分司	在州南门外东向，成化五年，主事毕瑜始改正南向	弘治六年主事蔡鍊、十七年主事林焕、正德三年主事童器、十年主事束鲁、隆庆元年主事张克文、隆庆三年主事笪东光、万历二十一年主事韩范、二十六年主事胡瓒……先后重修	建前坊曰转漕要会，东曰"节宣国脉"，西曰"飞挽京储"，主事杨抚立。万历二十四年，主事陆化淳重建……坊曰"国赋通津"，西北曰"司空行署"。循河之涯，南曰"排泗"，胡瓒题，旧曰"济川"。巡盐御史毕三才重修，北曰"瀹济"。主事张克文题分司衙门，前曰"都水行台"，后"砥柱中流"

注：此表据（清）徐宗幹修，许瀚纂《（道光）济宁直隶州志》卷四之二编制。

据表4-6可见，《（道光）济宁直隶州志》对济宁州城内外之各级治河保漕衙署进行了较为细致的记述。从最高等级的治河衙门总督河院，到各部设在济宁的工部分司署等派驻治河机构，均作了细致的记述。其记述不仅涉及衙署所在位置，而且还记述了衙署的沿革历程及建筑格局，具有较大的价值。此外，山东方志对某些具体衙署的记述更为精细全面。钞关为征收运河课税的重要衙署，方志中对其衙署之规制记述颇为详悉。如临清钞关今已不存，仅有遗迹，其地上建筑均为近年来所重建。然旧钞关之屋舍地基仍存，可据此还原钞关之基本格局。

今存之临清州县志均无临清钞关图，但临清今存之数部州志对钞关衙署规制记述较为详悉。如《（康熙）临清州志》卷一称："户部榷税分司，在会通渠西浒。"[①] 同书同卷又称："会通税课局，在中

---

① （清）于睿明修，胡悉宁纂：《（康熙）临清州志》卷一。

第四章　山东方志运河文献的内容　·211·

图 4-1　临清钞关衙署地基残迹（周广骞摄）

洲，明洪武己未，知县李真卿建，正统十三年改隶户部榷税分司。"①此条下注"今废"，则此局至清康熙初年即已不存。

  户部榷税分司署，明宣德年设，在会通河新开闸西浒，大堂三间，左为科房，其下为皂隶房，右下为巡房，堂后有轩，轩后为二堂三间。堂左下为厅，北为仓库各一。后为内宅。仪门之外，南为舍人房，后为单房，北为小税房，为船料房，为土神祠，为协理官宅。又前为正门，坊二，曰"裕国"，曰"通商"。中为坊一，曰"如水"。坊之左为税课大使署，南北为则例刊榜。前为玉音楼，毁于古。又前为坊一，曰"以助什一"；又临河为坊一，曰"国计民生"。坊之北为官厅，后为阅货厅。河内为铁

---

①　（清）于睿明修，胡悉宁纂：《（康熙）临清州志》卷一。

索，直达两岸，开关时则撤之。隆庆元年，榷关主事刘某呈买北邻民房五十余间拓之，有碑记。国朝乾隆十年，巡抚喀尔吉善檄知州王俊重修。①

此条对临清钞关的记述颇有条理，对衙署各部分之方位及职能均有涉及。据此可知，临清钞关以"仪门"为限，分为两个部分，仪门之内为衙署，分为前后两部分，前部分为办公区，分"大堂""二堂"两进院落，并有"科房""皂隶房""巡房"等，为具体办事差役之所。后部分为居住区，即"内宅"。仪门之外则为具体办事差役之所及仓库、神祠等附属设施。此外还有门前牌坊及临河之验货收税厅房。此署临河而建，既符合常规衙署之规制，亦因具体功能之要求而建设了相关屋舍。其"税课大使衙署"，《（康熙）临清州志》注称"今废"，而《（乾隆）临清直隶州志》则标其情形称："坊之左为税课大使署，南北为则例刊榜。"则此署或在经过清初之战乱废弃后，因其收税职能尚存，故又加以重建。

除临清钞关外，山东运河区域方志对当地之税收机构衙署情形亦多有记述。如《（嘉靖）德州志》卷二记述户部监兑分司称："在州治东，主事徐公元祉捐公余八十两建分司碑亭及两牌坊，扁曰'漕规'，曰'国计'。"②此志除记述了有关户部监兑分司衙署的基础信息外，还收录了吴廷翰《户部监兑分司记》。吴廷翰（1491—1559），字嵩柏，号苏原，无为州人。正德十四年（1519）中举，十六年（1521）中进士。历官兵部主事、户部主事、吏部文选司郎中，后转任岭南分巡道兼督学政，改任浙江参议、山西参议。后辞官归里，著述颇丰。吴廷翰此文实为德州户部监兑分司衙署落成后的一篇记文，

---

① （清）张度修，朱锺纂：《（乾隆）临清直隶州志》卷九《关榷》。
② （明）郑瀛修，何洪纂：《（嘉靖）德州志》卷二。

其记述分司署建造过程称:"嘉靖乙酉,晋阳高子修古领监山东、河南漕事,疏举广稽,务约宁娆,绪宅攸司,以壹轨度。丙戌,天水徐子良夫继之,流轮发軔,垦菑难芜,兴坏除故,以究兹业。于是德守云中何子洪弭志役才,以捋行之。其命则抚治范阳王公、按治三河张公、巴西李公,其经度则东藩滁阳常公,古杭江公、雁门谢公实协衷焉。"① 吴廷翰此处所称之"高子修古"即高汝行,山西太原人,时任监兑分司主事,为衙署之创修者。文中所称之"天水徐子良夫"为徐无祉,陕西秦州人,为继任主事,亦为衙署之续修者。

此志又记述德州户部监督分司衙署称:"户部监督分司旧在城北,今移于城内东南。成化间恽公巍构亭,曰'泹清轩',曰'三友阁',曰'濯缨',有士夫题咏于其上。正德间,龙公诰扁曰'公廉',曰'忠爱'。今史公麟题曰'经国',改'濯缨',曰'化龙'。"② 保留了明代嘉靖朝德州漕运管理衙署的基础信息。

(二)运河名胜

运河区域名胜众多,且多有较为浓厚的运河色彩。山东方志中往往保留了大量对运河名胜的记述,而相关方志之《艺文志》中,亦保留了大量与山东运河名胜有关的诗文作品。今选数例,稍加论述。

一是临清鳌头矶。鳌头矶位于临清卫运河交汇处,初建于明嘉靖朝。今存有古建筑一组,周围楼阁环合。北殿三间,为甘棠祠(俗称李公祠);南楼三间,名登瀛楼(俗称望河楼);西殿三间,曰吕祖堂;东楼三间,谓观音阁。阁建于楼上,呈方形,飞檐挑角,木隔落地,玲珑别致。鳌头矶底部为砖砌方台,台中间东西向有门洞,洞楣上书"独占"二字,台上阁楼歇山重檐,前出抱厦,上覆筒瓦,脊上有陶制兽形装饰。整个建筑结构严谨,布局得体,玲珑纤巧,古色

---

① (明)郑瀛修,何洪纂:《(嘉靖)德州志》卷三。
② (明)郑瀛修,何洪纂:《(嘉靖)德州志》卷二。

古香，是明代北方地区典型的砖木结构建筑群。"鳌矶凝秀"古为临清十六景之一，是城内最为繁华之处。登临其上，可望粮艘麇集，帆樯如林，碧波荡漾，景色绮丽。

图4-2 临清鳌头矶（周广骞摄）

《（万历）东昌府志》卷二记述临清鳌头矶及观音阁称："鳌头矶在临清州，绵亘二十余里，汶、卫合流，而峙其中。自胜国来，名曰'中洲'，环砌以石，如鳌头突兀，四闸分建，广济桥尾，其后为四方商贾货殖之薮，以筑观音阁其上，俗名观音嘴。"①《（乾隆）临清直隶州志》卷一《疆域》记述临清鳌头矶称："鳌头矶，在中洲东起处，砌以石，如鳌头突出，筑观音门其上。旧闸二，新开闸二，各分左右如足。广济桥尾其后。明知州马纶题曰'鳌头矶'三大字，州人方元焕书，俗谓之观音嘴。阁当汶水之冲，原有古堤，日久渐圮。清丰右都督刘聚过而筑之，费千金，阁赖之。凡南船至，多停泊游憩，遂称名焉。李东阳诗：'十里人家两岸分，层楼高栋入青云。官

---

① （明）王命爵等修，王汝训等纂：《（万历）东昌府志》卷二。

船贾舶纷纷过，击鼓鸣锣处处闻。''折岸惊流此地回，涛声日夜响春雷。城中烟火千家集，江上帆樯万斛来。'"①

据此，鳌头矶之得名固因其下设四闸，形如四足，而实因鳌头矶所处之位置为临清运河商贸最为兴旺之中洲区域。更为重要的是，因鳌头矶下设闸，船只行走，难免守闸，"凡南船至，多停泊游憩"。因船只聚集于此，遂形成人口密集、交易频繁、兴旺繁华之地。此处所引之李东阳诗两首，实为明代鳌头矶一带运河城市繁华景象之真实记述。

二是安平镇谯楼。安平镇为山东运河沿线的著名城镇，《（康熙）张秋志》卷一记述称："夹河而城，襟带济、汶，控接海岱，输贡咽喉，南北要地，五方商贾辐辏，物阜齿繁。"②《（道光）东阿县志》卷十九存录明代湖广参政陈守愚所撰《安平镇旧城记》，亦记述张秋繁华景象："余弱龄则闻安平为重镇云。帆樯鳞集，车马肩摩，商贾刀泉，贸易纷错，旁午醉歌者载道。时盖豺鼠穷伏，鸡犬不惊，间巷男女恬谧。"③谯楼为安平镇的重要建筑，《（康熙）张秋志》卷二称："谯楼，在镇西岸浮桥口，弘治癸丑河决，漕舟牵挽者率就西岸，而栖逼河涯，行者不便，乃撤楼。自韩公鼎来，楼遂重建，楼之下左偏曰'漕运药局'，万历十八年所设也。局今废。"④《（道光）东阿县志》卷十九存录明代大学士谢迁所撰《重建安平镇谯楼记》，记述韩鼎重修安平镇谯楼甚悉。此《记》先述安平谯楼之本末："安平镇旧名张秋，隶兖之东阿，实当漕河要冲之会，民夹东西岸而居者无虑数千百家。岸西有谯楼，置漏刻角鼓以正节候，以警晨昏，以示民之作息。楼之下，凡商贾贩息、日中为市者皆归焉。"则谯楼为安平镇之

---

① （清）张度修，朱锺纂：《（乾隆）临清直隶州志》卷一《疆域》。
② （清）林芃修，马之骦纂：《（康熙）张秋志》卷二。
③ （清）李贤书修，吴怡纂：《（道光）东阿县志》卷十九。
④ （清）林芃修，马之骦纂：《（康熙）张秋志》卷二。

重要建筑，且为百姓贸易憩息之所。此《记》续记拆毁谯楼之缘由："宏治癸丑，河决东岸，运道几绝止，亟命重臣往治之，于是漕舟牵挽者率就西。而西岸摧剥已久，楼并河甚逼，行者迂回以趋，乃议撤楼，以便往来牵挽，许河平而复。已而执事者悉力决口，急于竣事，以复上命，楼未暇及也。"据此可知，谯楼之拆，实与运河有直接关系。《明史》卷八十三《河渠一》称："（弘治）六年二月，以刘大夏为副都御史，治张秋决河。先是，河决张秋戴家庙，掣漕河与汶水合而北行。"至弘治七年（1494）五月，"命太监李兴、平江伯陈锐往同大夏共治张秋"①。此《记》所及之"宏治癸丑"即弘治六年（1493），所命之重臣即刘大夏。因修治黄运河道，故于河西牵挽漕船，而谯楼逼近河岸，牵挽不便，有碍漕务，因此将谯楼拆毁。此《记》续又记述八年后，即弘治十四年（1501）韩鼎重修谯楼之举。韩鼎，字延器，明代乐蟠（今合水县）人，幼年时家境贫寒，苦学不辍。成化十八年（1482）考中进士，任礼部给事中。成化二十三年（1487）明孝宗即位后，重用贤臣，广开言路，开诚纳谏。韩鼎多次上书，主张裁减宦官，提倡节俭和与民休息，议论切中时弊，深受孝宗赏识，后累官至江西按察司副使。弘治十四年（1501），韩鼎"以右通政来嗣河事"，方有重修谯楼之举。此《记》亦记述所修之谯楼称："始议修筑西岸，叠石以固其外，延袤凡五里有余，西楼亦遂重建焉，从民志也。规模宏壮，倍于昔。黝垩丹雘，焕然一新。于是达巷市肆，悉复其旧，居民、漕卒、行旅、商贾各遂其宜，咸忻忻相告，谓韩公之功不可忘也。"② 此楼今已不存，可据山东方志中的相关记述，对此楼之方位、兴废情况有所了解。

---

① （清）张廷玉等：《明史》卷八十三《河渠一》，第2022—2023页。
② （清）李贤书修，吴怡纂：《（道光）东阿县志》卷十九。

三是济宁太白楼。济宁旧称任城,太白楼为唐代贺兰氏经营的酒楼,原址坐落在古任城东门里。李白于唐玄宗开元二十四年(736)同夫人许氏及女儿平阳由湖北安陆移家至此,常在酒楼日与同志荒宴。李白去世近百年后,唐懿宗咸通二年(861),吴兴人沈光过济宁时,为该楼篆书太白酒楼匾额,并作《李翰林酒楼记》。宋、金、元时期均对该楼进行过重建和修葺。元世祖至元十九年(1282)开凿济州河时,任城城池北移今址,明代初期城墙易土为砖。明洪武二十四年(1591),济宁左卫指挥使狄崇重建太白楼,移迁于南门城楼东城墙之上,后因长年失修和历次战争而遭到破坏。解放初在原址重建,二层檐下高悬"太白楼"楷书匾额。山东方志中亦有不少对太白楼的记述。如《(道光)济宁直隶州志》卷五之三称:"太白酒楼,在南城上。唐李白客游任城时,县令贺知章觞白于此,后人因建楼焉,唐人沈光《记》。元监州冀德方复于任城县治创二贤祠,祀贺与李。延祐三年,判官赵议甫移于楼东百步,学士曹元用《记》。"① 因太白楼为著名古迹,文人游客行经游览之时,往往会登临赋诗作文。

太白楼因李白而得名,本为骚人吟咏之所。文人登高远望,往往会发出对人生、历史的感慨。这亦成为与太白楼有关诗作的重要主题。《(道光)济宁直隶州志》卷九之三收录此类诗文甚夥,今略举数例,以作说明:

> 城迥当平野,楼高属暮阴。谪仙何俊逸,此地昔登临。
> 慷慨空怀古,徘徊独赏心。峄山明望眼,百里见遥岑。
> ——赵孟頫《太白楼》

---

① (清)徐宗幹修,许瀚纂:《(道光)济宁直隶州志》卷五。

清泗绕任城，何年谪仙游。人间失酒星，落月惟空楼。
骑鲸八极表，鸣凤三千秋。此俊不可得，云山生暮愁。
——于钦《太白楼》

高城蘸云根，聊可慰心迹。长风万里来，如对骑鲸客。
监州好事者，树此楼与石。隆鼻号金仙，更长漫嗟惜。
——张养浩《太白楼》

文人登临太白楼，所记有时为所见之苍茫辽阔的景象，如赵孟頫《太白楼》之"峄山明望眼，百里见遥岑"，于钦《太白楼》之"清泗绕任城"。有时为抒发自己的心迹与情感，如赵孟頫《太白楼》之"慷慨空怀古，徘徊独赏心"。有时为对太白楼的记述，如张养浩《太白楼》之"监州好事者，树此楼与石"。有时则表达对李白风骨的景仰，如于钦《太白楼》之"人间失酒星，落月唯空楼"，张养浩《太白楼》之"长风万里来，如对骑鲸客"。方志将散落于各诗文集中对太白楼的吟咏集合起来，并移录于志中，不仅大大提升了方志中名胜古迹的知名度，而且省去了读者翻检之劳，提升了方志的使用价值。

此外，山东方志中还保存了不少与太白楼有关的记文，据此则可了解太白楼之建造维护过程。如靳辅曾重修太白楼，并作《记》。靳辅在清康熙中曾任河道总督，《（道光）济宁直隶州志》卷六《职官》之清代河道总督表中记述靳辅称："奉天人，顺治己亥进士，（康熙）十六年四月由安徽巡抚任，三十一年再任，十一月卒于官。"[1] 其衙署即在济宁，因此才有重修太白楼之举。此《记》对李白之风骨大加赞扬："当时烜赫如力士，艳煽如太真，炙手可热，公卿争奔走焉。未几而化为荒烟，荡为冷风矣，不闻有断瓦颓垣可觅其遗迹，而吊其

---

[1] （清）徐宗幹修，许瀚纂：《（道光）济宁直隶州志》卷六。

荣落者。即彼华清之宫、沉香之亭，亦复何有？而兹楼乃岿然特峙，远近往来指顾，称道不绝，岂不以其人哉？"将李白与高力士、杨玉环等加以对比，以显示李白之气节风骨实能彪炳千秋，为后人所景仰。此《记》又称："任故多名胜，而以是楼为甲。值岁久倾欹，登眺者殊苦窘步，欲想见公之风概而无从。余以督河驻任，为之踟蹰惝悯，因与叶宪副、任郡丞诸同志勉捐饩资而更新之。"① 记述了重修太白楼的缘由、主持修建之官员等基础信息。

（三）河道官员参与的修建活动

治河及漕运官员在山东运河区域中发挥着重要作用，并积极参与到当地社会生活之方方面面，而修建运河城市建筑即为其重要一端。这在山东沿运地域方志中，亦有不少相关记述。上文之太白楼即由时任河道总督的靳辅主持整修。此外，济宁之南池亦为河道官员主持重修。《（道光）济宁直隶州志》记述南池称："南池，在城南运河岸侧，上有观澜亭，杜诗'晚凉看洗马，森木乱鸣蝉'，即此地也。明《志》云：'南池，唐杜子美与许主簿泛舟游于此。'国朝顺治六年，总河杨方兴重建。"② 此志续又存录州人刘淇《记》云："济宁今城，金元徙建。……旧城庾在南二里许，今谓之小南门，杜员外《南池》诗云：'城隅进小船。'则南池当在小南门左右，可知今城南漕渠之阳曰南池者，乃股引汶、泗之支流而为之者也。其地可数十亩，夹池皆古柳，东西各一亭，东曰'濯缨'，西曰'君子'。西亭前后列树梧楸，皆百年外物。芙蕖弥望，静香袭人。池北距城足二丈，东西相去二百步，城上重屋，为太白楼，与东亭相直。每及残秋，菱熟蒲荒，'蝉鸣森木'之句居然在眼。于以凭吊往踪，流连时物，是亦讌赏之区、风雅所托也。"③ 记南池之本末甚悉。

---

① （清）徐宗幹修，许瀚纂：《（道光）济宁直隶州志》卷五。
② （清）徐宗幹修，许瀚纂：《（道光）济宁直隶州志》卷五。
③ （清）徐宗幹修，许瀚纂：《（道光）济宁直隶州志》卷五。

此外,《临清州志》较为详悉地记述了平江侯陈豫在临清修建城垣、祠宇方面之情况。据此可知,河务官员参与到山东运河沿线各类建筑之修造中,对沿运城市风貌的形成,发挥了较为重要的作用。概言之,临清方志对陈豫在临清修建之举的记述主要有以下数端。其一是修建临清城垣。《(乾隆)临清直隶州志》卷二称:"明洪武二年,徙县治汶、卫环流之中,未及城。正统十四年,兵部尚书于谦建议筑城,从之。诏平江侯陈豫、都御史孙曰良董其役。"① 其二是修建临清校场。《(乾隆)临清直隶州志》卷二称:"教场在威武门外,有堂,有后堂,有简阅亭,有将台。左右有公候所,明景泰间,平江侯陈豫创。"② 其三是修建州学官署。《(康熙)临清州志》卷二称:"儒学在文庙右,明景泰间,平江侯陈豫创。中为明伦堂,前为重门,后为退省堂、斋宿堂,左右为仓溷,东北为射圃。"③其四是修建城隍庙。《(乾隆)临清直隶州志》卷五称:"城隍庙在州署东,明平江侯陈豫创。"④ 其五是修建万佛宝塔。《(乾隆)临清直隶州志》卷五称:"万佛宝塔,高三丈。先是,平江侯陈豫浚琉璃井,得石佛千尊,迎至寺中,乃为塔。"⑤ 其六是对临清文庙的记述。《(康熙)临清州志》卷二称:"文庙,在旧城四隅之中。明景泰既城,平江侯陈豫创。弘治丙辰,副使陈璧扩之。中为先师庙……圣像视阙里像塑……前为戟门,又前棂星门,石槛,朱扉,琉璃翼墙东西。"⑥ 记述临清文庙规制甚悉。由此亦可见,治河官员不仅在运河漕运管理中负有重要职责,还积极参与到相关建筑工程之中,显示出运河对地域社会的多样化影响。

---

① (清)张度修,朱锺纂:《(乾隆)临清直隶州志》卷二。
② (清)张度修,朱锺纂:《(乾隆)临清直隶州志》卷二。
③ (清)于睿明修,胡悉宁纂:《(康熙)临清州志》卷一。
④ (清)张度修,朱锺纂:《(乾隆)临清直隶州志》卷五《典祀》。
⑤ (清)张度修,朱锺纂:《(乾隆)临清直隶州志》卷五《典祀》。
⑥ (清)于睿明修,胡悉宁纂:《(康熙)临清州志》卷二。

第五节　山东方志中的运河其他文献

山东运河对山东沿线地域的影响是全方位和多方面的，其影响在山东沿运地域的方志中有较多的记述。除上述山东运河本体文献、运河河务文献、运河文化文献、运河建筑文献外，山东方志中还存录了较多其他类型的运河文献，在本章中分别加以论述。

一　山东方志对运河工艺的记述

山东沿运地区的传统手工技艺在发展和传承过程中，往往受到运河因素的较大影响，因而具有了较为鲜明的运河非物质文化遗产色彩并在方志中得到较多体现。现选取数种有代表性的传统手工技艺，以方志相关记述为主，稍加论述如下。首先如东阿阿胶生产工艺。阿胶为山东特产，"东阿亦济水所经，取井水煮胶，谓之阿胶"①。东阿阿胶制作技艺成功入选 2008 年第二批国家级非物质文化遗产代表性项目名录，主要包括整皮、化皮、熬汁等五十多道工序，全为手工操作，尤以熬胶、晾胶最为复杂。山东方志记述东阿阿胶颇为详悉。如《(道光) 东阿县志》卷十七录元代罗泌《兖济辨》称："阿胶止浊住吐，下隔而疏痰，以济之性趋下，清而且重，故治淤浊逆上之疴。"② 此条专记阿胶之功效。《(嘉靖) 山东通志》卷八《物产》之"阿胶"条亦称："出东阿，味甘平，微温，无毒。《图经》云：'造之以阿井水，煎乌驴皮，如常煎胶法。'今按，阿井属阳谷县。"③ 则在记述阿胶药效的同时，兼及阿胶之制作工艺。再检《(康熙) 山东通志》卷九《物产》记述阿胶内容与此

---

① (宋) 沈括：《梦溪笔谈》卷三，崇祯马元调刊本。
② (清) 李贤书修，吴怡纂：《(道光) 东阿县志》卷十七。
③ (明) 陆釴等纂修：《(嘉靖) 山东通志》卷八。

同，虽属晚修志书袭用前志之惯例，但亦表明阿胶制作工艺至清代仍颇为兴盛。清代阿胶不仅产量较大，且借助运河水运之便利，成为重要的商品。如距阿胶产地不远的运河名镇七级，"阳阿道横贯于南，会通河纵通于西……是为谷邑之东藩，阿、聊之咽喉，市肆殷繁，人烟稠密……粮艘辐辏，帆樯林拥，百货灿陈，万首攒动……西晋会馆在小东门街北门口之西，於陵会馆在东关东首"①，成为阿胶重要的外销点。厉鹗《小泊阿城镇戏成三首》（其一）称："瓜壶磊落菜登庖，七级南浮到市梢。真伪世间谁可辨？家家门外卖阿胶。"② 即为对七级镇阿胶交易兴盛之真实写照。据此可见，运河漕运有力促进了阿胶的生产与阿胶传统制作工艺的传承，显示出运河漕运对特色传统工艺的巨大影响。

再比如东昌胶枣生产工艺。聊城、临清一带是山东重要的胶枣产区。孔尚任《节序同风录》记述胶枣、牙枣等的加工工艺称："枣类不同，制法亦异，有晒红，有炕红。煮而炕，曰'胶枣'；煮而晒，曰'蜜润'；煮而去皮晒，曰'牙枣'。"③ 聊城方志对胶枣的记述亦颇为详悉。如《（嘉靖）山东通志》从全省角度，记述了东昌府产枣数量之大："枣，六府皆有之，东昌属县独多，种类不一。"并记述其加工情况称："土人制之，俗名曰胶枣，曰牙枣。"④《（康熙）重修清平县志》则记述了适合制作胶枣的红枣种类："枣，种不一，圆者可为胶枣。"⑤ 东昌府属聊城、阳谷等县临近运河，因此山东方志中

---

① 中国人民政治协商会议山东省阳谷县委员会文史资料工作组编：《阳谷文史资料》（第13辑），第19—20页。
② （清）厉鹗撰，罗仲鼎、俞浣萍点校：《浙江文丛·厉鹗集》（中），浙江古籍出版社2016年版，第419页。
③ （清）孔尚任撰，马斯定点校：《节序同风录》，浙江人民美术出版社2016年版，第93页。
④ （明）陆釴纂修：《（嘉靖）山东通志》卷八。
⑤ （清）王佐纂修：《（康熙）重修清平县志》卷下，康熙五十六年（1717）刻本。

亦记述了山东胶枣的生产和贩运情况。如《(嘉靖)山东通志》称："商人先岁冬计其木，夏相其实而直之，货于四方。"①《(光绪)阳谷县志》亦称："船至谷，人遐迩来观者，或辇阿胶、胶枣、绵布、瓜仁等物，与船带大米、赤砂、竹席、葛布等物，杂沓交易，各得所欢。"② 由此亦可见运河商贸流通对胶枣等聊城特色商品的生产起到了巨大的促进作用。

此外，山东方志中亦有对临清帕幔等纺织品生产工艺的记述。临清纺织业颇为发达，织品精美，沿运畅销。《初刻拍案惊奇》卷十二《陶家翁大雨留宾 蒋震卿片言得妇》记明代成化中，浙江余姚书生蒋震卿途中偶遇两个女子，"一个头扎临清帕，身穿青绸衫，且是生得美丽"③，可见临清手帕在明代即已远销浙江一带。临清纺织技艺在山东方志中亦有记述。《(万历)东昌府志》卷二称："临清工组帕幔，备极绮丽，转鬻他方。濒河村聚，织薄纬萧为生。"④ 正因为临清帕幔"备极绮丽"，且濒临运河，交通便利，因此得以在沿运地域广泛销售，成为年轻女子喜欢佩戴、工艺辨识度颇高的高档织品。

二　山东方志对运河人物的记述

方志中大多设有人物志，记述当地名人耆旧，表彰乡贤，以免湮没。方志纂修者对此高度重视，如《(康熙)河南通志》即认为："通志最慎重者，尤在人物。"此志并提出了严谨的收录标准：对"中州名贤代出，自上古迄明初，旧志已有定论"者，则从旧录入。

---

① (明)陆钶纂修：《(嘉靖)山东通志》卷八。
② (清)董政华修，孔广海纂：《(光绪)阳谷县志》卷一。
③ (明)凌濛初：《初刻拍案惊奇》卷十二《陶家翁大雨留宾　蒋震卿片言得妇》，崇祯中尚友堂刻本。
④ (明)王命爵等修，王汝训等纂：《(万历)东昌府志》卷二。

而对新增之传记,则"非勋绩品望、卓然表著者,不敢滥及也"。①《(光绪)肥城县志》亦称:"千里一圣,百里一贤,前人之言洵不诬也。况肥有君子,千古同称哉?第人品不一,或以德著,或以才称,或以节显,性情遭际有不同,故成就亦各异也。"②足见此志在纂修过程中对乡贤的重视。山东运河区域方志对与运河治理有关的人物多有收录,且其记述较其他文献更为详细。如徐标(1591—1644),字准明,号鹤州,山东济宁人,天启五年(1624)进士,曾担任南河郎中多年,补续朱国盛所编《南河志》,并加刊刻,保存了大量宝贵的运河治理资料。徐标为明末清初济宁重要人物,其宦迹较广,在方志等文献中多有记述。如《(乾隆)阳信县志》之《官师志》纲下"知州表"称:"徐标,字准明,山东济宁人,进士。崇祯元年任。"③仅述及其曾在当地任职之经历。而《(雍正)山东通志》之《人物三》为徐标作传称:"徐标,字准明,济宁州人,天启乙丑进士。备兵徐州,剿流寇有功,晋兵部右侍郎,总督畿南、河北、山东等处。李自成渡河,绕塞东下,遣其将刘宗敏掠邢、洺,趋真定。标上疏请援居庸,而自统大兵独当南面。部署已定,忽营将谢加福、李茂春与贼通,乘饷散稍迟,鼓譟而起,执标刃之。是夕,白气亘空如虹。"④主要记述了徐标忠诚奋勇之气节。《明史》记述徐标之生平较详:"徐标,字准明,济宁人。天启五年进士。崇祯时历官淮徐道参议,十六年二月超擢右佥都御史,巡抚保定。陛见,请重边防,择守令,用车战御敌,招流民垦荒,帝深嘉之。李自成陷山西,警日逼。加标

---

① (清)顾沅修,张沐纂:《(康熙)河南通志》卷首《凡例》,康熙三十四年(1696)刻本。

② (清)凌绂曾修,邵承照纂:《(光绪)肥城县志》卷九,光绪十七年(1891)刻本。

③ (清)张钺修,万侯纂:《(乾隆)信阳州志》卷五,民国十四年(1925)汉口大新印刷公司铅印本。

④ (清)岳浚、法敏修,杜诏、顾瀛纂:《(雍正)山东通志》卷二十八。

兵部侍郎，总督畿南、山东、河北军务，仍兼巡抚，移驻真定，以遏贼。无何，贼遣使谕降，标毁檄，戮其使。贼别将掠畿辅，真定知府邱茂华移妻孥出城。标执茂华，下之狱。中军谢加福伺标登城画守御策，鼓众杀之。出茂华于狱，数日而贼至，以城降。福王时，赠标兵部尚书。"① 对徐标之生平记述更为详细。然其所述皆重在记述徐标之生平轨迹，尤重于对其气节之记述，而对其治河之举措，无一字及之。《（康熙）济宁州志》卷七记述徐标之治河经历更为详悉："迁都水郎，督南河，塞建义决口，修高宝石堤，擢河南参议，备兵徐州。河溢常山口，标胼胝畚锸间，数越月，河复安澜。"② 此志纂修于康熙十二年（1673），在时间上早于上引《（乾隆）阳信县志》《（雍正）山东通志》，而且保留了其他志书中少见之关于徐标治河的资料，具有独特的价值。

不少运河人物对一地的影响特别巨大，当地方志对其生平往往有更为详悉的记述。如对明代治河人物陈豫生平的记述，（明）焦竑《皇明人物要考》卷二《陈豫传》称：

> 平江侯陈豫，直隶合肥人，正统二年袭父佐伯爵，十四年，平广寇，功封流侯，加禄一百石，未锡阶号。天顺七年薨。③

相对而言，《（乾隆）临清州志》卷六之下《陈豫传》之记述则更为详悉：

> 陈豫字立乡，瑄之孙，有材干。初得荫为平江伯，征南不妄

---

① （清）万斯同：《明史》卷二十七，清钞本。
② （清）廖有恒修，杨通睿纂：《（康熙）济宁州志》卷七。
③ （明）焦竑：《皇明人物要考》卷二，万历中三衢舒承溪刻本。

杀伤，晋爵侯。景泰、天顺间，三镇临清，筑城庇民，上下德之，卒于官，上为辍朝一日，赠黟国公，谥庄敏，州人为祠祀之。

豫祖瑄，当永乐时，北京既建，罢海漕。济宁、临清河通南北饷运，瑄建议造浅艋二十艘，疏清江浦，引水由管家湖，入鸭陈口达淮，以免淮河风涛之患。就管家湖筑堤亘十里，以便引舟。浚仪真、瓜州二湖港之湮，凿吕梁、徐州二洪巨石，以平水势，筑沛县刁阳湖、济宁南望（按：当即旺）湖长堤，开秦州白塔河，通大江，筑高邮湖堤，内凿渠，亘四十里，以通舟南北，造梁以便陆行。自淮至临清，相水高下，建闸四十七，以时启闭，皆舟楫通行永远之利。于淮滨作常盈仓五十区，以贮江南输税，于徐州、临清、通州皆建仓，以便转输。虑漕舟昧河深浅，自淮抵通州，滨河置铺舍五百六十八所，舍置卒，俾导引舟可行处，缘河堤凿井树柳，以便夏月行者。初岁运二百万石，后增五百万石，国用以足。①

据此，可较全面地了解陈豫治理运河之功绩。更为重要的是，陈豫作为陈瑄之孙，其功绩实为继承其祖之业。陈瑄对明代漕运有开创之功，故此志在陈豫传中用较多篇幅记述陈瑄之事行，对于了解陈豫祖孙之功绩，具有较大的意义。

除对著名运河人物进行了较为详细的记述外，因出于管理河道、保障漕运之需，山东沿运地域设立不少治河保漕机构，方志中对其历任官员亦进行了记述。如《（嘉靖）德州志》卷二记述了弘治中（自六年起）起德州户部监兑分司主事凡13人，正德中凡15人，嘉靖七年（1528）之前凡六人。每位任职官员均列举其姓名、籍贯、功名。

---

① （清）张度修，朱锺纂：《（乾隆）临清直隶州志》卷六。

今略举如弘治朝数人,以明其体例:

> 宋明,直隶濬县人,以进士。胡倬,广西桂林人,以进士。
> 张举,直隶乐城人,以进士。史学,直隶溧阳人,以进士。①

此志在列举德州户部监督分司之题名后,又附高汝行所作《跋》。高汝行(1493—?),字修古,号东庄,山西太原人。《(嘉靖)德州志》卷二"户部监兑分司主事"有其题名。可知高汝行于嘉靖中曾任德州户部监兑分司主事一职。再检《(嘉靖)太原县志》卷二记述高汝行生平称:"高汝行,王索都人,知县坚之孙。中正德十四年(1519)己卯科举人、十五年(1520)庚辰科会试中式,登十六年(1521)辛巳科二甲进士,授户部主事。奉敕监兑河南、山东粮运,升本部员外郎转郎中。奉敕督理淮扬漕运,升广平府知府,补庐州府知府,升浙江按察使副使,奉敕整饬温处二府兵备,带管巡视海道。以诬回籍,屡荐未起。"②作为户部监兑分司主事,其《跋》记述德州漕运管理之重要性称:"国家定都幽燕,供忆唯漕粟是赖。岁运四百万石,而山东、河南居伍分之一。山东之赋,例以入京,则自临、德以达于京、通;河南之赋例以供边,则自元城以达于天、蓟,皆陆输而舟运之。"德州作为山东运河沿线的重要节点城市,在山东、河南等有漕省份漕粮运输方面,发挥着重要作用。因为陆运主要由民办理,由守令负责,而船运主要由军办理,由卫所负责,彼此之间不相统属,"势相轧而心相违,于是纷争之患起矣"。高汝行在此《跋》中又回顾了朝廷为此设立户部监督分司的历史称:"弘治初,廷议遣部使者监之,而争者始定,然而犹后期也。正德十三年,又赐之玺

---

① (明)郑瀛修,何洪纂:《(嘉靖)德州志》卷二。
② (明)高汝行纂修:《(嘉靖)太原县志》卷二。

书，以重其权，而事易济矣。"并指出此职为"部使岁一人"。因时间较久，任职之官员名氏难免湮没，"嘉靖戊子，东谷王公明叔来督漕事，慨然有感。乃稽之往牒，询之故老，自弘治癸丑迄于嘉靖戊子，得凡若干人，详其里氏宦迹，勒之贞珉，虚其右方，以俟来者"。而其建题名碑记之原因，则为"里氏者，臧否之迹也；宦迹者，劝惩之鉴也"①，能够起到劝善惩恶的作用，对于各任官员来说，也是一种有效的约束。

《（嘉靖）德州志》亦保存了主事之题名，起自天顺五年（1461），其中天顺朝凡5人，成化朝凡25人，弘治朝凡19人，正德朝凡17人，嘉靖朝（截至嘉靖七年，1528）凡8人。此题名格式与上引户部监兑分司相同，保存了任职官吏的基本信息，并可为相关研究提供线索。此题名后亦有《跋》，唯不详其作者。此《跋》记述德州户部监督分司之沿革称："德州仓肇建于永乐间，距州北城外三里许。正统己巳，时多故，监督者建议始移置于城中，而公馆仍寓于故地，今故址尚存。"②此《跋》续称天顺五年（1461），"（张）秉彝乃创今馆，徙居之。唯遗文旧牍以迁徙故，多弗存。而岁远事陈，姓名亦鲜有知焉者"。按，此分司之题名始自天顺五年（1461）之张伦，并称："张伦，直隶大名人，以进士。"据此，则张伦亦为大名人，与张秉彝之籍贯正相符合，上文所称之张秉彝或即为张伦。此志之录各官衔名，亦担心其任职官各官姓名历久湮没，"惧及今不录，将愈久而愈不可知也。爰书之木，俟后有考而得者续成之"③。唯此题名录今刊刻于此志，与上引之户部监兑分司题名并刊刻于石者稍异。

---

① （明）郑瀛修，何洪纂：《（嘉靖）德州志》卷二。
② （明）郑瀛修，何洪纂：《（嘉靖）德州志》卷二。
③ （明）郑瀛修，何洪纂：《（嘉靖）德州志》卷二。

三 山东方志对运河战乱的记述

山东运河区域经济相对富庶，外地商人在山东沿运城镇经商贸易，逐渐形成了运河商业带。运河城镇因相对繁荣与富庶而易遭觊觎，亦往往在社会动荡时首当其冲，而遭到较大的破坏。《（万历）兖州府志》所录杨胤贤为安平镇修城所作《记》称："安平为镇，介在予邑暨东阿、阳谷三城之冲，与清源、任城兢华而角缛，商贾辐辏，财货山积。故细民习俗颇淆杂而无章。豪侠鼓翼，盗窃垂涎，良有繇也。古云：'滔天之势，始于涓涓。'言事当谨其微也。"① 即表明了对富庶的运河城镇亦受到战乱冲击的隐忧。

山东沿运地域方志对运河沿线地区遭受战乱情况记述颇为详悉。峄县为运河南北孔道，辖内之台儿庄以富庶著称，《（光绪）峄县志》卷十六《大事记》称："峄之困于贼久矣。"② 此卷专题记述峄县自明代以来所遭农民起义之冲击，而尤详于"咸丰八年戊午秋九月壬寅晦，捻匪张乐形（即张乐行）、刘天福（按，或即为苏天福）窜陷台庄"之后。此卷首记峄县致乱之源。他认为农民起义初起之时，"一二桀恶无籍之徒假息崔蒲，得良有司任属之，其势固可旦夕扑灭也。其后群凶啸聚，投死岩险，其擅兵逋诛，亦非有远图也"。之所以会出现动荡绵延、民生不靖的情况，关键在于各地方官"其始姑息讳饰，以致莫大之患酿成于不足虑之中。至于贼势大炽，则又务为张皇，以规免罪，而不顾贻国家之深忧"。一旦出现农民起义等社会动乱，"其牧守令长有地方之责者……相与填关闭门，追夫守垛，一任其剽掠，得气而去。以故贼攻州而府不救，攻县而州不救，攻乡村而县不救。府弃其州，州弃其县，县弃其乡村，颠颠然困守于一城之

---

① （明）朱泰、游季勋修，包大爟纂：《（万历）兖州府志》卷十七。
② （清）王振录、周凤鸣修，王宝田纂：《（光绪）峄县志》卷十六。

中"。由此可见，社会动荡与战乱主要在于地方官之消极无能与颠顶自私。因此作者又称："夫伏莽窃发，所在有之。但使吏治一清，则群奸自破。苟不探其本，而遽谓未可卒禁，是张盗势而宽吏责也。"① 可谓深得治平之本。

此志记述咸丰八年（1858）九月捻军张乐行部进占台儿庄，并攻打峄县县城之本末甚悉。其攻打台儿庄，即因为"台庄为峄巨镇，商贾辐辏，富于县数倍，谋攻之"。此志记述张乐行部捻军进占台儿庄情形称："是月杪，逆首张乐形、刘天福率贼数万，自丁庙闸渡河，直犯台庄。时台城久废，参将营老弱仅数百，又多空额，仓卒不能军，遂逃去。居民不知所为，亦奔窜。贼大喜，长驱直入，纵掠三日乃去。"此后，捻军又北上进攻峄县县城，"警闻，城民大震，富户迁避出城者不绝。官吏诃禁之，不可止。盖时筑城工未竣，楼堞多缺。闻台陷耗，人无固志。令贼以偏师北犯，则全城震慑，不能为旦夕守也。幸该逆只贪卤获，绝无远略，一得饱掠，即相率归巢，故县城卒免于难。而诸绅富迁避他出者，大半为贼游骑所掳，或至全家陷没。"② 此为峄县第一次遭到捻军劫掠。此志又记咸丰九年（1859）四月捻军刘天福部进攻峄县县城、军民守城之本末。概言之，主要有以下几方面内容。其一为城守之无备："是时，城工甫竟，壕堑未濬……以承平久，民不知兵，军械火器多不具。猝被攻击，上下惶骇，不知计所出。令邹公故书生，闻警，唯涕泣誓死守，枕剑卧阁中，不复出。"可见此时峄县上自县令，下至百姓军民皆惶惧，峄县城几不守。幸故闸官姚鸿烈"以避兵来县。其人沉勇有大略，深晓戎机。至是与于城守，官与民皆深委仗之。团长韩培厚奉檄带练丁二百余人至，缒而入，分部城守"，峄县之守备方有头绪。此志续记此次

---

① （清）王振录、周凤鸣修，王宝田纂：《（光绪）峄县志》卷十六。
② （清）王振录、周凤鸣修，王宝田纂：《（光绪）峄县志》卷十六。

捻军攻城及峄县军民守城本末甚悉:

> 十六日辰,以二卒持刃驱降者,冒死抵城下,火东门。烟焰上扑,守陴者皆却立,城内妇孺惊泣。姚君乃率死士灭火,击退悍贼,以二巨炮门之。而老弱囊砖石填门立就。邹侯亦亲巡,晓谕居人勿恐,众乃复定。贼以火攻不利,乃缚云梯数百架,负置堑下,严队将大举傅城,危甚。会徐州将常公以骁骑数百来救,令后队营河墹,而自将精卒百余骑觇贼。猝与遇,推锋直前,所向披靡。贼前锋大败,于是撤攻城诸队,并力敌之。常公以众寡悬绝,乃为卷塘队严阵出险,贼以数千骑绕之而不敢逼。是役官兵死者数十人,而贼精锐大伤,始气慑思遁。城民于其间缒勇士,尽焚其攻具。复于官廨搜获奸细二人,杀而尸诸城上。贼知不可攻,于十七日辰解围去。杀遗民,烧田庐,烟火亘数十里不绝者又四五日。①

此次成功守城,一方面因姚鸿烈、韩培厚等率军民并力守城,一方面因徐州援兵与捻军野战,减轻了守城压力。此记此后又记述称:"是时四门并攻,杀伤避难男妇数百口,烧附城房屋数千间,皆近地耳目所及睹记者。"可见此志所记述均为采访目击者所得,具有较强的真实性和较高的史料价值。此志又记述咸丰十年(1860)后峄县再遭侵扰、百姓屡遭荼毒之情形尤为详悉。其记述百姓被扰称:"咸丰十年后,贼凡数大至。旌旗钲鼓震百里,村墟烟火相望。老稚妇女系累僵仆,襁属于道,而土匪为之向导。南起频河五社,北讫沿山诸村,以至幽隐险绝、人迹不到之区,搜抉淫掠,无弗遍焉。"其记述官兵扰百姓称:"然贼至一二日,官兵尾其后亦至。贼所卤获,犹时有纵舍。至官兵则衣粮牲畜,恣意抢劫。其尤滞重不便携持者,则断

---

① (清)王振录、周凤鸣修,王宝田纂:《(光绪)峄县志》卷十六。

割焚弃之,以为快。故当时有'贼如梳、兵如篦'之谣。"其又记述逃兵侵扰百姓称:"至逃军游贼之不入队者俗名营混子,一名二贼,又尾官兵之后,假其军号,以恐吓村民,淫污妇女,其毒蜇殆尤甚焉。"① 台儿庄、峄县均为运河所经之地,较为富庶,因此在晚清捻军冲击中遭受巨大的损失。

再检此志卷十六《大事记》称:"至诸采访册所纪乱事众矣,兹为删存其要,以著于篇。"据此可知,此卷所记峄县清末遭受捻军扰乱之本末为实地采访所得。所录之故实距此志之修不过数十年,所记述之内容当得之故老耳闻目击,堪称实录。其卷末之"论曰"称:"方贼至时,余年甫垂髫,但闻寇众且锐,居人皆惶扰。吾家自先王父以下,凡胜兵者,皆与守陴焉。其后冒风雨戍宿城上,积六载乃罢。又数年而贼平,城门始开。自古乱离之久,未有过于此时者也。然则贼至之无时,而吾人之积苦于兵亦已甚矣。"② 此志所记得自采访目击,对战乱的记述精细而准确,显示出方志在保存一方之史方面所具有的独特价值。

四 山东方志其他运河文献举隅

除上述各类运河文献类别外,山东方志还存录了内容多样的运河文献,亦值得重视与使用。

(一)山东运河徭役文献

山东方志中对沿运地域所承担的徭役、赋税有较为深入细致的记述,保存了大量丰富的第一手资料。如宁阳县作为引汶济运的要地,"伏山盘踞于东北,洸水萦回于西南,居然形胜地也。而汶流出岱谷中,至县北境,甚为浩衍,堽城堰一筑,引汶济漕,实南北咽喉所

---

① (清)王振录、周凤鸣修,王宝田纂:《(光绪)峄县志》卷十六。
② (清)王振录、周凤鸣修,王宝田纂:《(光绪)峄县志》卷十六。

系"①，在山东运河水源保障方面居于重要地位。正因如此，宁阳县百姓负担与运河有关的徭役和赋税较重。《（万历）兖州府志》记述与宁阳县治理运河有关的差役、民夫及银数。其记述泉夫称："泉夫九十名，每名征银三两，共银二百七十两。"②此志亦有对治运衙署官差的记述，如其记述门子称："河道都察院四名，工部管泉分司三名，每名九两，共银六十三两。"记述皂隶称："本府七名，每名十两八钱；管泉分司十六名，每名七两二钱，共银一百九十两八钱。"与修治运河相关的沂州兵备道亦设有相关夫役，此志其记述泉夫称："泉夫见役七十九名，每名三两，共银二百三十七两。"记述坝夫称："坝夫，堽城坝看坝一名，银二两。"不仅详记了夫役的类别、数目，而且记录了夫价，为研究明代晚期山东运河夫役的设置与经费支出提供了宝贵的第一手资料。尤其值得注意的是，宁阳境内的夫役还存在协济他处的情况，如其记述闸夫称："闸夫见役协济东平靳家口闸十名，共银六十两。"③可见山东运河徭役方面，除了因运河治理所需，设置相应的泉夫、坝夫外，还根据具体需要，对不同地域服役民夫进行了调配，以期更为有效合理地使用民力。

（二）山东运河灾荒资料

山东为我国灾荒较重的省份，山东西部沿运地域经常发生灾害与荒歉。在山东沿运地域方志的《灾异志》中，往往对与运河有关的灾害及随之而来的荒歉有细致翔实的记述，对于研究运河沿线气候、水文及运河灾荒对沿运社会的影响，提供了有价值的第一手资料。

山东中西部不少灾害的出现与运河的开凿和使用有一定关联。运河作为南北向的河道，其河堤阻滞了运河以西积水的下泄，容易造成内涝灾害。《（万历）东昌府志》记述明代东昌府一带内涝情形称：

---

① （清）李温皋纂修：《（康熙）宁阳县志》卷首《序》。
② （明）朱泰、游季勋修，包大㷡纂：《（万历）兖州府志》卷二十六《民役》。
③ （明）朱泰、游季勋修，包大㷡纂：《（万历）兖州府志》卷二十六《民役》。

"今之患在黑阳山水，伏雨积日，挟卫、南、滑、澶诸流，趋入府境，弥漫数百里，禾黍之场化成泽国，观城县为大张陂，范县为周望陂，朝城县为旧县陂，聊城县为鹅鸭陂，郡城迤北通舟楫数十里，累岁种不得下，百姓捕鱼拾蛤自给。"面对严重内涝，"当事者惮于天顺间河决之故，噤口不敢言疏"。但"水暴涨溢溢，未尝不灌漕而东"①。山东内涝情形至清代亦未解决，《大清一统志》记述大张陂称："在观城县北十里，其地洼下，每过雨潦，即成巨浸。"② 此志还提出了治理山东内涝的建议："往刘忠宣公建通源等闸，输泄诸流，规制俱在。倘请于朝，属治河使者按寻故迹，疏引北注濮、范，诸水由张秋入河，朝城、观城、聊城诸水由府城南龙湾入河，府城北诸水由魏家湾等处入河，各从减水闸外泄……百姓飨其利。"③ 可见，明代东昌府一带之水灾，一方面与运河阻隔积水下泄有关，但更为重要的，仍是地方官惮于影响漕运而消极治理水患造成的。

战乱之后，百姓死亡流离，往往继之以疾疫。如《（光绪）峄县志》卷十六《大事记》记述咸丰中峄县遭受捻军侵扰后发生的严重灾荒疾疫。其称当年之灾荒称："是时连岁荒歉，飞蝗蔽天。"再记述当年之瘟疫称："仲夏后，瘟疫大作，有病一二日即死者，亦有病一二时即死者。甚至方食失箸，遽仆案下，言笑未终，而气脉已绝。以故沿街臭秽，塞鼻刺心。出户者触之而蹶，送殡者遭之而僵。城固不足三里，而一日殒殁至百余人。于是木价踊腾，樗散之材、薄劣之棺，皆非数金不能得，他物称是。"④ 保留了对运河区域灾荒疾疫的真实记述。

（三）山东运河区划资料

方志的纂修多以府州县为范围，运河所经地域行政区划的变迁与

---

① （明）王命爵等修，王汝训等纂：《（万历）东昌府志》卷二。
② （清）和珅等：《钦定大清一统志》卷一四四，文渊阁《四库全书》本。
③ （明）王命爵等修，王汝训等纂：《（万历）东昌府志》卷二。
④ （清）王振录、周凤鸣修，王宝田纂：《（光绪）峄县志》卷十六。

第四章　山东方志运河文献的内容　·235·

运河研究有较为密切的关系。山东西部沿运地域区划变化频繁，其变化更迭之脉络在当地所修方志之"沿革"中往往有较为完整和详悉的记述，对于了解一地行政区划之变迁具有很大价值。如东平州之区划变迁，即详悉保存于《（光绪）东平州志》卷二《方域考》之"沿革"目中。此志所记述之东平州为运河所经，其辖地在元代为山东东西道所属之东平路，并注称："至元五年以东平为散府"，并称："（至元）九年，改下路总管府，领县六：须城、东阿、阳谷、汶上、寿张、平阴。"明代属山东布政使司兖州府所辖之东平州。此志记其明代区划称："须城省入，初为府，洪武八年降为州，隶济宁府，十八年改属。"清代属山东布政使司泰安府之东平州。此志记述其清代区划称："初属兖州府，雍正八年升为直隶州，领东阿、平阴、阳谷、寿张四县。十三年，撤直隶州，属泰安府。"①即详悉记述了东平州自元代以来东平路、东平府、东平州之变化脉络，表述简洁清晰，颇便查考。

再比如，明代实行卫所制度，设山东都指挥使司，领十九卫、十五所，山东卫所的兴废即与运河有密切的关系。《（雍正）山东通志》称："本朝自顺治十三年，以至康熙十六、二十七等年，凡无益卫所，悉皆裁并，存襄运之卫四，曰德州，曰济宁，曰东昌，曰临清；所一，曰东平。防海之卫七，曰安东，曰大嵩，曰鳌山，曰灵山，曰成山，曰威海，曰靖海；所二，浮山，曰雄崖。"可见对清前期朝廷而言，卫所在襄运和防海方面，尚具有较大的价值。随着海宇日渐宁谧，卫所进一步裁革，"雍正三年裁都指挥使，十二年，裁沿海诸卫所，止存安东一卫，而运卫如旧"②。所裁均为沿海卫所，而沿运卫所均得以保留，可见，运河卫所在清代的重要性一直存在，由此亦可

---

① （清）左宜似修，卢崑纂：《（光绪）东平州志》卷二。
② （清）岳浚、法敏修，杜诏、顾瀛纂：《（雍正）山东通志》卷三。

见清代对运河的关注。保留卫所建制,其一为方便运河河道管理,《治河全书》卷四称:"东昌卫收并平山卫河道,在东昌府东南隅,地名南龙湾,北自本营界碑起,南至邓家楼界碑止,西岸一边长三里。"① 其二为方便漕粮运输。《(乾隆)德州志》卷七"德州水次兑运船只"条称:"东昌卫帮自备船二十六只。"② 可见,卫所承袭明代运军体制,在清代仍有运输漕粮之责,此亦为清代山东沿运卫所保留较多的原因之一。

---

① (清)张鹏翮撰:《治河全书》卷四,清抄本。
② (清)王道亨修,张庆源纂:《(乾隆)德州志》卷七。

第五章　山东方志运河文献的价值与现实意义

第一节　山东方志运河文献的文献学价值

总体来看，山东方志中保存了丰富的运河文献资料。这些运河文献的来源虽然不同，但通过山东方志的纂修而得以定格下来，在文献存录、校勘、辑佚等方面，均具有较大的价值。同时，受方志纂修体例及纂修者水平等因素的影响，山东方志中的运河文献还存在一些局限性。对山东方志运河文献的价值进行评析，有助于全面认识山东方志中存录的运河文献，同时对于科学把握和使用相关文献，亦具有较大的意义。

一　山东方志运河文献的存录价值

方志具有较强的资料性。山东方志中的不少运河文献或取自多方实地采访，或取自基层档案，不少资料具有较强的基础性、原创性，并为其他正史、政书及运河专书所不载，具有较高的文献价值。

（一）存录资料的即时性

方志记事，往往截至修志之时，因而所记述的不少内容，即为修志者目击所得。运河非物质文化遗产与物质文化遗产相比，缺少看得见摸得着的物质形态，因而更易出现变形或散佚。特别是与运河相关的民风习俗，随着外在环境的变化，亦往往会迅速散佚。方志纂修者通过考察和搜集，对目见耳闻的运河非物质文化遗产进行直观的观察和记述，将相关资料定格下来，为在较长的历史时段内，对运河非物质文化遗产进行较深入的专题研究，提供较为真实的第一手鲜活资料。如《（万历）东昌府志》修于万历二十八年（1600），其卷二《地理志》之"风俗"记述东昌府之士民风气称："成化间盛修诗书之业，服食朴素，士宦游归里，徒步不张车盖。嘉靖间生齿滋蕃，盖藏露积，庠序之间断断如也。里党宴会，少长不均，茵席而坐。隆庆后风恣侈靡，庶民转相仿效。器服诡不中度，游闲公子舆马相矜，盛饰蜉蝣之习，意气扬扬，娉鄙闾里，濒河诸城尤甚。"① 此段文字梳理了东昌府民风自成化中（1465—1487）至隆庆（1567—1572）后百余年的变化过程，对东昌府之民风习俗进行了整体性的概括，其记述下限直至纂修此志的万历中期，为今可考见对聊城民风的最早记述。明代山东运河自弘治中堵筑沙湾决口后，河道状况基本稳定，为南北交通提供了较好保障。明中后期聊城作为运河所经的重要区域，临清等运河城镇不断发展繁荣，带来了民风士习的显著变化。《（万历）东昌府志》记述运河商贸繁盛带来的奢华之习称："器服诡不中度，游闲公子舆马相矜，盛饰蜉蝣之习"，即显示出较为强烈的商业色彩，其称"濒河诸城尤甚"，更直接表明了运河商业繁荣对沿河士民风气的直观影响。明晚期的百姓风习得以保存在明修聊城志书中，为进行相关研究提供了宝贵的资料。今再举临清民俗之直观记述二例，以详加说明。《（民国）临清县志》记述临清庙会习俗称："临清庙会不一而足，如城隍庙则正月、腊月及五月二十八日均有会，五龙宫则三月三日有会，歇马厅则四月初有接驾会，碧霞宫则九月初间有会。乡间之会，黎博店在二月中旬，小杨庄在三月下澣。各会之中以

---

① （清）胡德琳等修，周永年等纂：《（乾隆）东昌府志》卷五《地域》。

西南关之四月会为最大。邻封十数县于初十前后均来赶趁，名曰进香火。"① 其记述临清庙会之俗，当亦多得自采访搜集，方能如此之全面详悉。其中不少庙会今已不存，此记录对了解民国及民国之前临清庙会情形具有很大的价值。

（二）存录资料的完整性

方志记述之内容往往有较长的跨度，内容亦较为完整全面。其他文献资料虽然也有相关之记述，但是相对而言，大多较为零碎和片面。从这个意义上说，方志对了解某项非物质文化遗产发展的来龙去脉，并形成全面细致的认识，具有较大的价值。如具有鲜明运河特色的临清贡砖烧制技艺，即被列入第二批国家级非物质文化遗产名录。明清两代修建北京皇宫各大殿和紫禁城城墙，以及明十三陵、清东陵、清西陵等皇家陵寝所用的大青砖，绝大部分是山东临清州烧造的。因为这些砖是专为皇家定制的，故被称为"贡砖"。临清贡砖至清代后期质量逐步滑坡，如道光十年（1830）夏，朝廷命"将办理万年吉地工程所需临清砖如式烧造，该抚务督敕承办之员加工妥办。总需质地坚实，按照定例尺寸作法，烧造六十万块"。军机大臣乌尔恭泰等奉谕查验临清砖，发现"质性浮松，沙眼太多"，难以选用，不得已改为"由京烧造"。此后，临清贡砖烧造日少，至清末遂基本停止，前后持续了四五百年。

在聊城方志中，即保存了对临清贡砖烧制技艺的全面记述。今以此为例，稍加论述如下。具体来看，聊城方志对临清贡砖的记述主要涉及以下几个方面。一是对临清贡砖历史脉络的记述。因方志的纂修前后相继，随记述时间的延伸，其对临清贡砖的记述亦不断延伸，将不同志书记述临砖历史脉络的内容相互衔接，可以较为完整地了解临砖烧造的整体脉络。如《（乾隆）临清直隶州志》称："明永乐初，

---

① 张自清修，张树梅等纂：《（民国）临清县志》卷六。

山东、河南并直隶河间诸府俱建窑烧砖，临清设工部营缮分司督之。分司署在中洲，因名其地曰工部厂，颇甚宏壮。岁征城砖百万，后省诸处窑厂，停罢折收砖价。寻又部发砖直，而临清开窑招商，视昔加倍矣。"① 此外，又引于慎行《司空大夫刘君陶政记》，对万历中工部营缮分司主事刘伯渊整治临清砖务情形进行了记述。此志又称："乾隆十三年五月奉文，万年吉地需砖四十万，立限本年七月全数解津。巡抚阿里衮饬委济南府同知马淇理、东昌府同知陈□，协同知州王俊督催烧造，由是六处复添建窑十二座。"是为对清中期临清贡砖烧造的记述。《（民国）临清县志》称："临砖自官窑停办后，所有砖窑，散见各乡，砖式小于官窑数倍，重量仅三觔余。民国二十二年（1933），复立官窑两处，而所制之砖益苦窳不堪用矣。"② 是为民国中临砖生产情况。据此可以较为清晰完整地了解临清贡砖的生产历史。二是对临清贡砖烧造机构的记述："工部营缮分司，设于明永乐初年。当时由侍郎，或郎中，或主事，督征山东、河南、直隶河间诸府砖价，于临清建窑厂，岁额城砖百万。嘉靖五年，尚书赵璜请员外郎一人莅之，三岁一代，清顺治十八年缺裁。"③《（乾隆）临清直隶州志》称："国朝顺治十八年，裁工部营缮分司，以山东巡抚领之。监办官为东昌府同知，承办官为临清州知州，分管官为临清州吏目、税课局大使、临清仓大使、夏津县巡检、清平县巡检，今专归临清州管理。"④ 三是对临清砖窑及砖制、砖价的记述。《（乾隆）临清直隶州志》卷九称："砖窑有六。东曰孟守科。在二十里铺清平界内。南曰张泽，曰畅道，地名白塔窑。西南曰刘成恩，在吊马桥迤东。北曰周循

---

① （清）张度修，朱锺纂：《（乾隆）临清直隶州志》卷九《关榷》。
② 张自清修，张树梅等纂：《（民国）临清县志》卷三。
③ 张自清修，张树梅等纂：《（民国）临清县志》卷九《秩官志》。
④ （清）张度修，朱锺纂：《（乾隆）临清直隶州志》卷九《关榷》。

鲁，曰张有德，地名张家窑。旧六处，共窑十二座。"① 此志并记述临清砖制："砖式长一尺五寸，宽七寸五分，厚三寸六分，以体质坚细，色白声响者方入选。王俊旧志曰：按旧式宽七寸二分，乾隆八年奉文加宽三分。"② 又记述临清砖价称："砖价每块给工价银二分七厘，如挑出哑声者，每块变价银一分七厘。不堪用者，每块变价银一厘七毫。"③

再比如《（民国）临清县志》对临清哈达的记述，亦涉及临清哈达的类别、生产、销售及与运河的关系。其记述临清哈达发展历程称："丝工类，其最著者为粉绢行。一名哈哒庄，收买运销者曰丝店，织户曰机房，染工曰浆坊。前清季世最为发达时期，全境机房七百余，浆坊七八处，收庄十余家，织工五千人……自外蒙多事，此业顿衰。现有机房不过数十家，收庄三四家，每年输出货价仅六七万元。今昔相差，不啻天渊矣。"其记述临清哈达类别及规模："其织机有大小之别，出品有净货、浆货之分。净货为佛像佛字丈哈哒、八宝通面等，浆货为浇花、浆本、丈绢等，统售销于内外蒙古及察、绥等地。民国十年以前，年销货值常达百数十万元。"尤其值得注意的是，此志还提及临清哈达织造业与运河的关系："考此项丝织业，发源于苏州。自太平军兴，遂转移于临清。今苏庄多改营绸缎，而临清织工则听其失业，殊可惜也。"④ 正是因为苏州织工沿运河北上临清，遂促进了临清哈达织造业的发展。可以说，临清哈达的产生、发展与哈达织造业的兴盛，与运河漕运有着直接的关系。

（三）存录资料的文献性

保存地方各类原始文献是方志的重要特色。方志的纂修者大多在修志时移录了大量原始文献，这些资料往往可以补相关著作之不足，

---

① （清）张度修，朱锺纂：《（乾隆）临清直隶州志》卷九《关榷》。
② （清）张度修，朱锺纂：《（乾隆）临清直隶州志》卷九《关榷》。
③ （清）张度修，朱锺纂：《（乾隆）临清直隶州志》卷九《关榷》。
④ 张自清修，张树梅等纂：《（民国）临清县志》卷三。

特别是在诗文辑录方面,具有独特的价值。如前所述,城市商业的发展促进了沿运城市的繁荣,大大丰富了聊城沿运地区非物质文化遗产的形态。从方志收录城市建设的相关文献中,可以了解域内经济发展状况,并为相关历史与文化遗产研究,提供重要的背景资料。今以《(康熙)张秋志》为例,稍加说明如下。《(康熙)张秋志》卷二《街市》记述张秋镇格局称:"镇城幅员树里,自南而北,则漕渠贯其中,自东而西,则谯楼绾其口。城中街市以此定其界焉。"今据此志列举张秋手工艺市肆如下:

表 5 – 1 　　　　　　　　　　清康熙中张秋市肆一览表

位置	市肆	数量
漕河以东(东阿县辖)	炭市、盐店街	2
漕河以西、谯楼以南(寿张县辖)	竹竿巷、清香市、南米市、葱市、羊市、小猪市	6
谯楼以北(阳谷县辖)	磁器巷、锅市、花市、北米市、牛市	5
谯楼直西贯西门大街	大猪市、木头市、果子市、鬏髻巷、南京东店盛时江宁、凤阳、徽州诸缎铺比屋居焉,其地百货亦往往辐辏,乃镇之最繁华处	较多

因《张秋志》自清康熙后未再纂修,而阳谷、寿张等地方志或记述不详,或付之阙如,故《(康熙)张秋志》对张秋街市的记述,即成为了解张秋这一运河名镇商业格局、手工技艺特色的重要基础材料。此外,《(康熙)张秋志》卷十收录谢迁《重建安平镇谯楼记》、陈守愚《安平镇旧城记》、于慎行《安平镇新城记》,记述安平镇城池修筑方面的重大事务。其中谢迁《重建安平镇谯楼记》称:"安平镇旧名张秋,隶兖之东阿,实当漕河要冲之会。民夹东西岸而居者无虑数千百家,岸西有谯楼,置漏刻角鼓以正节候,以警晨昏,以示民之作息。楼之下,凡商贾贩息、日中为市者皆归焉。"陈守愚《安平

镇旧城记》称:"帆樯鳞集,车马肩摩,商贾刀泉,贸易纷错,旁午醉歌者载道。"于慎行《安平镇新城记》亦称:"自江淮以北,每数百里之中,各往往有名城大都,聚五方之货贿,以为公私之所顿置,而安平以一聚落,居临清、济宁之间,十得四五焉。"以上诸记不仅记述了张秋之繁盛景象,而且也对张秋之民风有所涉及,均为研究运河商贸与社会状况提供了重要的背景材料。

此外,山东方志还保存了不少为他书所不载的重要文献。如临清为运河沿岸重要钞关,《(乾隆)临清直隶州志》专设《关榷》一门,并全文移录了乾隆中山东巡抚喀尔吉善《重修榷关公署记》和州人胡悉宁《豁免土税碑记》。这两篇文章初见于《(乾隆)临清直隶州志》,《(民国)临清县志》并加移录,此外未见于他书。此二文实为清代临清经济活动的重要文献。喀尔吉善《重修榷关公署记》称:"我皇上……复特旨永免各关米豆商税,著为令甲,普天率土,谷货流通,万世无穷之利也。而不尽免杂税之征者,岂利此锱铢之人,以益帑藏哉?诚不欲民之逐末专利,而故抑之。则榷关之设,所系于政体者甚大,而不容以一日废坠者也。"① 直观表明了朝廷在临清设关收税的动机和目的。而胡悉宁《豁免土税碑记》则真实记述了征收土税之政对临清商业的影响:"关市之设,原以禁暴戢奸,讥察非常也。先王惧人之趋利如骛也,故严其名于关,而薄其征于税。其意盖欲人之尽力于南亩,非以云利也。清源为南北重地,百货云集,兵燹以来,萧条日甚一日。嗣又变部差而隶有司,蠹胥苛政,察及鸡豚。遂致商贾闻风裹足,用遗督榷之忧。吾清习奢土瘠,逐末者十室而九。近来商贾星散,繁华十存二三耳。于是土之所产,如芝麻、菜子、绵花,犹将苛求之,而吾清益困。"② 此记记述了清代临清商贸

---

① (清)张度修,朱锺纂:《(乾隆)临清直隶州志》卷九《关榷》。
② (清)张度修,朱锺纂:《(乾隆)临清直隶州志》卷九《关榷》。

日趋衰落的总体趋势,保留了临清税收规定方面的重要文献,为研究运河经济史与社会变迁,提供了宝贵的线索和信息。

二 山东方志运河文献的采择价值

山东方志中保存的大量运河文献,受到历代文人和官员的重视,其中不少资料被其采择和使用,得以吸收到相关著作中,成为其他著述的有机组成部分,具有较高的文献价值。

(一)其他文献对方志文献的采择

山东方志保留的大量运河文献,部分为方志纂修者搜集采录而成,部分为方志纂修者利用更早材料修改编纂而成。其搜集采录的文献具有较强的原创性。如《(万历)东昌府志》卷二对东昌府风俗的记述,其总述部分起自"尚父、康叔之遗教",经明代成化、嘉靖之变迁,至"万历己亥,两榷使驻境上,讹言蜂起,小民蹙额相吊,自城市以至村落,争奉无为等教,持斋讽呗,阖境响应,议者以为乱萌"①。这些记述即为王汝训等在纂修《东昌府志》时对聊城民风变迁的概括与总结。这一论述为方志纂修者之耳闻目击,具有较高的价值,遂被《古今图书集成》之《方舆汇编职方典》第二五三卷存录。《(嘉庆)东昌府志》亦收录此条,而删"议者以为乱萌"一句。此外,此志对东昌府各属州县之风俗进行了详细的记述,并被顾炎武《肇域志》所采用。顾炎武编写《肇域志》,引证宏博,兼收并蓄,力求完备,其征引历代史料之浩瀚,超过《寰宇通志》《明一统志》,保存了大量明代及清初方志资料。顾炎武《肇域志自序》称:"此书自崇祯己卯起,先取《一统志》,后取各省府州县志,后取《二十一史》,参互书之,凡阅志书一千余部,本行不尽,则注之旁,旁又不

---

① (明)王命爵等修,王汝训等纂:《(万历)东昌府志》卷二。

尽，则别为一集，曰'备录'。"① 顾炎武为明清易代时之著名学者，以治学严谨、学识淹贯著称，其征引《（万历）东昌府志》此条记述，由此亦可见其重要的文献价值。

（二）后出方志对前修今佚方志存录运河文献的采择

方志修成后，因时间较长，往往会出现亡佚。前修志稿，有的仅以手稿相传。其中关于运河的文献，不少得以藉后修方志保存下来。如嘉庆、道光中，峄县县令万承绍曾主持修志，粗具其稿，未能修成刊刻。其稿在纂修《（光绪）峄县志》时为修志者所访得，其中资料得以保存在《（光绪）峄县志》中。《（光绪）峄县志》卷七称："前令万公承绍修志，于物产约分十三类，其为目颇详，而所以为峄人计者，其用心尤远也。余感其意，为删存之，著于篇。"② 其中对峄县土产及运销情形的记述颇有价值：

> 菜所以佐谷也，故次以蔬，其属二十有八。菘（一名白菜）、芹、芥……以上诸蔬，自食者多，惟菘、姜鬻于江淮者颇获厚利，人尤愿种之。
>
> 果亦养生家所必需也，故次以果。其属二十有一。梨、杏、桃、李、枣、柰、柿……以上诸果，土皆宜。枣、梨、柿……尤有名，行贩江湖数千里，山居之民皆仰食焉。③

峄县地处鲁南，水运发达，运河仍能使用。上引之峄县菜、果等土产不少当仍可由运河外运行销。此段资料原本保存在嘉庆、道光中万承绍所修《峄县志》中，此志仅存稿本，流传不广。至光绪中，王宝田纂修《（光绪）峄县志》，方采录上引内容入志，并刊刻传世。

---

① （清）顾炎武：《肇域志自序》，《肇域志》卷首，第1页。
② （清）王振录、周凤鸣修，王宝田纂：《（光绪）峄县志》卷七。
③ （清）王振录、周凤鸣修，王宝田纂：《（光绪）峄县志》卷七。

万承绍所修《峄县志》今已不传，而此志之内容，幸赖《（光绪）峄县志》之收录，而得以部分保存下来。

（三）后出方志对前修方志文献的修饰与润色

后出方志往往大量借鉴前修方志内容，但亦有所取舍和修正。如赵英祚之《（光绪）鱼台县志》即在旧志基础上续行纂修："唯据旧志为根柢，扩而充之，撼而收之。虽百余年来之变迁容不无颠倒挂漏之讥，而搜罗爬抉，参互考订，删繁就简，去疑存真，无事附会，无取浮靡，姑乘数月之闲暇，聊备一邑之典籍。"①今举关于临清民风习俗之一条记述，稍加论述如下。

> 俗近奢华而有礼，士虽务名而有学，文教聿兴，科第接踵，舟车毕集，货财萃止，诚天下佳丽之地，衣冠文物胜于他邑。崇礼让，重廉耻，不好健讼，服贾者居田什之六，士大夫尚礼好义，文物甲于东方。②

> 临清州俗近奢华而有礼，士虽务名而有学，文教聿兴，科第接踵，衣冠文物甲于东方。舟车毕集，货财萃止，服贾之民亦什居其六焉_{邑志}。③

《（康熙）临清州志》纂修于康熙十二年（1673），《（雍正）山东通志》纂修于雍正七年（1729）。在纂修过程中，省志必然参用已有各府州志，并剪裁移录相关内容。《（雍正）山东通志》纂修较晚，自然会借鉴先修之《（康熙）临清州志》。通过对上述两段引文进行对比，可以看出，《（雍正）山东通志》对《（康熙）临清州志》相关资料进行了修整与润色，概言之，主要有以下几方面。一是力求简

---

① （清）赵英祚纂修：《（光绪）鱼台县志》卷首《序》。
② （清）于睿明修，胡悉宁纂：《（康熙）临清州志》卷一。
③ （清）岳濬、法敏修，杜诏、顾瀛纂：《（雍正）山东通志》卷二十三。

洁，保持通志的客观文风。省志记述范围较广、内容较多，每项具体内容在表述上力求简洁，以确保篇幅不致过于庞大。"诚天下佳丽之地"一句为对临清的描述性语言，用于州志，作为对当地的赞扬之语无可厚非，但用于通志之中，则不够客观准确，故而删去。而州志中"崇礼让，重廉耻，不好健讼"之句亦被删去，则主要考虑到行文的简洁。二是力求条理，保证行文更加准确清晰。通志在州志基础上进行修改，可以做到后出转精，更加清晰条理。《（康熙）临清州志》在行文中，以"文教聿兴，科第接踵"称临清学风之浓郁，又以"舟车毕集，货财萃止"称临清商贸之繁荣，最终归结于"衣冠文物胜于他邑"，则又重在描述临清儒风之盛，将临清受儒风及商业影响的表述杂糅在一起，层次不够清晰。《（康熙）临清州志》在明嘉靖中方元焕修《临清州志》基础上纂修而成，其称方修《州志》"有不必书而书者，有当书而不书者，有既已书之矣，而又为复说以书之者，何多舛也？"① 对其行文中杂乱之处表示不满，而此志仍未能完全免除此弊。相对而言，《（雍正）山东通志》则将"舟车毕集，货财萃止"一句调至下文，使对临清的两句表述中，第一句集中说临清受儒风之影响，衣冠文物之盛，第二句集中说临清受运河之影响，商业之繁荣，有效避免了《（康熙）临清州志》杂糅之病。三是力求准确，改正原文的不当表述。《（康熙）临清州志》称"服贾者居田什之六"②，此句表述不够清晰准确，或指服贾之人占百姓十分之六。《（雍正）山东通志》遂将此句改为"服贾之民亦什居其六焉"，表述即大为清晰准确，避免了前修方志的歧义与费解之处。

三　山东方志运河文献的校勘价值

山东方志收录运河诗文文献数量较大，其收录诗文和其他版本诗

---

① （清）于睿明修，胡悉宁纂：《（康熙）临清州志》卷首。
② （清）于睿明修，胡悉宁纂：《（康熙）临清州志》卷一。

文相比存在一些差别，可以作为校勘的依据，并可用以鉴定不同版本之优劣。现分述如下。

（一）山东方志中运河诗文的校勘价值

对同一诗文而言，有时方志收录的诗文版本，和某篇诗文的其他版本相比更好，在校订此诗文之其他版本时具有较大价值。下面略举数例，加以说明。

《（乾隆）德州志》卷十二《艺文》收录罗玘《送张祐之监德州仓》一诗。罗玘字景鸣，江西南城人，成化二十三年（1487）进士，官至南京吏部右侍郎，谥文肃。罗玘"肆力古文，每有作，或据高树，或闭坐一室，瞑目隐度，形容灰槁，自此文益奇"①，《四库全书总目》称其与宋陈师道之吟诗不甚相远。德州为运河沿岸重要的仓储基地，永乐十三年（1415）在德州建广积仓、长丰仓，并设户部监督分司，命户部主事一人督理仓务。此诗称"幸逢德州程，九水一日陆，船头鱼泼泼，船尾鸥逐逐"，颇为生动地写出了德州水运便捷的特色。其"玉浮暑池歇，金泛秋篱菊"中之"泛"字，《四库全书》集部六别集类五《圭峰集》卷二十六作"泥"字，文义不通。再查曾燠辑《江西诗徵》卷五十五，此句作"金汛秋篱菊"。按"泛"与"汛"为异体字，据此，则可就《（乾隆）德州志》所录此诗校勘《四库全书》本之误。从刊刻时代看，《（乾隆）德州志》刻于乾隆二十九年（1764），较《江西诗徵》（嘉庆九年赏雨茅屋刻本）早四十年，在校勘此诗时亦具有更高的版本价值。

文天祥抗元失败，被逮北上，沿途以诗记录行程及所感，所作诗歌甚多，在山东运河方志中多有收录。如《（光绪）东平州志》录存文天祥《东平馆》一诗称："憔悴江南客，萧条古郓州。雨声连五

---

① （清）张廷玉等撰：《明史》卷二〇六，第7344页。

第五章　山东方志运河文献的价值与现实意义　·249·

日，月色彻中流。万里山河梦，千年宇宙愁。欲鞭刘豫骨，烟草暗荒邱。"① 诗中称"萧条古郓州"，则所经之地为古之郓州。今检《元和郡县志》卷十一《河南道》六《郓州》称："《禹贡》兖州之域，春秋时属宋，即鲁附庸须句音劬国，太昊之后，风姓。《左传》曰：'公伐邾，取须句。'战国时，其地属魏。秦为薛郡地，在汉为东平国，属兖州。后汉封皇子苍，是为宪王。宋及后魏并为东平郡。周宣帝于此置鲁州，寻废。隋分兖州万安县，置郓州，大业三年罢，州为东平郡。隋乱，陷贼。武德五年，讨平徐圆朗，于今郓城县置郓州，为总管府，本理郓城。贞观八年，以下湿移理须昌。"② 此后于乾元元年（758）复为郓州。北宋宣和元年（1119），改郓州为东平府，至此不复置郓州。据此，则郓州始设于隋代，其中续有因革，至北宋中改东平府，其后仍之。文天祥称所经之地为"古郓州"，则实为东平无疑。《（雍正）山东通志》卷三十五之一下、《（光绪）东平州志》卷二十均收录此诗，并题作《东平馆》。再检文天祥别集，《四部丛刊》影印乌程许氏藏明刊本《文山先生全集》卷十四收录此诗，题《来平馆》，《四库全书》本《文山集》卷十九与此同，世界书局于1936年据《四部丛刊》本标点并排印，此诗亦题作《来平馆》。按《四部丛刊》影印乌程许氏藏明刊本《文山先生全集》卷十四《指南后录》所收文天祥被羁北上诗作多以所经地名为题，如《汶阳馆》《发东阿》《宿高唐州》等。文天祥作此诗时经过东平，故此诗题作《东平馆》较为合理。且山东无"来平"一地，则其别集所题之"来"当与"東"字形相似，因而致误。据此，则可据山东方志所录此诗，对文天祥标点本之误进行校订，山东方志此诗之版本亦具有较高的校勘价值。

---

① （清）左宜似修，卢崟纂：《（光绪）东平州志》卷二十。
② （唐）李吉甫：《元和郡县志》卷十一。

（二）山东方志中其他资料的校勘价值

除山东方志中存录的运河诗文文献具有较高的校勘价值外，山东方志中的其他资料也可以作为校勘资料来使用。今将"聊城县""临清州"两条内容，对比如下：

表5-2　《（万历）东昌府志》《肇域志》文字对照表

	《（万历）东昌府志》	《肇域志》
聊城县	聊城县：为府治，居杂武校，服食器用竞崇鲜华。公议严于三尺，士夫逡巡自爱。百姓讼稀少，然多啙窳，寡积聚。由东关溯河而上，李海务、周家店，居人陈橡其中，逐时营殖。	聊城为府治，居杂武校，服食器用竞崇鲜华。公议严于三尺，士夫逡巡自爱。百姓讼稀少，然多惰窳，寡积聚。由东关溯河而上，李海务、周家店，居人陈橡其中，逐时营殖
临清州	临清州：州绾汶、卫之交而城，齐、赵间一都会也。五方商贾鸣榷转毂，聚货物，坐列贩卖其中，号为冠带衣履天下。人仰机利而食，暇则置酒征歌，连日夜不休。其子弟亦多椎埋剽掠，不耻作奸，故兵道弹压之。士人文藻翩翩，犹逾他郡	临清州绾汶、卫之交而城，齐、赵间一都会也。五方商贾鸣榔转毂，聚货物，坐列贩卖其中，号为冠带衣履天下。人仰机利而食，暇则置酒征歌，连日夜不休。其子弟亦多椎埋剽掠，不耻作奸，故兵道弹压之。士人文藻翩翩，犹愈他郡①

据表5-2可知，顾炎武《肇域志》抄本与《（万历）东昌府志》相比，其文字尚稍有不同。如"聊城"条中"啙窳"，《肇域志》作"惰窳"，当为据意而改。"临清州"条，"榷"字，《肇域志》作"榔"，"逾"字，《肇域志》作"愈"，其文意则有窒碍，当因传抄而致误。但总体来看，《肇域志》在记述山东地域情况时，大幅抄录了《（万历）东昌府志》的内容，据此，亦可见此志之记述具有较高的文献价值。

此外需要注意的是，方志移录的各类文献，有时虽注明出处，但

---

① （清）顾炎武：《肇域志》之《山东七》，清钞本。

第五章　山东方志运河文献的价值与现实意义

对其文句往往进行删改。如王汝训为明万历中名臣,亦为《(万历)东昌府志》的纂修者。《(宣统)聊城县志》卷八《人物志》记述王汝训之生平经历颇为详悉,并于王汝训传记之末注其出自《明史》。今以王汝训传记之片段为例,就《(宣统)聊城县志》及《明史》之相关文句比勘如下:

表 5-3　《(宣统)聊城县志》《明史》之《王汝训传》文字对照表

《(宣统)聊城县志》卷八	《明史》卷二三五
王汝训,字师古,号浤阳,幼闻塾师与友言志在温饱,辄奋笔书立朝行己大节千余言,后得理学微旨于穆文简公	王汝训,字古师,聊城人
登隆庆五年进士,除元城令	隆庆五年进士,除元城知县
万历初,入为刑部主事,改兵部。尽散其先世赀产与内外戚党,仅留薄田自给。盗入室,汝训授以箧钥,令自取,仅敝缊、钱千余、粟数石而已	万历初,入为刑部主事,改兵部
累迁光禄少卿。吏科都给事中海宁陈与郊者,大学士王锡爵门生,又附申时行,恣甚。汝训抗疏数其罪	累迁光禄少卿。吏科都给事中海宁陈与郊者,大学士王锡爵门生,又附申时行,恣甚。汝训抗疏数其罪,言:"与郊今日荐巡抚,明日荐监司。每疏一出,受贿狼藉。部曹吴正志一发其奸,身投荒徼。吏部尚书杨巍亦尝语侍郎赵焕,谓为小人。乞速遣罢。且科道以言为职,乃默默者显,谔谔者绌。直犯乘舆,屡荷优容。稍涉当涂,旋遭摈斥。言官不难于批鳞,而难于借剑,此何为也?天下唯公足以服人,今言者不论是非,被言者不论邪正,模棱两可,曲事调停,而日务存大体。是惩议论之纷纭,而反致政体之决裂也。乞特敕吏部,自后迁转科道,毋恶异喜同,毋好谀丑正。"是时,巍以政府故,方厚与郊,闻汝训言引己且刺之,大恚,言:"臣未尝诋与郊。汝训以寺臣攻言路,正决裂政体之大者。"

续表

《(宣统) 聊城县志》卷八	《明史》卷二三五
调南京	乃调汝训南京。顷之，御史王明复劾与郊，并及魏，诏夺明俸，擢与郊太常少卿。都人为之语曰："欲京堂，须弹章。"与郊寻以忧去。后御史张应扬追劾其交通文选郎刘希孟，考选纳贿，并免官。未几，其子杀人论死，与郊悒悒卒
入为太常少卿。孟秋飨庙，帝不亲行。汝训极谏，帝以其言直，不罪也	汝训入为太常少卿。孟秋飨庙，帝不亲行。汝训极谏。帝愠甚，以其言直，不罪也
寻进太仆卿，调光禄。汝训先为少卿，寺中岁费二十万，至是滥增四万有奇。汝训据《会典》，请尽裁内府冗食，不许	寻进太仆卿，调光禄。汝训先为少卿，寺中岁费二十万，至是滥增四万有奇。汝训据《会典》，请尽裁内府冗食，不许
二十二年，改左佥都御史，旋进右副都御史，巡抚浙江	二十二年，改左佥都御史。旋进右副都御史，巡抚浙江

据表5-3可见，《(宣统) 聊城县志》与《明史》之《王汝训传》在部分段落上字句完全相同，如"二十二年，改左佥都御史，旋进右副都御史，巡抚浙江"即为一例。此外尚有部分段落稍有差别，如《(宣统) 聊城县志》之"入为太常少卿。孟秋飨庙，帝不亲行。汝训极谏，帝以其言直，不罪也"，《明史》在"帝"后，又有"愠甚"二字。此外，尚有存在较大差别之处。一类是《明史》之《王汝训传》内容较为详悉，尤其是其记述王汝训在光禄少卿任上弹劾陈与郊之本末，远较《(宣统) 聊城县志》细致。二类是《(宣统) 聊城县志》内容较为详悉，如其记述王汝训幼时之生活片段称："幼闻塾师与友言志在温饱，辄奋笔书立朝行己大节千余言，后得理学微旨于穆文简公。"其记述王汝训不满于塾师之俗，而以经世之臣自许，颇为生动传神。其记王汝训受学于名儒穆孔晖，亦有助于了解其治学之渊源。其次，《(宣统) 聊城县志》记述王汝训在万历初任兵部主事后，"尽散其先世赀产与内外戚党，仅留薄田自给。盗入室，

汝训授以筦钥，令自取，仅敝缊、钱千余、粟数石而已"。此片段描写对于体现王汝训之清廉操守亦颇有价值。由此可见，《（宣统）聊城县志》之《王汝训传》与《明史》之《王汝训传》存在大量字句完全相同的段落，可见二传当出自同一文本，但其详略尚有较大差别，《明史》所存多为王汝训之从政轨迹，《（宣统）聊城县志》所存多为王汝训之轶事，颇可补《明史》之《王汝训传》之不足，亦存表彰乡贤德行之意，在存录地方文献方面，具有较大的价值。

四　山东方志运河文献的局限性

山东方志存录的运河文献虽然具有较大的价值，但是方志因多为官修，纂修者的学养水平及纂修态度差别较大，因此所纂修的方志质量亦参差不齐。在使用过程中，要明晰山东方志运河文献的局限性，并进行细致的辨析，以更好地发挥山东方志运河文献的作用。

（一）山东方志运河文献存在褒扬过多、不够平允的问题

有的方志纂修者认为方志与史书不同，"通志与诸史不同，史垂法戒，善恶并书，志以扶奖为主，故纪善不纪恶，要其指一也"①。在一定程度上存在为尊者讳、为乡里讳的情况，造成方志在纂修过程中褒扬过多，不够平允。这一情况，也受到了方志纂修者的注意，如《（嘉靖）夏津县志》即评价称："盖今之志，大率踵方舆之陈迹，主故常之意见，往往增饬以炫实，畏忌以箝真。"② 王宝田在《峄县志序》中亦称："余观旧志所载，峄之封域辽阔，户口繁息，赋役殷广，而众力能给，其意固至明著也。而民情则由静而嚣，物产则由饶而匮，土俗则由厚而漓，吏治、文物则由盛而衰，风起于纤末，而势成于不可挽，以至因仍习惯，外则文饰完好，内则浸淫朽坏，自近古

---

① （清）顾汧修，张沐纂：《（康熙）河南通志》卷首《凡例》，康熙三十四年（1696）刻本。
② （明）易时中修，王琳纂：《（嘉靖）夏津县志》之《后序》。

以来，未有如峄受敝之甚之久者也。"① 亦指出方志记事不够客观平允的问题。此外，方志在移录文献时，有时亦较为侧重褒扬当地之名胜，因此在文献的使用方面存在主观删节的情况。今略举例加以说明。《（道光）济宁直隶州志》卷五之三存录明代刘楚所作《登太白酒楼记略》，今移录如下：

> 太白酒楼在故济州、今济宁府南城门上，壮丽雄伟，四望夷旷。有汶、泗二水经其前，开河、安山湖诸水汇其西，凫、绎、龟、蒙、徂徕、岱宗诸山复左顾联络于东北，皆纡青浮白，以舒敛出没于云烟缥缈之际。而齐鲁方千里之胜，可指顾而见之者矣。右阶西南，上有古石柱，高可丈四五，觚棱而涌盖其上，周围刻小篆记文者，唐沈光之所作也。其左阶东南隅有二贤祠记石刻二通，盖昔之州人尝祀太白与知章贺公于其上者也。李白负奇气，好仙游，其足迹几半天下。凡江汉、荆湘、吴楚、巴蜀与夫秦晋、齐鲁山水名胜之区，亦何所不登眺，何日不酣畅？而以酒楼名天下有二焉，其在洛阳天津桥南董糟邱所造者，今存亡兴废类不可知，独兹楼以沈光记文遂留传至今，岂偶然哉？②

刘楚（1321—1381），或作刘嵩、刘崧，字予高，号槎翁，明代诗文家，江西泰和人。著有诗文集《槎翁集》《职方集》，另著有《北平八府志》等。此记称太白酒楼在"今济宁府南城门上"，明代之济宁府存在时间不长，明太祖吴元年（1367）改济宁路为济宁府，洪武十八年（1385）降济宁府为济宁州，治任城；而升兖州为兖州府，治嵫阳。则济宁府仅存在于明初洪武朝之十数年，此记即当作于

---

① （清）王振录、周凤鸣修，王宝田纂：《（光绪）峄县志》卷首《叙》。
② （清）徐宗幹修，许瀚纂：《（道光）济宁直隶州志》卷五。

明洪武十八年（1385）之前。《（道光）济宁直隶州志》所录此文既已注明为"略"，则所录当非全文。今检（清）王琦辑注《李太白全集》卷三十六亦录刘楚《登太白酒楼记》，所录较《（道光）济宁直隶州志》完整，今加对校。在文字正讹方面，《（道光）济宁直隶州志》有佳者，如上引"指顾而见之者矣"一句，《李太白全集》本脱"之者"二字。此志所录此文亦有错讹，如"今存亡兴废"中，"今"后脱"其"字。然《（道光）济宁直隶州志》所录此文更值得探究者为其所略去之内容。通校此文，《（道光）济宁直隶州志》所录此文之省略凡三处。其一在"指顾而见之者矣"之后，《李太白全集》本又有"楼之规制不知重修何时。其与昔之高卑大小殆不可辩。意其上下千数百年间，其修葺而因仍者，殆皆类此耳"数句。此数句言太白楼历史上多次兴废重建，此楼为后来所建，而原楼之规制已不可辨别。其二在"知章贺公于其上者也"之后，《李太白全集》本又有"祠有二贤，何旧传开元中，以知章为任城宰而来。其来而止也，尝饮于此，此楼之所以名也"数句，提及太白楼之得名，与贺知章亦大有关系。其三在"董糟邱所造者"之后，《李太白全集》本又有"其事尤奇伟卓绝"一句，对洛阳之太白楼进行了评价。通过《（道光）济宁直隶州志》对刘楚《登太白酒楼记》的删减，其所删之内容，或称所见太白楼为多次兴废后重建之楼，原楼之规制已不可考，或称贺知章亦与太白楼得名有关，或称洛阳太白楼相关故事更为奇伟卓绝，此三部分均对济宁太白楼之历史、地位及评价存在一定程度的削弱作用。《（道光）济宁直隶州志》的纂修者或出于对济宁名胜文物的褒扬，故删去了上述三段。可见，褒扬乡邦文物，并去除与此不相符的文献资料，或为其纂修方志时经常考虑的一个因素。

（二）山东方志运河文献存在改造不当、舛误失真的问题

山东方志在记述运河时，往往大量引用相关诗文等原始文献。但是在使用文献过程中，为了更好地贴合方志内容，往往存在妄改原始

文献的情况。如《(康熙) 临清州志》卷四收录丘濬《过会通闸》：

    清江浦上临清闸，箫鼓丛祠饱馂馀。几度会通河上过，更无人说宋尚书。①

  此志并于丘濬下注称："文庄公，琼州人。"除丘濬此诗外，《(康熙) 临清州志》尚存录不少明代诗作。如明吏部侍郎储罐《过鳌头矶》、明大学士李东阳《鳌头矶》等，均移录诗作，并为作者作小传。此为方志艺文志著录诗文之常见形式。嘉靖四十年（1561），方元焕纂修《临清州志》，是为临清州志创始之作。方元焕，字子文，号两江，歙县信行人，山东临清籍，嘉靖十三年（1534）乡贡。方元焕善草书，挑达横放，有狂旭颠素之态，齐鲁人极重之，"隆、万间名噪一时，有'若无两江字，不是大人家'之谣"②。州守成宪延作《临清志》，颇清饬有法。（清）田雯《古欢堂集》卷二十九称："方元焕，字两江，以行草擅名，亦能诗。"③ 而王世贞称："方贡士元焕在山东作行草，自矜以为雄伟有力，而疏野粗放，备诸恶道，署书稍胜。"④ 对其书法颇不认可，但亦只备一家之言。方元焕作为有才学的名士，其纂修方志亦注重对相关诗文文献的搜集。《(康熙) 临清州志》为清康熙中下旨纂修，成书于康熙十三年（1674），编纂颇为仓促。于睿明《(康熙) 临清州志序》称："披旧志修于明嘉靖辛酉，州孝廉元焕方公笔也。方善古文词，以字学鸣，天下迹其所编纪，无愧刘知几三长之说矣。"⑤据此，则此志之内容当多采用嘉靖四

---

  ① （清）于睿明修，胡悉宁纂：《(康熙) 临清州志》卷四。
  ② （清）丁廷楗修，赵起士纂：《(康熙) 徽州府志》卷十七，康熙三十八年（1699）刻本。
  ③ （清）田雯：《古欢堂集》卷二十九，清文渊阁《四库全书》本。
  ④ （明）王世贞：《弇州四部稿》卷一五四，清文渊阁《四库全书》本。
  ⑤ （清）于睿明修，胡悉宁纂：《(康熙) 临清州志》卷首。

第五章　山东方志运河文献的价值与现实意义 ·257·

十年（1561）方元焕所纂之《临清州志》。今检《（康熙）临清州志》卷四之《艺文志》，其中明代诗文作品之比重超过一半，当即与《（康熙）临清州志》大量袭用《（嘉靖）临清州志》有关。据此，则丘濬此诗当亦由方元焕采入《临清州志》中，而得以凭借《（康熙）临清州志》保存下来，而题为"过会通闸"。《（乾隆）临清直隶州志》卷一之"闸座"条目下记述临清境内之各闸坝，其体例为记述各闸坝基本情况，后以低一字之格式记述相关诗文作品，作为补充。其记述"会通闸"称："会通闸、临清闸，在汶北河，创于元世。明永乐九年，工部尚书宋礼重建。宏治三年（1490），户部侍郎白昂重修。今舟行俱由南河，北河半涸，闸亦仅存旧址。"① 为说明会通闸之情形，此后又全文移录明大学士徐溥《会通河东闸记》及丘濬《过会通闸》诗作为补充。其移录诗文作品之方志与《（康熙）临清州志》相比有较大差别，而更注重记述内容与诗文作品的相关性。因此条目为"会通闸""临清闸"，因此，在内容上选择了《会通河东闸记》及《过会通闸》。

丘濬此诗较为出名，相关文献上多有移录，《漕运通志》录此诗称："清江浦上临清闸，箫鼓丛祠饮馂余。几度会通河上过，更无人语宋尚书。"② "馂余"为剩余的食物。《说文解字·食部》称："馂，食之余也。"③《礼记·曲礼上》称"馂余不祭"④。《漕运通志》虽引用此诗，但其"饮"字，《（康熙）临清州志》作"饱"；其"语"字，《（康熙）临清州志》作"说"。细绎文意，则"饱""说"二字之意似较长。（明）陈全之《蓬窗日录》卷三（嘉靖四十四年刻本）

---

① （清）张度修，朱锺纂：《（乾隆）临清直隶州志》卷一。
② （明）谢纯：《漕运通志》卷七。
③ 臧克和、王平校订，（汉）许慎：《说文解字新订》卷五，中华书局2002年版，第338页。
④ 龚抗云整理，王云锦审定，（汉）郑玄注，（唐）孔颖达疏：《礼记正义》，北京大学出版社1999年标点本，第65页。

录此诗，其文与《漕运通志》同，唯误"闸"为"闻"。此外，（明）谢肇淛《北河纪馀》卷二亦录此诗："琼山丘濬《题宋尚书祠》诗：'清江浦上临清闸，箫鼓丛祠饱馂余。几度会通河上过，更无人说宋尚书。'"① 其诗之字句与《（康熙）临清州志》同，唯其诗题不同。再检（明）叶廷秀辑评《诗谭》卷六录此诗称："宋丘文庄公过会通河有感，赋诗曰：'清江浦中临清闸，箫鼓丛祠饮馂余。几度会通桥上过，更无人语宋尚书。'"② 此条之"中""饮""桥""语"均与《（康熙）临清州志》不同，且未题诗名。据此可见，不同资料在收录丘濬此诗时不仅诗题未能明晰，且诗中字句亦颇多舛误。今检（明）丘濬《琼台诗文会稿》卷四，存录其《过会通河有感》一诗作："清江浦上临清闸，箫鼓丛祠饱馂余。几度会通河上过，更无人说宋尚书。"③ 其诗之字句与《（康熙）临清州志》相同，唯题目不同。钱谦益辑《列朝诗集》丙集第三录此诗，题"过会通河有感"④，其诗字句与丘濬《琼台诗文会稿》同。由上可知，丘濬此诗，不同诗集虽然多有收录，但是或未题诗名，或诗名有异，且其诗之字句亦存在较大差异。方元焕以能诗、能书闻名，其编修《（嘉靖）临清州志》时，或即收录此诗，而题作《过会通闸》。此诗之题及字句与清代所修《（康熙）临清州志》《（乾隆）临清直隶州志》完全相同，当为后修方志袭用前修方志之内容。唯《（乾隆）临清直隶州志》因此诗题目有"会通闸"，遂系此诗于该志"会通闸、临清闸"条，延续了前志之舛误。此诗存于丘濬个人之诗文集中，题作

---

① （明）谢肇淛：《北河纪馀》卷二，清文渊阁《四库全书》本。
② （明）叶廷秀辑评：《诗谭》卷六，《续修四库全书》影印明崇祯胡正言十竹斋刻本。
③ （明）丘濬：《琼台诗文会稿》卷四，《丛书集成三编》第39册影印明天启丘尔谷等刻清顺治印本，台湾新文丰出版公司1997年版，第67页。
④ 清钱谦益辑：《列朝诗集》丙集第三，《续修四库全书》影印清顺治九年（1652）毛氏汲古阁刻本。

"过会通河有感"，并非专指临清段运河而言，当为丘濬此诗之本来面貌。据此亦可了解，方志纂修者在利用相关文献中，往往会因主观或客观原因，对旧有文献进行改造，容易造成移录文献的舛误，并造成后修方志使用文献方面的错误。

（三）山东方志运河文献在纂修中存在纂修者水平不高、大量袭用前志的情况

方志纂修者之能力、水平，限制了志书的纂修质量。杨一清对明代所修志书之整体水平颇不满意，并认为纂修者自身素质较差为方志纂修质量不高的主要原因。杨一清（1454—1530），字应宁，号邃庵，别号石淙，云南安宁人。成化八年（1472）进士，曾任陕西按察副使兼督学。弘治十五年（1502），以南京太常寺卿、都察院左副都御史衔督理陕西马政，后又三任三边总制。历经成化、弘治、正德、嘉靖四朝，为官五十余年，官至内阁首辅，才华堪与唐代名相姚崇媲美。他在《（弘治）东阿县志序》中称："慨自簿书刀笔之流为郡县，而诗书风化之迹微矣。彼岂知图籍为先王所重、政教所关？"因地方州县官吏本身即不重视纂修方志，而且上司对是否修志又不加考核，因此地方官员"第谓上司督责之所不及也，废不加修，阙不知补，甚则并其存者而毁减之，其能究心文献而图其不泯者寡矣"。即有志于纂修方志之地方官"间有之，又患于不知要，闲文粗迹，泛然收之，小得大遗，于政治名教无所裨益"。正因如此，"今图志盈几案，而知言者病其芜秽，往往视为长物，而不屑观"①。

受纂修者水平的制约，山东运河区域方志质量参差不齐。其中一个重要表现，就是后出方志大量袭用前修方志之内容。如《（道光）

---

① （明）杨一清：《东阿县志序》，（清）李贤书修，吴怡等纂：《（道光）东阿县志》卷首《序》。

东阿县志》之《凡例》称:"旧志原本为前明于、孟二史手订,四表八志,言简事该。国朝康熙间两次重修,皆仍其旧板,增添数页。至列于、孟二公于人物补遗,殊乖体例。"可见,康熙四年(1665)刘沛先所修《东阿县志》及五十四年(1715)郑廷瑾续修《东阿县志》均以明修《东阿县志》为主体增补而成。此《凡例》又称:"此番旧板已不堪用,且朝代已更,制度之因革互异,气运之往复顿殊,谨照《通志》《府志》另行纂辑,非敢变更前规,恐贻续貂之诮尔。"① 可见,直至清道光中,所修之《东阿县志》方脱离明修县志之规模,按照清修《通志》《府志》之体例重加纂修。

此外,后修方志有时大量移录旧有方志存录的运河文献,而缺少对新内容的补充,在很大程度上削弱了方志的时效性。如《(嘉庆)东昌府志》记述聊城县风俗,引用了前志两条资料。其一为《(万历)东昌府志》:"居杂武校,服室器用竞崇鲜华,公议严三尺,士夫逡巡自爱,百姓讼稀少。然多皆窳,寡积聚。由东关溯河而上,李海务、周家店居人陈椽其中,逐时营殖",并注释此条取自"万历旧志"②,下引旧志称:"近邹鲁之乡,沾孔孟之化,初尚婍诈之习,后变为淳厚之俗,迨入明季,密迩两京,风化沾被日久,民有恒产,皆慕诗书礼乐,男务农,女勤织纫,闾阎细民亦愿遣子入学,五伦之道蔼然而复,淳风视昔尤美",并注称此条取自《县志》。这两条内容其实距离《(嘉庆)东昌府志》的纂修时间较长,但是纂修者并未搜集材料,对当时民风土俗进行概括和总结,而是仅仅移录已有之记述,其对现实文献重视程度不足,即在一定程度上影响到所修方志的价值。

---

① (清)李贤书修,吴怡等纂:《(道光)东阿县志》卷首《凡例》。
② (清)嵩山修,谢香开纂:《(嘉庆)东昌府志》卷三。

第二节 山东方志运河文献的现实意义

党的十九大明确作出了"坚定文化自信，推动社会主义文化繁荣兴盛"的重大部署，为将大运河打造成为中华民族伟大复兴的标志性文化品牌，提供了宝贵的机遇。此外，"一带一路"倡议、京津冀协同发展等重大战略的深入实施也为发挥山东运河连线织网、融汇交流打造大运河文化带，提供了难得的时代契机。充分挖掘山东方志中丰富的运河文化资源，不仅可以保护好大运河历史文化的血脉，同时也可以为挖掘大运河现实意义，加快山东沿运区域经济社会又好又快发展，提供强劲的动力和有力的支撑。

一 山东方志运河文献与大运河文化遗产的保护与传承

山东运河区域非物质文化遗产的形成与发展，往往是多方面因素共同影响的结果。特别是运河特色工艺的形成，更是与运河区域独特的自然地理因素密不可分。如聊城阿井水的独特成分，直接决定了阿胶的生产与相关工艺的传承；鲁西地区的土质、气候适合种植枣树，也是胶枣加工业兴盛及其加工技艺传承的直接因素。但需要特别指出的是，自运河贯通之后，原本作为华北腹地的鲁西、鲁南地区一跃成为全国交通颇为便利、人员物资流通颇为频繁的地区之一，经济社会环境的变化，必然对旧有山东非物质文化遗产的传承与提升，及因运河而产生的新物质文化遗产的形成与丰富，产生直接的影响。因此，就明清以来山东大运河文化遗产保护与传承而言，人口的聚集和商贸的繁荣，不仅是大运河文化遗产产生的基础，同时也是大运河文化遗产保护的重要内容。

人口的聚集与发达的商贸为非物质文化遗产的发展与传承提供了有力的支撑，这在山东沿运商贸城镇的发展过程中，得到较为清晰的体现。

如临清作为运河沿岸的重要商贸中心,其砖城初建于景泰初年,地处会通河东岸,城周仅九里余,粮仓占地四分之一,其余多为衙署,而"州四方贸易地,溯河之民生聚日衍,城居不能十一"①,李东阳《过鳌头矶》诗称:"十里人家两岸分,层楼高栋入青云。官船贾舶纷纷过,击鼓鸣锣处处闻。""折岸惊流此地回,涛声日夜响春雷。城中烟火千家集,江上帆樯万斛来。"②对临清城市之繁华、商业之兴盛进行了整体化的记述。今整理清康熙初临清街市巷厂情况如下:

表 5-4　　　　　　　　清康熙初临清街市巷厂表

类别	名目	数目
街	司前、州前、帅府、户部、钞部、小仓、新开三、永清、太平、磕盘、草店、板井、酱棚、茶叶店、斜、侯村、济武、冰窖	20
市	米、柴、马、猪、牛、鸡、鹅、饭、青碗、线子、小、菜、锅	13
巷	果子、白布、琵琶、钉子、故衣、纸马、白纸、大宁、蹋鼓、宁海、竹竿、鞍子、手帕、香、井亭、打狗、窑冶、毛袄、曲、油篓、皮、弓、豆腐、马尾、簸桶、粜米、土坯、碾子、礼拜	29
厂	席、板、炭、石灰、南、砖	6

注:本表据《(康熙)临清州志》(清抄本)卷一《村市》编制。

通过对山东方志关于明清时期临清城内街道资料的解读,可以清晰地了解到临清的手工业和商业发展情况,同时亦有助于对临清文化遗产的分布及规模等基础信息,形成较为清晰的认识。

此外,如张秋原本为普通市镇,因地处会通河与大清河交汇处,成为南北及东西向的交通枢纽。张秋的经济有一个逐步发展的过程:"其始,占籍镇中者仅八家为市,迨弘治七年塞决,改名安平,以后休养生息,称殷盛焉。商贾刀泉贸易,肩相摩。万井乐业,四民衣食

---

① (清)于睿明修,胡悉宁纂:《(康熙)临清州志》卷一。
② (明)谢肇淛:《北河纪馀》卷三。

于闤阓者，不啻于外府。"① 至万历初年，张秋镇的发展更为兴盛，于慎行于万历三年（1575）作《安平镇新城记》称："安平在东阿界中，枕阳谷、寿张之境，三邑之民夹渠而室者以数千，计五方之工贾骈坒而㙙霻其中，齐之鱼盐，鲁之枣栗，吴越之织文纂组，闽广之果布珠玑、奇珍异巧之物，秦之罽毲，晋之皮革，鸣榷转毂，纵横磊砢，以相灌注，而取什一之赢者，其廛以数百计，则河济之间一都会矣。"② 由此可见，在弘治七年（1494）之前，黄河水患严重，并多次冲决运河，给张秋镇造成较大损失。且运河通航不畅，张秋镇"占籍镇中者仅八家为市"，商业尚处于起步阶段。自弘治七年（1494）刘大夏堵筑黄河决口，运河恢复通航后，张秋人口不断聚集，"四民衣食于闤阓者，不啻于外府"。经过八十余年的休养生息，安平镇聚集人口更多，"三邑之民夹渠而室者以数千"，经济更加繁荣，"计五方之工贾骈坒而㙙霻其中"，成为全国重要的商品集散地。这些亦直接影响到张秋士民风气及生活习俗的变化，显示出较为鲜明的运河商业色彩。

文化的主体是人。人口的聚集、商业的繁荣、居民习俗好尚的变迁，是大运河文化遗产得以形成和传承的重要因素。受运河通航的影响，聊城境内自北而南临清、聊城、七级、张秋、阿城等城镇人口大量聚集，商贸经济繁荣，为聊城运河非物质文化遗产的传承与发展提供了坚实的基础，同时亦成为保护与传承大运河文化的核心区域。科学保护现有的大运河文化遗存，充分使用方志等相关文献，挖掘山东运河区域独特的文化资源，对于更好地保护与传承独特的大运河历史文化，具有较强的现实意义和文化价值。

二　山东方志运河文献与大运河周边环境的整治与美化

充分把握山东沿运地域的自然历史状况，通过科学规划和有序实

---

① （清）林芃修，马之骦纂：《（康熙）张秋志》卷二《街市》。
② （明）谢肇淛：《北河纪馀》卷二。

施，使山东大运河沿线地域的运河风光美起来、靓起来，才能更好地为大运河文化带建设提供有力的环境支撑。在山东沿运地域方志中，保存了大量与山东运河环境有关的记述，可以为科学整治大运河周边环境，提供必要的基础信息。

（一）注重保护与体现山东运河的闸河特色

山东运河为保证水源，而层层建闸。不少河闸仍保存至今，成为重要的运河文物遗存。在山东运河保护与开发中，要充分利用山东现有的闸坝等基础文物资源，着力凸显山东特有的闸河文化特色。如山东西部的大运河会通河段，自临清"溯流至分水龙王庙，水程三百六十里，势如建瓴，节节以闸约水济运，恐敞闸则直泄无余，浅滞重艘故也"①。因闸坝众多，故有闸河之称。今据《漕河图志》整理东昌府境内运河闸数及闸夫情况如下：

表5-5 《漕河图志》载东昌府境内运河船闸及闸夫情况表

州县	闸名	闸座数量	闸夫数量
临清州	临清闸	1	30
	会通闸	1	30
	南板闸	1	40
	新开上闸	1	40
清平县	戴家湾闸	1	30
堂邑县	梁家乡闸	1	30
聊城县	通济桥闸	1	30
	李海务闸	1	30
	周家店闸	1	30

---

① 李星点校，（清）包世臣撰：《中衢一勺》卷六附录三《闸河日记》，黄山书社1993年标点本，第139页。

第五章　山东方志运河文献的价值与现实意义 ·265·

续表

州县	闸名	闸座数量	闸夫数量
阳谷县	七级上下闸	2	40
	阿城上下闸	2	40
	荆门上闸	1	20
	荆门下闸	1	20

注：据（明）王琼：《漕河图志》卷3编制。

由表5-5，可知山东境内运河河闸设置之密。会通河段主要依靠汶水接济，水源不足，为节蓄水源，保持水位，往往要集结数十只乃至一二百只漕船，方开闸放行。因此各类船只在通过山东运河时，往往需要守闸。陆陇其于康熙六年（1667）自京沿运河南下，其沿途所作《南旋记》记述守闸之经历称："（三月）廿八、廿九泊戴家湾守闸，三十早过戴家湾闸。""四月初一饭后放船抵新闸口守闸，初二守闸不行，初三早过新闸。""初四、初五泊东昌府守闸，初六午后过东昌府闸。"① 自临清至聊城运河水程不过九十里，但陆陇其乘船九天，其中三月二十八、二十九及四月初一、初二、初四、初五数日均在守闸。船只过闸时，需要闸夫牵挽，或驳船运载，若遇到干旱枯水，漕船等待时间更长。如乾隆五十三年（1788）临清段运河枯水，"重运阻浅者两月"，巡视东漕监察御史和琳"奉命筹划漕运，集官民船分段拨运，费巨路涩，奋锸罔效"，后因降大雨，"漳河之水陡涨四尺至七尺，次日乃九尺有余，不漫不消。三日之内，漕自出闸帮凡二十有四，铜铅及重载复四百余艇"②。山东运河设闸之处，大多设有闸官等管理机构，在一定程度上改变了周围的政治地位，也带来了人口的聚集，提升了周边地域的消费能力。因为船只过闸均要

---

① （清）陆陇其：《三鱼堂日记》卷一，同治九年（1870）浙江书局刻本。
② 张自清修，张树梅等纂：《（民国）临清县志》卷十一。

等待较长时间,船工、行人会利用这段时间上岸休息游玩,购买商品,吃住消费,这就吸引了附近百姓来此从事商业、服务业活动,前文所引七级镇"家家门外卖阿胶"即为一例。再比如明弘治中,日本僧人策彦周良沿运河行至张秋,见有"出干鱼、猪羊肉、麦米等卖"①。此外,过往船只需要雇人拉纤起驳,搬运货物,也往往会吸引附近的穷苦农民前来充当脚夫、纤夫。因此自明清以来,山东运河阿城、七级等重要闸坝附近,逐渐形成了人口聚集的商业城镇。商业人口的聚集及南方各省漕船运丁、民夫等在山东运河沿岸市镇码头停泊逗留,增加了运河区域的流动人口,其职业特点及生活方式也对聊城沿运地域民俗及文化产生了较大影响,并在很大程度上为运河文化遗产的传承提供了有利的条件。

(二)注重科学保护和合理重建山东沿运地域的各类祠庙建筑

山东方志对沿运地域的各类有价值的祠庙建筑记述颇为详悉,其中不少祠庙因时间较久、维护不善,现在已经难觅踪迹,但是其规制、方位往往在山东方志中得以保存下来。因此,可以根据山东运河文化带规划的需要,通过整体布局,合理重建山东沿运地域中有价值的祠庙,为山东文化旅游增添亮点。今据《(乾隆)东昌府志》《(康熙)临清州志》《(宣统)聊城县志》等资料,整理山东运河北段与运河有关祠庙如下。

表5-6　　　　　　　　　山东运河北段相关祠庙表

州县	庙名	位置	出处
聊城县	龙王庙	一在城内万寿观,一在崇武驿北、河东岸,一在李海务闸西	《(宣统)聊城县志》卷2《建置志》"坛庙"
	大王庙	在东关馆驿前河岸	
	将军庙	在运河西岸,光绪十六年建	

---

① [日]牧田谛亮:《策彦入明记の研究》(上)八《图相南北两京路程》,松崎印刷株式会社昭和三十年(1955)版。

续表

州县	庙名	位置	出处
临清州	龙王庙	在卫河南水门内西岸①	《（康熙）临清州志》卷2《庙祀》
	保运海神祠	在卫河东浒	
	平江恭襄侯祠	在旧城外西南隅	
	大王庙	在新开闸东，知州郭鄹祷雨立应重修	
	龙王堂	在大宁寺前	
	漳神庙②	在北关	《（乾隆）临清直隶州志》5
	漳神庙	板闸外汶河北浒	
清平县	龙女庙	在龙潭上③	《（乾隆）东昌府志》卷20《古迹四》
阳谷县	感应神祠	在沙湾，景泰四年，徐公有贞请建。	《（康熙）张秋志》卷2《祠祀》
	大河神祠	在沙湾，北去镇城南八里	

总体来看，聊城地处山东北部，年降水量不均衡，春季易发生旱灾，而夏、秋两季又亦发生涝灾。特别是开凿会通河之后，不断加筑运河河堤，自北而南阻隔运河西侧东流入海通道，而其"南面则有高于运河的黄河的拦截，北面为狭窄的卫河所约束，这一地区的沥水宣泄就发生了很大的困难"④。因此一旦发生暴雨，黄运并涨，发生涝

---

① 《（乾隆）临清直隶州志》卷五称："国朝康熙四十年，奉旨加封显佑通济昭灵效顺金龙四大王。"
② （清）舒赫德、于敏中等：《钦定剿捕临清逆匪纪略》卷16称："砖闸东岸漳神庙正殿内，向有皇上御书'福祐通漕'匾额。今正殿、配殿及后殿三间并牌楼、戏楼等处尽皆烧燬。"
③ 《（康熙）重修清平县志》卷上记述三娘子庙，与龙女庙关系密切，故备录其本末于此，以供查考："龙湫潭，去城西南二十五里漯河之东，漯河之上流是也。潭昔汪洋百顷，中流波涛汹涌，宛若湖海状。俗传内有龙岸，上有三娘子庙，岁旱祷之，屡应。嘉靖间，一夕风雨晦冥，雷电大作。明日潭水尽涸，下流五十余里，至夏津县马颊桥而止。至今马颊桥遂成大潭，民赖其利。今又移恩县地方晋吉店，龙湫不绝如带而已。近清平甚凋敝，民以潭之去留关邑之盛衰云。"
④ 邹逸麟：《从地理环境角度考察我国运河的历史作用》，《椿庐史地论稿》，天津古籍出版社2005年版，第238页。

灾，洪水"泛滥于北，则自濮州、范县、朝城、莘县、阳谷、寿张，以及聊城、东阿、博平、清、堂邑、临清、夏津、恩县及直隶之清丰、南乐、清河、故城，俱被其灾"①。今检《（乾隆）东昌府志》卷三，录明万历及康熙朝数条水灾记录如下：

（万历）三十年，卫河决临清馆陶，坏民庐稼。

三十一年，卫河复决，声如牛，数日，河遂东徙。

三十二年秋，河决，大饥。

（康熙）三十八年，圣祖仁皇帝南巡河工，经恩县、武城、夏津等处。夏，大水。

三十九年，大水，无麦，秋又大水。

四十年，旱。

四十一年夏四月二十八日，大雨雹，城东树木折伤，麦禾尽坏。秋，漕河决。

由上述数条记录可见，自明代以来，山东西部地区水旱灾害颇为频繁，且多与运河有关，沿运各州县往往受到冲击，对相关祠祀信仰产生了直接影响。聊城境内运河沿线聊城县、临清州、清平县等地均有不少位置与运河相近的祠庙，除平江恭襄侯祠为治河大臣祠庙外，其余祠庙多与求雨以济运保农有关，故祠庙多建于运河之侧，显示出民间信仰与运河漕运的密切关系。如《（乾隆）临清直隶州志》记述临清漳神庙称："漳神庙，在板闸外汶河北浒。国朝康熙六十年，南漕旗丁公建，雍正三年，敕封福漕漳河神。运河有浅及遇旱祷之，辄应。"而此志所引临清知州王俊《祈雨感应碑记》记述赴漳神庙祈雨的情况更为详悉。此文首先记述祈雨经过："岁丙寅，夏五月，天旱

---

① （清）张伯行：《居济一得》卷六《治河议》。

第五章 山东方志运河文献的价值与现实意义

甚。余既与文武僚属祷雨者再,卒不应。乃于朔日蠲洁步祷于城西之漳神庙,即于三汊河取水焉。阅三日,大雨。端午日,雨复如注。沟塍满盈,遂偕同官谢坛庙,并具羊一、豕一报祭于漳神,盖志感也。"实为祭祀礼仪文化的真实记述。王俊祈神求雨,其目的有二,其一为保漕。此记文称:"夫昔之立祠专祀者,以其经吾境,则为境内之川,而一岁之转漕胥赖以济。神之职,顾不重欤?"而且是年因为干旱水浅,"清河、夏津间河水淤浅,漕舻樯帆千百,衔尾数十里,不得进。总漕军门亲督河干,而余与司事者日曝烈日中,往来催呼。畚锸肩负之子水汗交渍,沾涂体足者,官民昼夜不得息。方是时,设天不雨,人力安所施?"对漳水济运之重要性论述颇为清楚。其二为保农。此记文称:"今春天不雨,田且无麦,而设雨而或迟,吾民又何望乎?"则表明祷雨对农事的重要性。因此祷雨得应,不仅"漕船飞上,禾稼勃兴",而且表达了"神之利漕运,为福国""神之能兴云雨,而佑吾民"① 的认识。可见山东运河沿岸涉运祠庙众多,保漕保农为其直接原因,给山东沿运信仰打上了较为鲜明的运河标记。此外,民间信仰亦与政治因素有关。如明万历中收税内官四出,临清作为运河钞关所在地,来往官民船只及临清百姓大受扰攘,刺激了民间宗教的发展。《(万历)东昌府志》卷二称:"万历己亥,两榷使驻境上,讹言蜂起,小民蹙额相吊。自城市以至村落,争奉无为等教,持斋讽呗,阖境响应。"② 即显示出百姓在外在压力增大的情况下,通过地方宗教寻求精神寄托的倾向,而这一情况的发生,也是与临清作为运河要冲的地位密切相关的。

由上可见,山东方志保存的大运河沿线的大量河道工程与历史建筑资料,对全面了解明清时期山东运河区域大运河周边环境,具有较

---

① (清)张度修,朱锺纂:《(乾隆)临清直隶州志》卷五。
② (明)王命爵等修,王汝训等纂:《(万历)东昌府志》卷二。

大的价值。充分利用好这些基础资料，不仅能为开发大运河文化资源提供有价值的背景资料，同时对于沿运祠庙等景点的恢复、开发与建设，亦具有较大的意义与价值。

三 山东方志运河文献与大运河文化旅游的融合与提升

山东方志记述的大量运河文献资料，在大运河文化旅游的融合提升方面具有较大作用。特别是山东方志中保存了大量与运河有关的宝贵的基础数据与对历史的精细记述，可以为开发运河旅游资源、打造旅游线路、形成旅游产业，提供重要的依据。

（一）山东方志运河文献有助于运河城镇的整体规划设计

沿运地域的各级官员作为管理者，积极主持运河区域的政治事务，其所纂修的方志中因此保存了大量有价值的基础信息。如修造城垣是地方官主持的重要地方工程，同时也为运河城镇勾勒出基础的脉络和肌理，在当今运河城镇整体规划上具有很大的价值。如《（万历）兖州府志》保留了大量运河官员参与修筑安平镇城的记述。其所收录之杨胤贤为修筑安平镇城所作《记》，对工部主事张文凤倡修张秋镇城垣之本末记述颇为详悉。张文凤字公仪，南直隶苏州常熟人，别号立斋，嘉靖八年（1529）进士，九年（1530）任新会县知县，嘉靖十八年（1539）于工部主事任上移建鲁义姑庙，二十三年（1544）任赣州府知府。《（万历）兖州府志》所录此文的价值主要有两方面。一是提供了对河道官员主持修建城垣动机的精细记述。此《记》表明了张秋修筑城垣的重要性："安平巨镇也，而介处临清、济宁间，修之诚弗可缓。"修建城垣成为当时要务，而"巡抚山东都御史曾公檄管河陈通判董其役"。《（康熙）山东通志》卷七载："曾铣，黄岩人，由进士嘉靖间任。"① 曾铣曾命陈姓管河通判办理修城

---

① （清）赵祥星修，钱江等纂：《（康熙）山东通志》卷七。

之务，会陈病死，张文凤遂续承此任。此《记》记述张文凤修筑张秋城垣之态度与观点称："今管理河道工部郎中张公属其镇之大夫士而告之曰：'兹役也，吾其成之！夫苟谓吾职匪亲民，殆漠然秦越视者，非吾志也。且今之分曹任职者，事务靡齐，究厥源委，一切为民焉尔。吾之职非通漕以给军国之需者乎？给军国之需，欲将奚为也？期于保民焉尔。故兹役也，吾其遂成之。'众叹而韪之。"在张文凤看来，自己身为管理河道工部郎中，负有通漕以保障军国之需的责任，而通漕之目的亦为保民，修筑城垣与保障通漕目的相同，均为保民要务。二是提供了河道官员与地方官合作修建城垣的施工机制。张文凤时为工部郎中，他首先"白于总督河道工部侍郎郭公"，郭公对张文凤此举颇为赞赏，目为义行，因此"仍为分司建坊衢口，任所役用，弗为之限也"。可见，张秋城垣之建，首先需要得到其主管河道官员的认可和支持。此外，郭公又"令寿张典史林一诚等奔走稽阅，身任区画督责之务"。据此可见，在修建城垣的过程中，作为级别较高河道官员的张文凤主要负责区画督责，而级别较低的地方官员寿张典史则奔走稽阅，负责具体事务的督促办理工作。三是提供了所修城垣的重要基础信息。此《记》述及张秋城垣修建过程颇为详悉。其记修建城垣称："西南北三面稍循故城顶趾，益傅土高厚之。各新作券门，门各有楼。东即漕河，故无城，人常所忧者，则因石为基，不土而砖。隆耸延袤，形如峭壁。"其记修建城门称："谯楼下闤转东出而为门。门独无楼者，豁谯观也，命名曰'利济'。其西曰'奠川'，南曰'通漕'，北曰'筹国'。"其记修建城垣所用费用称："凡役丁夫若干，用银若干，斩伐岸之枯木、更砖瓦若干，并河渠有也。万宝丛聚，无间架之诛；四民咸在，绝等则之敛。"其修城费用均由官方负担，没有向百姓摊派。其记述修建城垣之时间称："始壬寅八月，至癸卯五月而讫。"① 即此次修城工程始自嘉靖二十一年（1542）八月，迄于二十二年（1543）五月，保留了准确的工期时间资料。

（二）山东方志文献有助于运河重要工程的规划与复建

京杭运河山东段的相当部分为人工开凿而成，水源不足的问题比较突出。为保持运河水位，设计修造了大量河闸等水工设施，"自南旺分水北至临清三百里，地降九十尺，为闸二十有一；南至镇口三百九十里，地降百十有六尺，为闸二十有七。其外又有积水、进水、减水、平水之闸五十有四。又为坝二十有一，所以防运河之泄，佐闸以为用者也"②。山东运河遂亦有"闸河"之称，日常维护任务繁重。

山东运河方志保留了大量宝贵的基础运河数据，不少涉及工程之规制、丈尺，是复建相关工程的第一手关键资料。如《（光绪）峄县志》卷十二《漕渠志》保存了峄县境内运河河工档册《峄汛石工记》《湖河土工记》《运河挑工记》《伊河挑工记》，并于其末称："右河渠诸工从闸官旧存底案采入，今堤工已废，存此以备考。"③ 可见，此志所记述之各工情形，均采自闸官原存之基础档案。其堤工已废，而档册亦不存，则此志所存之基础河道水工文献的价值更值得重视。如其所录之《运河挑工记》称：

韩庄大王庙前，长二十丈，宽四丈深一尺五寸。二湾长四十丈，宽四丈，深一尺五寸。叠路口长三十丈，宽四丈，深一尺五寸。德胜闸上长十丈，宽四丈，深一尺五寸。六里石闸上月河头长三十丈，宽口七丈，底五丈，深二尺。巨梁桥至张庄闸长八十丈，宽口五丈，底四丈，深一尺五寸。张庄闸下长八十丈，宽口

---

① （明）朱泰、游季勋修，包大爟纂：《（万历）兖州府志》卷十七。
② （清）张廷玉等：《明史》卷八十五《河渠三》，第2078—2079页。
③ （清）王振录、周凤鸣修，王宝田纂：《（光绪）峄县志》卷十二。

第五章 山东方志运河文献的价值与现实意义

五丈，底四丈，深二尺。大泛口门上下长一百丈，宽口七丈，底五丈，深三尺。东岸淤滩挑成后，连正河共宽十二丈。大泛口门南至营房南长一百六十丈，宽口七丈，底五丈，深二尺。①

此次运河挑工之时间，因此志著录不详，尚难详考。但据此《记》，可知此次峄县运河挑浚之具体情况。一为此次挑浚之具体位置。其挑浚并非平均用力，而是着力挑浚重要河段，比如大王庙前、叠路口、德胜闸、张庄闸等处之附近之十数丈至数十丈为挑浚之重点。二为对挑浚河道之长宽深等基础数据均著录清晰准确，可据此了解峄县运河挑工之工程标准，并计算出相关河道工程之土方量，并判断此次挑浚工程之规模。

再比如此志同卷之《湖河土工记峄字编号》记述峄县境内之湖河土工情形，亦颇有价值：

第一号土工一段，六十丈。第二号土工一段，二百三十丈。第三号刘家口涵洞一座，十一丈，宽一丈五尺，上（按，原文刊刻有误，当作"土"）工一段，一百三十丈。第四号吴家桥涵洞一座，宽九丈，土工一段，五十丈。第五号土工一段，二百丈。第六号湖口南闸土工一段，八十丈。第七号湖口北闸土工一段，八十丈。第八号十五涵洞土工一段，三百四十丈。第九号土工一段，一百五十丈。第十号土工一段，一百四十丈。第十一号土工一段，七百七十丈。第十二号无土工，即湖面大石工上段微湖地连四县，周一百八十里，蓄水之深，以丈五尺为度，北滕南铜，于湖得十之七，西沛东峄，于湖得十之三。②

---

① （清）王振录、周凤鸣修，王宝田纂：《（光绪）峄县志》卷十二。
② （清）王振录、周凤鸣修，王宝田纂：《（光绪）峄县志》卷十二。

此《记》为峄县境内河湖施工基础数据统计表，其中有涵洞土工，有河闸土工，其未另加说明者，当为河道土工。对每段土工，此《记》均记述其工段长度，而于涵洞工程，并记其宽度，为细致研究峄县境内之河湖工程，提供了颇为宝贵而准确的基础研究数据。此志之所记距今已逾百年，河湖变迁，运河面貌亦有了很大变化。相关河道工程之较早风貌得以通过方志保存下来。据此可以按寻运河之旧迹，对于了解运河之历史面貌、科学修复重要的运河工程及景观，在保护历史风貌的同时，合理开发运河丰富的旅游资源，亦具有较大的参考价值。

第三节　山东周边地域方志运河文献利用的个案研究
——以河北大名方志为例

大名县位于河北省东南部冀、鲁、豫三省交界地带，"东邻南翼，西逼邯郸，卫水绕其南，双漳据其北，诚哉幅员之辽阔，畿南之重地也"①。"大名"一词有兴旺强大之意。鲁闵公元年（前661），"晋侯作二军，公将上军，大子申生将下军，赵夙御戎，毕万为右，以灭耿、灭霍、灭魏"后，将魏地赐给毕万。卜偃曰："毕万之后必大。万，盈数也；魏，大名也。以是始赏，天启之矣。天子曰兆民，诸侯曰万民。今名之大以从盈数，其必有众！"②唐德宗建中三年（782），魏博节度使田悦抗命割据，自称魏王，为取吉兆，将魏州改为大名府。后汉乾祐元年（948），改广晋县为大名县。至此大名府、大名县之称延续至今。

---

①（清）张维祺、李棠纂修：《（乾隆）大名县志》卷首《序》，乾隆五十四年（1789）刻本。

②《十三经注疏》整理委员会整理：《春秋左传正义》之"闵公元年"，北京大学出版社1999年版，第305页。

第五章　山东方志运河文献的价值与现实意义

大名是我国历史上重要的区域政治、经济、文化中心。"大名地居冲要，唐以魏博雄都领节镇，宋倚北京重寄遏敌氛。"① 元、明、清三代建都华北，元世祖至元十六年（1279），设大名路总管府，县属大名路。自元代以来，大名始终为路、府、州治所在地。洪武元年（1368），改大名路为大名府，县属大名府。"阳平②古名胜地，介齐鲁晋赵间，控遏中原，襟喉南北"，"地大物博，密迩辇毂，声教先被"③，地理位置更为重要。大名县曾与元城县、魏县多次分合。洪武十年（1377），大名县并入魏县，县属大名府。洪武三十一年（1399）复设大名县，县治所在府城内。清初承明制，疆域未变。乾隆十一年（1758）裁魏县，十之九并入大名，十之一并入元城。"大名县之地袤延广纵二百余里，户口益倍，岁赋额六万有奇，郡之属广且剧者，莫如大名。堤防规潴……潇漱衍溢之所、岩险襟带关津之处，皆在大名。"④ 大名作为畿南重镇，重要性进一步提升。民国二年（1913），大名县属直隶冀南道，民国三年（1914）属大名道，民国十七年（1928）属河北省大名专区。民国二十九年（1940）分大名县为大名、魏县、元城三县。

大名县境属华北地台断坳带，地势由西南向东北倾斜，黄河曾长期流经大名，并形成了深厚的黄土冲积层。大名为京杭大运河的重要流经地，漳河经涉县、磁县、临漳、魏县后进入大名，东北流至馆陶县入卫河（即京杭大运河河道），在今大名境内河道长27公里。卫河又名御河，隋代为永济渠，此后一直为重要的运输河道。元代开凿京杭大运河后，卫河即为其重要河段，今大名县境内卫河河道仍达

---

① 张昭芹、程廷恒修，范鉴古、洪家禄等纂：《（民国）大名县志》卷首《序》，民国二十三年（1934）铅印本。
② 曹魏黄初二年（221），以魏郡东部置阳平郡，治所在元城（今大名境），县属阳平郡。
③ （清）何英：《元城县志序》，（清）陈伟修，郭景仪纂：《康熙元城县志》卷首，康熙五年（1666）刻本。
④ （清）张维祺，李棠纂修：《（乾隆）大名县志》卷首方受畴《序》。

48.5公里。大名为京杭大运河河北段所经的重要县城，其历代所修方志中保存了大量与运河有关的文献，是开展大名运河文化研究的基础资料，具有较大的研究价值。

一 大名方志纂修略考

大名方志出现较早，自唐代起即有纂修①，其可考者有《魏博相卫贝澶六州图》。据《玉海》卷十四《职方地图》条称："《田兴传》：'欲守天子法，摹六州版籍，请吏于朝，遂图魏、博、相、卫、贝、澶之地，籍其人以献。'"② 此志今已不存。今据《中国地方志联合目录》等专门书目及《内阁藏书目》《国史经籍志》《千顷堂书目》《传是楼书目》《八千卷楼书目》等旧书目，并查检存世大名方志序跋，编制大名府、县志存佚情况表如下：

表5-7　　　　　　　　大名府县志纂修情况一览表

志名	纂修者	刊刻情况	存佚
《（永乐）大名府志》		永乐刻本③	佚
《（正统）》大名府志十卷杂录补遗一卷	（明）李铎修，赵本、吴骥纂	正统十年（1445）刻本	存

---

① 唐代方志以图经为主，唐德宗建中元年（780）规定，各州郡每三年编修图经一次上报，后改为五年一报，唐代大名一带亦曾多次纂修图经，此即为大名方志的早期形态。

② （宋）王应麟：《玉海》卷十四。

③ 明永乐中纂修《永乐大典》，多次征引《大名县志》。如《永乐大典》卷18223"郡民图像"条称："《大名府志》：王曾，宋举进士第一。天禧初，知天雄军，北京留守。天圣中，以昭文相出知青州，再莅大名府，代陈尧咨。"《永乐大典》卷七二三六"三贤堂"条称："《大名府志》：堂在文庙之东南隅，以祀狄梁公仁杰、魏郑公征、韩魏公琦，今存遗址。"明代建立后，即积极编修方志，洪武九年（1376）诏天下州郡县纂修志书，永乐十年（1412）颁布《修志凡例》十六则，此处所引之《大名府志》当即纂修于明初洪武、永乐中，故得以收入《永乐大典》。再检《（正统）大名府志》卷首《目录》称："永乐间虽尝纂修，而……疏略，遂使兹郡数百年典故泯没无存"，因此志于明永乐朝。（明）杨士奇撰《文渊阁书目》记述明初永乐至正统中皇家藏书，此目卷四载"大名府志"，所录或即此《（永乐）大名府志》。

第五章　山东方志运河文献的价值与现实意义 ·277·

续表

志名	纂修者	刊刻情况	存佚
《(正德)大名府志》十卷①	(明)石禄修,唐锦纂	正德元年(1506)刻本	存
《(嘉靖)大名府志》八册	(明)郑礼纂修	嘉靖二十三年(1544)刻本②	佚
《(万历)大名府志》二十九卷③	(明)潘仲骖纂修,赵慎修续纂修	嘉靖三十七年(1558)刻,万历十一年(1583)增刻本	存
《(康熙)大名府志》三十二卷④	(清)周邦彬修,郤焕元纂	康熙十一年(1672)刻本	存
《(乾隆)大名府志》二十二卷⑤	(清)朱煐等纂修	乾隆中刻本	佚
《(咸丰)大名府志》二十二卷首一卷《续志》六卷末一卷⑥	(清)朱煐等纂修,武蔚文续修;郭程先续纂,高继珩增补	咸丰三年(1853)刻本	存
《(隆庆)大名县志》⑦	(明)朱瑞旸	隆庆元年(1567)刻本	佚

① (清)徐乾学：《传是楼书目》："《大名府志》十卷,明唐锦,八本。"而黄虞稷《千顷堂书目》卷六称："唐锦《大名府志》十六卷,弘治间修。"与《中国地方志联合目录》著录卷数不同。

② (明)孙能传、张萱撰：《内阁藏书目录》卷六(清迟云楼钞本)载："《大名府志》八册,全,嘉靖甲辰教谕郑礼修;又七册,不全,同前。"黄虞稷《千顷堂书目》卷六亦著录："郑礼《大名府志》,嘉靖甲辰修。"(明)祁承爜《澹生堂藏书目》史部下："《大名府志》廿八卷,八册。"但未著录纂修者,姑系于此。

③ (清)徐乾学：《传是楼书目》："《大名府志》,又一部,十八卷,明潘仲骖,十四本。"(明)焦竑《国史经籍志》卷三："《大名府志》二十八卷。"均与《中国地方志联合目录》著录卷数不同。

④ (清)徐乾学：《传是楼书目》："《大名府志》,又一部,三十二卷,清周邦彬,十二本。"

⑤ (清)丁仁：《八千卷楼书目》卷六："乾隆《大名府志》二十二卷,国朝朱煐撰,刊本。"

⑥ (清)丁仁：《八千卷楼书目》卷七："咸丰《大名府志》六卷,国朝武蔚文、毛永柏撰,刊本。"

⑦ (明)杨守愚：《大名县志序》称："隆庆岁丁卯,朱瑞旸公既作邑乘矣。越二年己巳,漳、卫涨溢,堤决城坏,志板亦冲泊无稽。"见(清)张维祺、李棠纂修《(乾隆)大名县志》卷二十五。

续表

志名	纂修者	刊刻情况	存佚
《(隆庆)大名县志》三册	(明)张师尹修①	隆庆四年(1570)刻本	佚
《(万历)大名县志》二十卷②	(明)李一鳌修	万历四十一年(1613)③刻本	佚
《(康熙)大名县志》二十卷	(清)顾咸泰修,王逢五纂	康熙十五年(1676)刻本	存
《(乾隆)大名县志》四十卷首一卷④	(清)张维祺修,李棠纂	乾隆五十四年(1789)刻本	存
《(民国)大名县志》三十卷首一卷	张昭芹、程廷恒修,范鉴古、洪家禄等纂	民国二十三年(1934)铅印本	存

由上表可知，明代之前之大名方志纂修情况难以考见，而存世大名方志均为明代以来纂修，凡14种，存世7种。其中《大名府志》最早纂自永乐朝，凡8种，存世4种；《大名县志》最早纂自隆庆朝，凡6种，存世3种。明代以来的大名方志均为地方官主持纂修，其修志之动机，实为多重因素之聚合。概言之，主要有以下几方面。其一为存史之需。李辂《(正统)大名府志序》称："古者，寰宇风土之有记，耆旧循吏之有传，而名公巨卿之吊古兴怀，亦有咏歌之什，以见山川疆域之分、贤士大夫之众。"故编修方志，其目的在于"彰善

---

① (明)孙能传、张萱撰：《内阁藏书目录》卷6载："《大名县志》三册，全，隆庆庚午邑人张师尹等修；又三册，全，同前。"黄虞稷《千顷堂书目》卷6亦著录："张师尹《大名县志》，隆庆间修。"(清)张维祺、李棠纂修《(乾隆)大名县志》卷25称："大名县旧志，隆庆四年知县李本意修。"下引(明)杨守愚《大名县志序》称："遂托张君东渔师尹、赵君有莘来聘，开局于应龙书院，取旧志而增损之。公亦自临铅椠，凡两月事竣，又两月梓成。"据此，则此《(隆庆)大名县志》为李本意修，张师尹、赵有莘纂，与上述两书目著录不同。

② (明)李景元：《大名县志序》称："始建置，终补遗，凡二十卷，巨纲细纪，靡弗备陈。"见(清)张维祺、李棠纂修《(乾隆)大名县志》卷二十五。

③ (清)张维祺、李棠纂修：《(乾隆)大名县志》卷二十五称："万历四十一年，知县李一鳌重修。"

④ (清)丁仁：《八千卷楼书目》卷六："乾隆《大名县志》四十卷，国朝张维祺、李棠撰，刊本。"

第五章　山东方志运河文献的价值与现实意义 ·279·

瘅恶……发前人之潜德，示百世之鉴戒"①，具有明显的教化作用。方志注重随时更新，不断补充新内容。如《（康熙）大名府志序》亦称："前此辛巳之灾祲……亦宇内戡乱兴治之一会也，乌容以无述？"② 此外，疆域政区之变化，亦为重修方志之重要原因，如"大名旧为简邑"，后乾隆二十二年（1757）漳、卫水发，魏城倾圮，"制宪方恪敏公将魏县之地并入元城者十之三，并入大名者十之七，徙其县治于郡中，是昔之大名为简邑，今之大名为繁剧也"。正是因为此次政区调整后，大名"户口倍于前，田赋倍于前，山川人物倍于前"③，方有《（乾隆）大名县志》之纂修。由此可见，大名地方官纂修方志，即将记述一府、一县之大事以存史，作为其重要职责。而是否符合史实、遵从"史法"，则成为对所修志书之优劣加以评判的主要依据。如韩福《（正德）大名府志序》即从"前此固尝有志，然而褒贬未必协乎舆情，铺张未必关于政教"④，实为其重修府志立论之本。其二为施政之务。地方官将纂修方志作为分内之务，如《（正德）大名府志》纂修者唐锦"以安民为本，暇则勘校文籍，手不释卷，因修《大名府志》十卷"⑤。李辂在担任大名府知府后，为答朝廷"守托之重"，遂"夙夜拳拳，咨诹善道"，其施政之次序，首先立政安民，"逾年而政事粗立，教条粗布，细民之疲困者粗安"；其次修治廨署，完善设施，"资其余力，乃修治庙学、祠宇，以及廨舍、邮传"。而在"事有当为者，次第皆举"之后，"惜夫文献不存，图志散佚，使数百年之事实泯然而不可考，予切病之"⑥，遂及于大名府志之纂修。由此可见，《大名府志》之修实与立政事、解民困、缮

---

① （明）李辂修，赵本、吴骥纂：《（正统）大名府志》卷首，正统十年（1445）刻本。
② （清）周邦彬修，鄐焕元纂：《（康熙）大名府志》卷首，康熙十一年（1672）刻本。
③ （清）张维祺，李棠纂修：《（乾隆）大名县志》卷首丁淮《序》。
④ （明）石禄修，唐锦纂：《（正德）大名府志》卷首，正德元年（1506）刻本。
⑤ （明）祁承㸁：《牧津》卷三十七《识见下》，天启四年（1624）刻本。
⑥ （明）李辂修，赵本、吴骥纂：《（正统）大名府志》卷首。

设施并列为官之政,为地方官所负政务之一端。其三为官箴之守与百姓之责。李辂认为,志书修成之后,对于后任之官员亦有规范和约束作用,"自时厥后,官于斯者蚤作夜思,媲美昔人之宦迹",而百姓亦可以此志为准则,"居于斯者,入孝出弟,聿追先哲之流风,将见淳厚之俗与郑、鲁等,庶几无负圣朝涵养之恩"①。韩福亦称:"夫垂典则,昭风励,郡守职也,其事若缓而实切,其系似轻而实重。"② 由此可见,大名府县志修成之后,对于规范后任官员之行为,引导百姓谨守约束方面,具有积极的影响。正基于此,大名方志高度重视方志的引导与教化作用,显示出明显的社会功用与入世色彩。大名作为运河所经的重要县,出于防治洪灾、保障漕运的需要,方志纂修者高度重视境内运河,其所纂修方志中亦存录了大量与运河有关的重要文献,值得进行深入细致的研究。

二 大名方志存录运河文献的类别

府、州、县志特别是县志因为所辖范围较小,记述较为详细。而方志的资料性特色又决定了其志书中往往保存了大量第一手原始资料,具有较高的文献价值。大名为运河所经过的重要县城,保障漕运、防治水患的任务非常繁重。大名县知县李棠称:"昔之大名自为一邑,今则并魏而附于郭,幅员寥阔,漳、卫经焉,河伯为灾,岁当思患,则志地理非徒夸形胜也。"③ 即体现出鲜明的资政色彩。这一纂修观念,也形成了大名方志著录运河文献丰富详悉的特点。概言之,从文献类别看,大名方志中存录运河文献主要有以下几种。

(一)保存了大量与运河有关的重要图录。"图"为我国方志的重要组成部分,也是直观展现方志所记述的疆域、山川、治所、兵

---

① (明)李辂修,赵本、吴骥纂:《(正统)大名府志》卷首。
② (明)石禄修,唐锦纂:《(正德)大名府志》卷首。
③ (清)张维祺、李棠纂修:《(乾隆)大名县志》卷首李棠《序》。

防、风景的有效手段。"古之学者,左图右书,况郡国舆地之书,非图何以审定?"① 章学诚亦指出:"史不立图,而形状名象,必不可旁求于文字……至图像之学,又非口耳之所能授者,贵其目击而道存也","虽有好学深思之士,读史而不见其图,未免冥行而摘其直矣。"② 大名方志保存了大量重要的河渠图,直观描绘了大名县境内的运河状况,并可以与后出大名运河河道图进行对比。如《(乾隆)大名县志》绘制境内运河图,不仅标注了河道状况,而且标注了沿河县城及村落的名称及位置,具有较强的直观性和完整性。

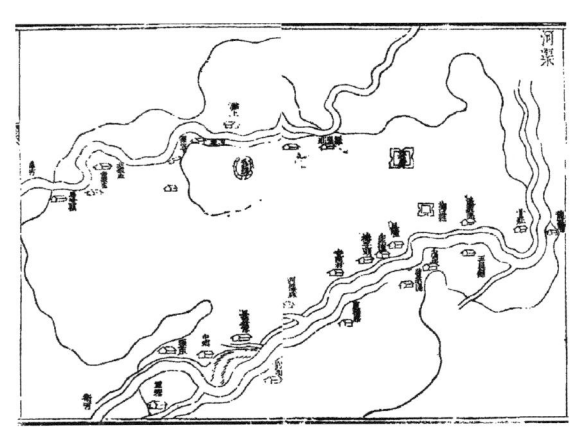

图 5-1 《(乾隆)大名县志》卷 8 之《河渠》图

将《(乾隆)大名县志》与大名县志编纂委员会编修《大名县志》所录卫河、漳河图进行对比,③ 可见《(乾隆)大名县志》所录卫河图精确度颇高,具有较高的实用价值。尤其值得注意的是,在此图后,《(乾隆)大名县志》又对卫河所经村庄情况逐一加以列举。

---

① （元）张铉纂修:《(至正)金陵新志》之《修志本末》,《南京文献》1984 年铅印本。
② （清）章学诚:《永清县志舆地图序》,《章氏遗书》外编卷八。
③ 大名县志编纂委员会编:《大名县志》,新华出版社 1994 年版,第 124 页。

今据以整理大名县境内卫河流况如下：自内黄县界菜园村东流至张儿庄南入县境→东北过军寨北→东北至刘固村西→北过中烟村东→东北过田教村西→东北过长兴村东→东北过楼底村→东北过寺南村楼子头东→东北过淡瞳→东北过白水潭东→东北过樊儿庄南庄北三里（即旧大名县城）→东过五里铺→东过逯家堤南→东南过范胜堤、高村北→北过龙王庙镇西→北过曹家道口村西→北至小王家庄，入元城县界。此后，卫河北流至馆陶县之南馆陶，与漳河交汇。① 卫河沿线各村庄分并不一，与现今情况差别较大。此表保留了清代卫河所经村镇的基本信息，为相关地域区划变迁及地名研究，提供了宝贵的第一手资料。

大名方志不仅为运河河道绘制专图，而且亦为大名运河沿线重要的自然人文集中点绘制专图。如《（乾隆）大名县志》绘"白水潭"图，即直观展现了大名名胜白水潭之风貌，颇为生动形象。

《（乾隆）大名县志》在绘制此图后，又进行了较为细致的说明。首先，此志对白水潭的位置及风景进行了精细的描述："右图白水潭，在卫水之阳，去治城一十二里，为河南粮艘所经，岸柳婆娑，烟火掩映。邑无名山大川之奇，临流眺舟楫，颇觉快心爽目，旧志所谓'卫水归帆'者也。"更有价值的是，此志还记述了与白水潭相关的龙王庙及沿河村市，"由此而东，河折而北，去城一十八里，曰龙王庙……即三角潭，后刷而为河村，在河南，水陆通衢，称邑之首镇"。并对其与大名府城、大名旧县城之关系进行了精准的记述，"地与府城形如鼎足，而府城与旧县则双城对峙，前人多题咏，洵一邑之胜概也"② 所述均可与此图相对照。若仅有图，则读者理解难深；若仅有述，则读者亦难有直观认识。此处图、述结合，相得益彰，保存了大名这一名胜有价值的重要基础信息。

---

① （清）张维祺，李棠纂修：《（乾隆）大名县志》卷八。
② （清）张维祺，李棠纂修：《（乾隆）大名县志》卷十。

(二) 保存了大量与运河有关的公文簿书。各类公文为保障各级政府运转的重要基础性材料，也是研究运河区域政治经济的重要文献。如《(康熙) 大名府志》卷二十五全文收录了任命大名府掌府事山东布政司右参政李瓒之敕书：

> 黄河上流自河南北入大名，直趋山东，妨误运道，赖有长堤自大名抵黄陵冈一带为堤防。今虽修筑完固，然或遇霖潦非常，河水横溢，溃决之患，难保必无。近该总督、修河太监等官举尔才识可用，且于修河尝效劳勤，特命尔不妨府事，将本府所筑长堤积年督役修培，务图高厚，遇有水涨，用心防守，以绝溃决之患。工程事小，止令编定堤傍军民丁役轮流整理；事大即便督令所属，量起人夫，并力修治，听其便宜而行。若有应该损益重事，径自奏请定夺。所属经该官员人等，敢有故违误事，轻则听尔量情责罚，重则拿问如律，应参奏者参奏拿问。尔受兹简命，尤须秉持公道，悉心经理，以副委任。如或始勤终怠，但务虚名，而不究实效，致使堤防溃决，河患未息，则责有所归，尔其勉之慎之！故敕。

此文为成化帝命李瓒修筑大名境内堤防，以防黄河冲淤运河的敕书。李瓒为山西临汾人，勤政爱民，"成化间，任大名府。岁饥，檄州县储粟备赈，春散冬敛，以济困乏，民无转徙。建浮桥于渡所，民不苦涉"，"民之游惰者，督令纺织以事生业，在任十二年，于百姓忘分，若家人父子"①。成化帝对大名境内堤防高度重视，主要是因为"黄河上流自河南北入大名，直趋山东，妨误运道"，而李瓒"于修河尝效劳勤"，且当朝高官举荐他"才识可用"，皇帝方有此命。

---

① 张昭芹、程廷恒修，范鉴古、洪家禄等纂：《(民国) 大名县志》卷十三。

此敕不仅明确规定了李瓒的职责，"将本府所筑长堤积年督役修培，务图高厚，遇有水涨，用心防守，以绝溃决之患"，也给予他较大的职权，"轻则听尔量情责罚，重则拿问如律"，而且"若有应该损益重事，径自奏请定夺"。正因如此，李瓒在任内得以大修境内堤防。"成化中，漳稍南徙，知府李瓒附御河筑堤，自新镇达馆陶三百余里"①，"以防河溢，旁植榆柳，置铺夫，补葺汕刷"②。而此敕书实为明代大名境内修筑堤防、保障运河漕运的重要基础文献。

  卫河涨溢，对大名一带产生了巨大的影响，直接导致了清代大名及魏县、元城区划的变更。《（乾隆）大名县志》卷一全文收录了乾隆二十五年（1760），吏部议复直隶总督方观承奏请将魏县归并大名、元城管辖的公文，其中记述卫河对大名县的影响称："大名县治逼近卫河，上年卫水漫堤入城，城垣浸损虽较魏县为轻，然土城本属残缺，水后更须修筑。"③ 遂成为改大名县治于府城内之重要原因之一。此外，因大名县密迩卫河，此折指出"（大名）兼有漳、卫二河，修防紧要，应将大名县定为附郭繁难沿河要缺，遇有缺出，拣选题补"④。同时此折又记述卫河基层管理机构及民堤修防事宜称："其大名县县丞一缺管理卫河，一应修防事务仍令驻扎大名县旧治。至漳、卫二河民修堤堰，向有派定成规。虽县治裁归，而村庄坐落如旧。其一切修防工程应照旧例办理，无庸更张。"⑤ 此志于全文移录此折后，又记述后续办理情形称："乾隆二十三年五月二十日，奉旨：依议。钦此。"⑥ 此折首尾完具，保存了改设大名县于府城之缘由，并记述了大名县境内卫河修治体制的变迁，为相关研究最为可考的史

---

① 张昭芹、程廷恒修，范鉴古、洪家禄等纂：《（民国）大名县志》卷七。
② 张昭芹、程廷恒修，范鉴古、洪家禄等纂：《（民国）大名县志》卷十三。
③ （清）张维祺，李棠纂修：《（乾隆）大名县志》卷一。
④ （清）张维祺，李棠纂修：《（乾隆）大名县志》卷一。
⑤ （清）张维祺，李棠纂修：《（乾隆）大名县志》卷一。
⑥ （清）张维祺，李棠纂修：《（乾隆）大名县志》卷一。

料。清代奏稿原件今大多藏于中国第一历史档案馆、台北"故宫"博物院古籍文献馆等处,翻检使用颇为不便。此志全文存录此文,对于研究乾隆中大名一带卫河、漳河洪灾应对提供了有价值的第一手资料,具有较高的文献价值。

(三)保留了大量与运河有关的诗文文献。大名方志之艺文志中均存录了大量与大名运河有关的诗文,主要为文人在行旅过程中对所见所闻所感的记述,真实反映了文人的价值取向和真实心态,具有较强的认知价值。同时,通过对文人沿运河经过大名相关经历的记述,保存了明清时期大名运河及航运的直观景象,对深入了解运河、丰富运河文化具有较大的价值。如《(咸丰)大名府志》收录明代诗人高叔嗣《归途大名晚行》:

> 客心冀早安,川涂争晚涉。水宿阻风湍,宵行问舟楫。
> 时见远村明,月出荒城堞。良时余幸遭,青琐官常摄。
> 已多绛灌毁,而无金张业。来往路将疲,出入心独怯。
> 夜梦守旧闾,劳怀先已愜。①

高叔嗣(1501—1537),字子业,号苏门山人,祥符(今河南开封)人。少时受知于李梦阳,年十八举于乡,嘉靖二年(1523)中进士,授工部主事,改吏部,与三原马理、武城王道同署,以文艺相磨切。出为山西左参政,断疑狱十二事,人称为神。后迁湖广按察使,卒于任上。此诗用"川涂争晚涉"描写了旅途行船的迫切心情,而与急于归乡的迫切心情形成鲜明对比的,则是"水宿阻风湍"。因为阻风而行船迟缓,他不得不反复"问舟楫"。用这一细节化描写,

---

① (清)朱煐等纂修,武蔚文续修;郭程先续纂,高继珩增补:《(咸丰)大名府志》卷十七,咸丰三年(1853)刻本。

表现出因行船迟缓带来的焦躁心情。在写所思所感的同时，他还对所见景色进行了描绘："时见远村明，月出荒城堞。"对所见之大名运河风貌进行了细致的描写，为后人保存了一份宝贵的记录。

此外，大名方志中还保存了大量描绘大名运河风貌的诗文。如苏一敏《一水中分》称：

> 十年卫水渐南迁，绕郭洪涛拍远天。两岸乱分疏树影，双帆却向渡头悬。
> 连洲荻影摇明月，隔浦渔歌弄晚烟。何日结庐村落里，一竿长啸水云边。①

此诗对大名县境内的卫河进行了精细的描绘，不仅写出了卫河"洪涛"湍急的水流，而且还写出了卫河边稀疏的"树影"和卫河中鼓风前行的航船。诗中还写了夜色中的卫河，"连洲荻影摇明月"显出卫河的静谧，而"隔浦渔歌"则更衬托出卫河的清幽。在对卫河进行了生动的描绘之后，作者自然而然地产生了结庐归隐的愿望，畅想着"一竿长啸水云边"的闲适生活，充满着淡雅清新的韵味。

卫河作为出行要道，大名亦为送别之地，大名方志中因此保留了大量送别诗文。如王世贞《夜发大名赠谢、顾二山人追别卫河》：

> 月拥层城万堞开，天垂极浦片帆来。如霞独赏长康语，似练还惊谢朓才。
> 拂袖中原堪落拓，曳裾公等重徘徊。亦知为侠轻分手，明夜谁同酒一杯。②

---

① 张昭芹、程廷恒修，范鉴古、洪家禄等纂：《(民国)大名县志》卷二十九。
② 张昭芹、程廷恒修，范鉴古、洪家禄等纂：《(民国)大名县志》卷二十九。

王士贞（1526—1590），字元美，号凤洲，又号弇州山人，太仓人，明代"后七子"代表人物，"世贞始与李攀龙狎主文盟，攀龙殁，独操柄二十年。才最高，地望最显，声华意气笼盖海内。一时士大夫及山人、词客、衲子、羽流，莫不奔走门下。片言褒赏，声价骤起"①，是明代有影响的著名文学家。此诗首句"月拥层城万堞开，天垂极浦片帆来"写大名城垣气势雄壮，而大名城外之卫河则为南北交通之要区。正因如此，大名便成为王士贞与友人话别之所。诗中"如霞独赏长康语，似练还惊谢朓才"之句写出友人间因才而敬、因诗而亲的深厚情谊，而末句"亦知为侠轻分手，明夜谁同酒一杯"，则用看似平淡的语言，写出了朋友间依依惜别的深情，为王士贞送别诗中的佳作，同时也为大名运河文化留下了浓重的一笔。

三 大名方志与县域运河文化带建设

党的十九大明确作出了"坚定文化自信，推动社会主义文化繁荣兴盛"的重大部署，为将大运河打造成为中华民族伟大复兴的标志性文化品牌，提供了宝贵的历史机遇。"一带一路"建设、京津冀协同发展、长江经济带发展等重大国家战略的深入实施，为发挥大运河连线织网、融汇交流的重要作用，借势借力打造大运河文化带，提供了难得的时代契机。大名县为京杭大运河流经的重要县份，运河历史文化资源丰富。中办、国办联合下发的《大运河文化保护传承利用规划纲要》附列了《大运河文化带功能分区列表》，其中邯郸市作为大运河主河道流经的地市，列入河北省5个大运河文化带拓展区之一，被定为大运河文化向外逐步拓展与沿线地域文化融合的交汇地带和大运河文化带的重点区域。大名县作为大运河主河道流经县，列入河北省21个核心区之一，被确定为包含典型河道段落和重要遗产点、孕育

---

① （清）张廷玉等纂：《明史》卷二八七，第7381页。

形成大运河文化的主要空间和大运河文化带的关键区域。

大名县有丰富的文化资源，顾咸泰《大名县志序》称："大名为郡南首治，风尚近古，临……堰以俯眺古河，登铜台而纵观晓嶂。其间牧堤夜月，古迹灵湫，览朝霞于菱岸，沐阴雨于莲池，沙堤远浦……快一水之中分，喜双城之对峙，翠柳飔新，青杨耸峻……遥堤古渡，以伟观也。"① 对大名风土古迹之描绘颇为生动细致。充分挖掘大名运河文化资源，加快大名运河文化带建设，就要切实用好大名方志有关运河的基础资料，依托文旅部打造统一的"千年运河"文化旅游品牌，加快大名运河文化带建设，实现社会效益与经济效益的高度统一。

（一）围绕用好方志对大名城垣规制、城市肌理、重要名胜的相关记述，做好大名古都建设文章。大名方志对大名城垣的记述，最早见于《（正统）大名府志》。此志引"旧志"（按：即永乐中纂修之《大名府志》）称："金以近族镇守大名于此，置营屯军，修立城堡，元既灭金，其营空旷，遂于其地立县。"又称："大名县，土城周围四里，被水冲圮，今唯旧址存焉。"② 记述大名县建城之本末甚悉。《（康熙）大名府志》称："景泰间，典史邵容即址列城，周五里有奇，门特设左右如故。嘉靖二十七年，知县单顺钦始草议开置南门。"明清以来，大名一带颇多水患，大名、魏县、元城屡次分合。大名方志保存了大名县城图，对于充分利用方志文献，搞好大名古都建设，具有较大的价值。

据《大名县治图》可知，康熙中，大名县城基本由东西大街分为南北两部分，而在县城北部建有察院、太仆寺、马神庙、城隍庙、阴阳学、养济院等设施。而《（民国）大名县志》卷首所绘大名县城

---

① （清）张维祺、李棠纂修：《（乾隆）大名县志》卷一。
② （明）李辂修，赵本、吴骥纂：《（正统）大名府志》卷一。

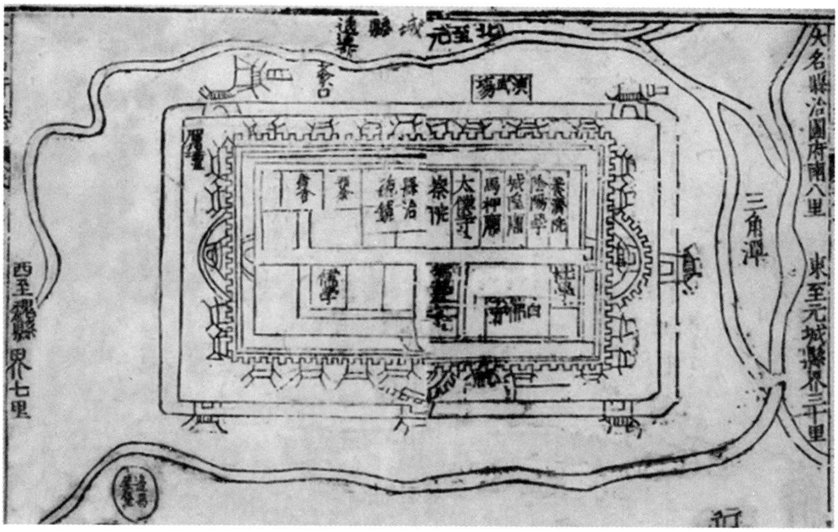

第五章　山东方志运河文献的价值与现实意义　·289·

图 5-2　《(康熙) 大名府志》卷 1《大名县治图》

图，所标识则为清代后期至民国时期大名县城垣及街道、设施图。据此，则自清代后期以来，大名城垣四面各开一门，城内纵向、横向主干道呈十字状交叉，而县府位于城中心偏东南部。尤为可贵的是，此图采用近代绘图手段，标注城内街道准确详悉，为相关旧街道、街区的保护与研究，提供了宝贵的基础资料。

在大名古都建设中融入运河文化因素，还要积极研究复建大名旧有的著名建筑，作为大名古都文化与运河文化的重要载体。《大名方志》中保存了对大名古迹的细致记述，可以为相关文物的规划、设计与修造，提供重要的参考。文庙为祭祀孔子之所，为重要的文化遗存，《(乾隆) 大名县志》绘制文庙图，直观展现清乾隆时大名文庙之格局规制。

在此图之后，此志又记述文庙之位置"在南顺城街府署之东面，小南门中"，同时记述文庙格局前为大成殿，"(殿) 五楹，露台护其前，周以石栏，左右两庑各十五楹，庭院宽敞，桧柏森森，盖自建庙时所植，

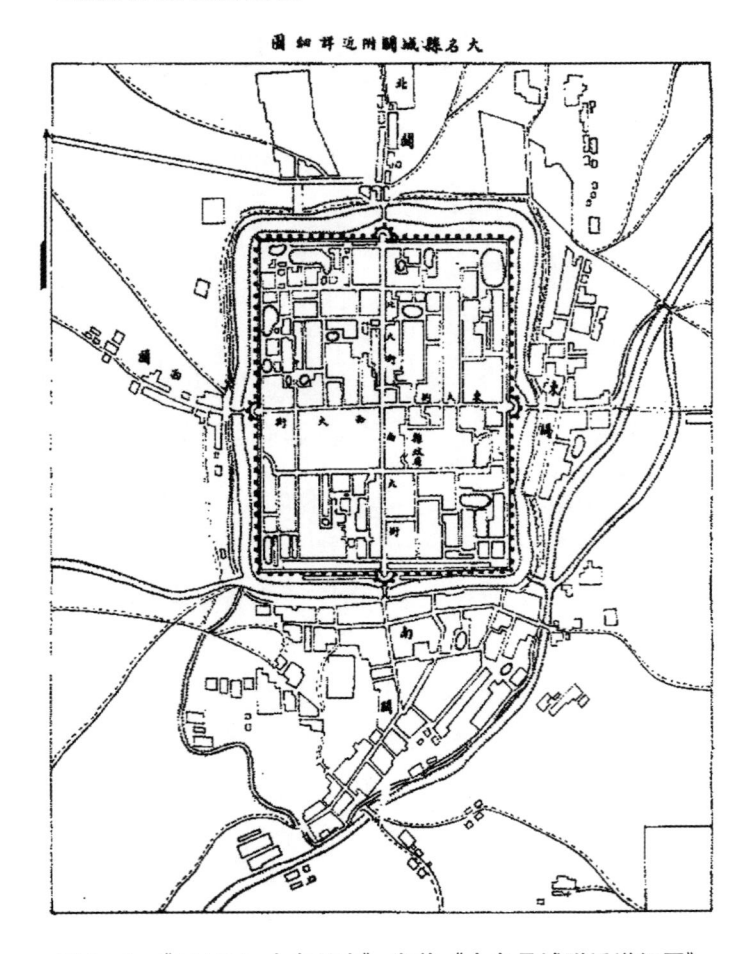

图 5-3 《(民国)大名县志》卷首《大名县城附近详细图》

数百年物也"。而甬道前"为戟门，门三楹；角门二，东曰金声，西曰玉振。两门之旁，为斋宿所，各三楹，学记石刻林立"①。对清代大名文庙的殿堂、门庭等记述准确详悉，具有较高的参考价值。

---

① （清）张维祺，李棠纂修：《(乾隆)大名县志》卷四。

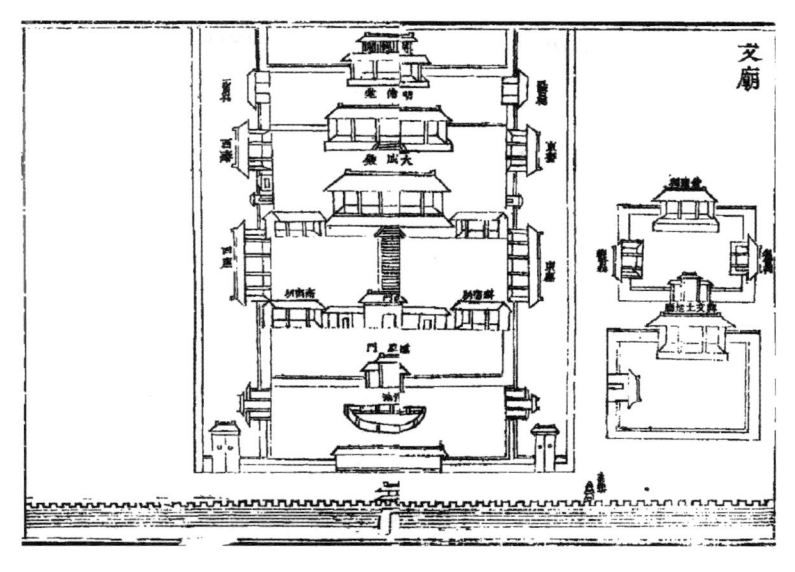

第五章　山东方志运河文献的价值与现实意义　·291·

图 5-4　《(乾隆)大名县志》卷4《文庙图》

再比如大名的著名文化古迹"晚香堂",《(乾隆)大名府志》记述晚香堂的位置及格局,称此堂"西连府治,缭以周垣,堂五楹,前为月门,月门两旁壁嵌总督方观承草书石刻,苍劲绝伦"。出月门后,"折而西,为二门,二门直南为大门,额曰'晚香旧圃'"。堂后"为'挹芬亭',亭后为'关帝庙',庙左有嘉谷亭碑记","亭前东西二厢,东曰'清风书屋',西曰'袭香亭'"①。对晚香堂之格局记述非常明晰。更为可贵的是,此志还绘制了《晚香堂图》,非常直观。大名为运河名城,晚香堂为大名的著名古迹。完全可以利用方志相关资料,复原晚香堂,打造大名古城建设及运河旅游亮点。

此外,大名方志还对境内的运河古镇有所记述。如《(正统)大名府志》记述大名县之艾家口镇称:"艾家口镇,在大名县西北五里,卫

---

① (清)张维祺,李棠纂修:《(乾隆)大名县志》卷九。

河之滨，居民辏集，舟车往来，而商贾萃焉。"① 在大名古都建设中，将大名古都建设与大名古镇建设有机结合起来，对打造以县城为核心、以名镇为辐射的多层次文化城镇建设体系，亦有较大的参考价值。

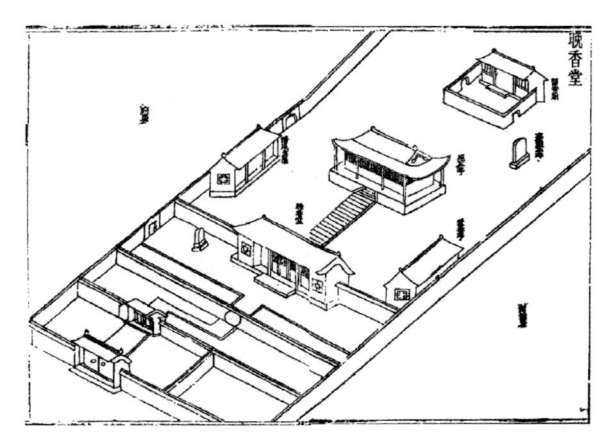

图 5-5 《(乾隆) 大名府志》卷9《晚香堂图》

（二）围绕用好方志对大名运河的相关记述，梳理运河历史发展脉络，做好大名运河文化保护传承利用文章。方志对运河文献的记述具有较强的连续性，且随着时代的变迁，对运河的记述亦有差别。《(民国)大名县志凡例》称："大名襟漳带卫，自西徂东，行域内者百有余里，旧志类皆详于考古，略于纪今，殊于实际无补。兹于河渠门内，唯以河流现势及与民生攸关者为主，其考证源流等作，择其言尤雅驯者存之。"② 即显示出大名方志纂修以时间断限、注重记述新变化、保持连续性的鲜明特色。若将其中关于运河的记述加以整理，即可梳理大名运河开凿与使用的历史轨迹，对于充分开发运河文化资源，打造运河文化带，亦具有较大的价值。如大名方志中对运河开凿及商贸的记述以唐代为较

---

① （明）李辂修，赵本、吴骥纂：《(正统) 大名府志》卷二。
② 张昭芹、程廷恒修，范鉴古、洪家禄等纂：《(民国) 大名县志》卷首。

第五章　山东方志运河文献的价值与现实意义　·293·

早。《(民国)大名县志》引《御河考》称："唐咸亨中，李灵龟为魏州刺史，凿永济渠以通新市，百姓利之。又开元二十八年，刺史卢晖移永济渠，自石灰窠引流至城西，注魏桥，夹渠置楼百余间，以储江淮之货。"① 即保存了早期大名运河的开凿和使用的基础信息。

此外，大名方志还保存了大量与运河疏浚、维护、使用有关的基础资料。大名为运河所经的重要县，《(正统)大名县志》称："卫河……发源自辉县神头村……由新乡县北过卫辉府，下与淇水合……东流，合漳水、滹沱等河，而过内黄、大名、元城三县界，顺流至直沽入海。"② 同时也是水患频仍之区。《(民国)大名县志》引马秉德《河运纪略》称："卫河发源于苏门之百泉，自淇门入濬县界，受淇水，流数十里，环邑城东北，受洹、漳，至直沽入海。每逢夏秋暴涨，必溃堤横流，淹没民田，一望无际。濬西数十里俱为水乡，民之为鱼鳖，为饿殍，为流离，为饥寒，不可胜计，皆堤障卑薄、修筑不坚之所致也。"③ 为应对水患，历代均重视修筑堤防，开河泄水。在修堤防洪方面，大名方志记述卫河明代堤防称："御河（即卫河）旧堤，明隆庆五年，大名知县李本意就成化间署府李瓒所筑堤址增修，起张儿庄，至曹道口，约八十余里，高一丈，阔二丈。万历间，知县赵一鹤、李一鳌、李永年连加修筑。"④ 大名方志又记续修堤防之情况。《(咸丰)大名府志》亦称："卫河堤，起新镇，达馆陶，延袤二百余里，明知府李瓒增筑。"⑤《(民国)大名县志》亦称："御河新堤，县境御河东岸无堤，西岸自南乐、翟村铺、西吴庄，东与中区魏店堤接，至山东馆陶县徐家仓，延袤八十余里，高一丈，宽一丈二尺。此堤最关重要，御

---

① 张昭芹、程廷恒修，范鉴古、洪家禄等纂：《(民国)大名县志》卷七。
② (明)李辂修，赵本、吴骥纂：《(正统)大名府志》卷一。
③ (清)张维祺，李棠纂修：《(乾隆)大名县志》卷七。
④ 张昭芹、程廷恒修，范鉴古、洪家禄等纂：《(民国)大名县志》卷七。
⑤ (清)朱煐等纂修，武蔚文续修；郭程先续纂，高继珩增补：《(咸丰)大名府志》卷五。

河西岸之人当格外注意。"① 在开河泄涨方面，《(咸丰)大名府志》称："大名县卫河两岸旧有乾隆间总督孙嘉淦所开泄水沟数道，以消积水，年久淤窄，皆宜挑浚。"② 保存了清代开凿洩水河道的基本情况。这些也为当今大名运河的保护、修缮与提升，提供了有价值的历史信息，对加快大名运河文化带建设，也有较强的现实意义。

（三）围绕用好方志对大名耆旧名人的相关记述，阐扬先贤之风采，做好大名名人文化旅游文章。以大名名人为切入点，展现大名丰富的地域文化，是打造大名运河文化带的重要抓手。大名历史名人众多，何英《大名县志序》首称大名位置之重要："阳平（即大名，详见前注）古名胜地，介齐、鲁、晋、赵间，控扼中原，襟喉南北，山川汇结，不乏傀傥瑰琦、忠孝廉节之俦。"后遂列举曾在大名留下宦迹之名人："官斯土者，如狄梁公仁杰、寇莱公准、韩魏公琦、文潞公彦博、欧阳文忠公修、苏侍郎辙，以及韩泽、刘挚、陈执中之属，皆彪炳史册，历历可数。"并举"此邦名哲"称："又有刘忠定公安世，理学灯传，俱世祀伏腊。"③《(正统)大名府志》为大名县之名人作小传，亦有揄扬耆旧先贤之意：

> 王旦，字子明，大名人，举进士第，擢大理评事，累官参知政事、中书令，赠太师，封魏国公，为当代名臣。
>
> 柳开，字仲途，大名人，幼颖悟豪勇，举进士第，有志功名，历常润贝州，皆有政绩。太宗以其文臣，有武略，累授崇仪使，知宁远军，徙代州。自陈乞小郡，得沂州，徙沧州，好古能文，为世所称。④

---

① 张昭芹、程廷恒修，范鉴古、洪家禄等纂：《(民国)大名县志》卷七。
② （清）朱煐等纂修，武蔚文续修；郭程先续纂，高继珩增补：《(咸丰)大名府志》卷五。
③ 张昭芹、程廷恒修，范鉴古、洪家禄等纂：《(民国)大名县志》卷首。
④ （明）李辂修，赵本、吴骥纂：《(正统)大名府志》卷六。

此二人中，王旦以直言敢谏著称，柳开为北宋古文运动之先驱，均为大名之著名人物。在大名文化旅游事业发展过程中，可以充分挖掘以王旦、柳开为代表的大名名人，增加文化旅游的历史文化内涵。

除较有影响的著名人物值得大力挖掘之外，大名本地亦有诸多先贤，其虽名气相对较小，但人品才节亦颇值得推崇。尤其值得注意的是，对同一位乡贤的记述，不同时代所作传记亦存在层层累积、不断丰富的特色。如对大名乡贤李亨的记述，《（正统）大名府志》称：

> 李亨，字子贞，洪武中为郡庠生，从明师，究性理之学，淹贯经史，尤长于《易》，受知于太宗。永乐初，道使召至京，除茌平教谕，调利津县，寻升四川永宁府教授，从黄尚书使交趾，以老疾致仕，卒于家。①

《（民国）大名县志》亦为李亨作传：

> 李亨，字子贞，大名人，以善《易》受知成祖，除茌平教谕，调利津县，升永宁教授。黄福征交趾，有赞画功。比归，犹孜孜训迪。正统间卒。知府李瓒见亨遗文，知其学有本原，以之配享刘忠定公。②

《（正统）大名府志》详于其生前，对其学术造诣及受知永乐帝，并任职的过程记述较为详悉，而《（民国）大名县志》则详于其身后，尤其对李瓒推崇其学并得配享之事记述较悉。据此两传，可以较完整地理解李亨的完整生平经历，对用好大名之名人资源，丰富大名运河文化内涵，亦有较大的促进作用。

---

① （明）李辂修，赵本、吴骥纂：《（正统）大名府志》卷六。
② 张昭芹、程廷恒修，范鉴古、洪家禄等纂：《（民国）大名县志》卷十八。

结　　论

　　山东是中国东部的重要省份，自元代以来，一直被目为畿南重地、京师藩篱。京杭大运河纵贯鲁西、鲁南地区，影响及于鲁中，塑造了山东的自然风貌，改变了山东的经济版图，也在很大程度上陶铸着山东的文化特色，是影响山东区域社会发展变迁的重要力量。从这个意义上说，京杭大运河与黄河同为山东的母亲河，山东是运河与黄河共同哺育的经济大省、文化大省，运河这一先民伟力开凿的河道与黄河这一自然伟力形成的大河一起，共同支撑起山东辽阔的时空版图。

　　党中央始终高度重视运河文化、黄河文化的保护传承与利用，山东作为运河与黄河交汇的重要省份，在发展和利用丰厚的运河文化方面具有独特的优势。鉴古所以知今，研究文献的目的在于使用文献。山东省存世方志数量巨大、内容丰富，其中不乏公认的名志。即使是地方官员应命纂修而留下的大量方志，也保存了许多他书不载或未能详载的重要地方文献。其中关于运河的大量记述散见于志书各纲目之中，显示出一代代方志纂修者借修志以存一方之史的清晰认识，同时也显示出运河对流经区域多方面、多层次的影响，为后世的历史与文化研究提供了宝贵的资料和有价值的线索。

　　通过对山东方志特别是运河流经地域所修方志的梳理与研究，可以从区域个案的角度出发，较为深入细致地探究明清山东方志的纂修人员、纂修理念、纂修机制和纂修过程，初步还原方志纂修背后人的活动，有助于从更高的层面和较新的角度理解和把握方志这一特殊文献类型，并对其存录运河文献的标准与剪裁、整理运河文献的理念，形成较为清晰的认识。

通过对山东方志特别是运河流经地域所修方志的梳理与研究，可以较为全面地把握方志运河文献的类别和内容。运河的丰富性决定了方志收录运河文献的多样性，通过对方志中收录的涉及运河河道工程、运河河务管理、运河民风习俗及非物质文化遗产、运河建筑与闸坝设施、运河战乱与人物等各类文献的分析与研究，可以较为全面地展现方志收录运河文献的丰富内容，使京杭大运河这一世界文化遗产以更清晰、更丰满的面貌展现于世人面前。

通过对山东方志特别是运河流经地域所修方志的梳理与研究，可以借助实例，从版本与校勘的角度，对方志运河文献的长处与劣处，进行客观的分析。一方面，既要充分肯定方志收录运河文献有其巨大的校勘与辑佚价值，可据以补其他文献之缺漏，校其他文献之错讹；另一方面，也要充分认识到，方志文献也存在删减较为随意、校刻尚欠精审之处，显示出方志纂修成于众手、水平参差不齐的实际情况。而对于方志文献的使用，则既要充分重视，亦要保持足够的谨慎。

通过对山东方志特别是运河流经地域所修方志的梳理与研究，可以更好地将方志中收录的大量详细、多样的运河文献与大运河文化保护传承利用，与大运河文化带建设和大运河文化公园打造有机结合起来，在文化景观设计、文物古迹保护与修缮、文化公园规划与实施、地方民俗保护与传承等各个方面，加以有效的借鉴和使用，实现方志文献与现实社会的对接，使源远流长的运河文化成为中华文化血脉传承与民族文化自信打造的一股股源头活水，让古老的运河文献焕发出新的生机和活力，在崭新的时代发挥更大、更积极的作用。

参考文献

（一）方志文献

D

（清）李贤书修，吴怡等纂：《（道光）东阿县志》，道光九年（1809）刻本。

（清）周云凤修，唐鉴、周兆棠纂：《（道光）东平州志》，道光五年（1825）刻本。

张燮修，刘承谦等纂：《（道光）沂水县志》，道光七年（1827）刻本。

（清）杨祖宪修，乌竹芳纂：《（道光）博平县志》，道光十一年（1831）刻本。

（清）厉秀芳纂修：《（道光）武城县志》，道光二十一年（1841）刻本。

（清）王政修，王庸立、黄来麟纂：《（道光）滕县志》，道光二十六年（1846）刻本。

（清）徐宗幹修，许瀚纂：《（道光）济宁直隶州志》，咸丰九年（1859）刻本。

G

（清）高升荣修，黄恩彤纂：《（光绪）宁阳县志》，光绪五年（1879）刻本。

（清）左宜似等修，卢崟等纂：《（光绪）东平州志》，光绪七年（1881）刻本。

（清）刘文煃修，王守谦纂：《（光绪）寿张县志》，光绪二十六年（1900）刻本。

（清）王振录、周凤鸣修，王宝田纂：《（光绪）峄县志》，光绪三十年（1904）刻本。

（清）章文华、官擢午纂修：《（光绪）嘉祥县志》，光绪三十四年（1908）刻本。

（清）董政举修，孔广海纂：《（光绪）阳谷县志》，民国三十一年（1942）铅印本。

K

（清）何一杰纂修：《（康熙）聊城县志》，康熙二年（1663）刻本。

（清）堵巙修，张翕纂：《（康熙）博平县志》，康熙三年（1664）刻本。

（清）黄胪登纂修：《（康熙）沂水县志》，康熙十一年（1672）刻本。

（清）金祖鹏修，程先贞纂：《（康熙）德州志》，康熙十二年（1673）刻本。

（清）廖有恒修，杨通睿纂：《（康熙）济宁州志》，康熙十二年（1673）刻本。

（清）田显吉修，褚光镆纂：《（康熙）峄县志》，康熙十二年（1673）刻本。

（清）于睿明修，胡悉宁纂：《（康熙）临清州志》，康熙十二年（1673）刻本。

（清）邵士修，王壎、尚天成纂：《（康熙）沂州志》，康熙十三年（1674）刻本。

（清）赵祥星修，钱江等纂：《（康熙）山东通志》，康熙十七年（1678）刻本。

（清）张聪、张承赐修，单民功纂：《（康熙）东平州志》，康熙十九年（1680）刻本。

（清）张鹏翮修，叶鸣鸾纂：《（康熙）兖州府志》，康熙二十四年（1685）刻本。

（清）马得祯纂修：《（康熙）鱼台县志》，康熙三十年（1691）刻本。

（清）卢乘琰修，刘淇纂：《（康熙）堂邑县志》，康熙四十九年（1710）刻本。

（清）王世臣修，孙克绪纂：《（康熙）茌平县志》，康熙四十九年（1710）刻本。

（清）黄浚修，王特选纂：《（康熙）滕县志》，康熙五十六年（1717）刻本。

（清）滕永祯修，马珩纂：《（康熙）寿张县志》，康熙五十六年（1717）刻本。

（清）闻元炅纂修：《（康熙）续修汶上县志》，康熙五十六年（1717）刻本。

（清）李继唐、陈鸣岗、郑斐然纂：《（康熙）东平州志》，康熙五十九年（1720）刻本。

（清）王时来修，杭云龙纂：《（康熙）阳谷县志》，民国二十二年（1933）石印本。

M

王廷纶修，王翩铭纂：《（民国）增订武城县志续编》，民国元年（1912）刻本。

潘守廉、袁绍昂纂：《（民国）济宁县志》，民国十六年（1927）铅印本。

潘守廉修，袁绍昂、唐烜纂：《（民国）济宁直隶州续志》，民国十六年（1927）铅印本。

张自清修，张树梅、王贵笙纂：《（民国）临清县志》，民国二十三年（1934）铅印本。

周竹生修，靳维熙纂：《（民国）续修东阿县志》，民国二十三年（1934）铅印本。

李树德修，董瑶琳纂：《（民国）德县志》，民国二十四年（1935）铅印本。

牛占诚修，周之祯纂：《（民国）茌平县志》，民国二十四年（1935）铅印本。

张尊孟、曹明祥纂：《（民国）重修恩县志》，民国二十四年（1935）修，三十一年（1942）铅印本。

张志熙修，刘靖宇纂：《（民国）东平县志》，民国二十五年（1936）铅印本。

梁钟亭、路大尊修，张树梅纂：《（民国）清平县志》，民国二十五年（1936）铅印本。

丁昭编注：《明清宁阳县志汇释》，山东地图出版社2003年版。

J

（明）郑瀛修，何洪纂：《（嘉靖）德州志》，嘉靖七年（1528）刻本。

（明）林永昌修，张季霖纂：《（嘉靖）恩县志》，嘉靖十七年（1538）刻本。

（明）易时中修，王琳纂：《（嘉靖）夏津县志》，嘉靖十九年（1540）刻本。

（明）尤麒修，陈露纂：《（嘉靖）武城县志》，嘉靖二十八年（1549）刻本。

（明）陆釴等纂修：《（嘉靖）山东通志》，嘉靖十二年（1553）刻本。

（清）万承绍修，周以勋纂：《（嘉庆）清平县志》，嘉庆三年（1798）刻本。

（清）嵩山修，谢香开、张熙先纂：《（嘉庆）东昌府志》，嘉庆十三年（1808）刻本。

Q

（清）方学成修，梁大鲲纂：《（乾隆）夏津县志》，乾隆六年（1741）刻本。

（清）李梦雷修，刘应荐纂：《（乾隆）宁阳县志》，乾隆八年（1743）刻本。

（清）王俊修，李森纂：《（乾隆）临清州志》，乾隆十四年（1749）刻本。

（清）骆大俊纂修：《（乾隆）武城县志》，乾隆十五年（1750）刻本。

（清）李希贤修，潘遇莘、丁恺曾纂：《（乾隆）沂州府志》，乾隆二十二年（1757）修。

（清）颜希深修，成城等纂：《（乾隆）泰安府志》，乾隆二十五年（1760）刻本。

（清）忠琏纂修：《（乾隆）峄县志》，乾隆二十六年（1761）刻本。

（清）冯振鸿纂修：《（乾隆）鱼台县志》，乾隆二十九年（1764）刻本。

（清）觉罗普尔泰修，陈顾㵯纂：《（乾隆）兖州府志》，《（乾隆）兖州府志》，乾隆三十五年（1770）刻本。

（清）沈维基修，胡彦昇纂：《（乾隆）东平州志》，乾隆三十六年（1771）刻本。

（清）胡德林等修，周永年等纂：《（乾隆）东昌府志》，乾隆四十二年（1777）刻本。

（清）胡德林、蓝应桂修，周永年、盛百二纂：《（乾隆）济宁直隶州志》，乾隆四十三年（1778）刻本。

（清）倭什布纂修：《（乾隆）嘉祥县志》，乾隆四十三年（1778）刻本。

（清）张度、邓希曾修，朱钟纂：《（乾隆）临清直隶州志》乾隆五十年（1785）刻本。

S

（清）房万达修，王维明纂：《（顺治）武城县志》，顺治七年（1650）刻本。

W

（明）唐文华修，李楡纂：《（万历）德州志》，万历四年（1576）刻本。

（明）于慎行纂修：《（万历）兖州府志》，万历二十四年（1596）刻本。

（明）王命爵等修，王汝训等纂：《（万历）东昌府志》，万历二十八年（1600）刻本。

（明）栗可仕修，王命新纂：《（万历）汶上县志》，康熙五十六年

（1717）补刻本。

X

（清）陈纪勋修，黄恩彤纂：《（咸丰）宁阳县志》，咸丰二年（1852）刻本。

（清）卢朝安纂修：《（咸丰）济宁直隶州续志》，咸丰九年（1859）刻本。

陈庆蕃修，叶锡麟、靳维熙纂：《（宣统）聊城县志》，宣统二年（1910）刻本。

（清）陈矩前、傅秉鉴修，张敬承纂：《（宣统）增辑清平县志》，宣统三年（1911）刻本。

盛津颐修，张建桢纂：《（宣统）茌平县志》，民国元年（1912）刻本。

（清）杨士骧等修，孙葆田等纂：《（宣统）山东通志》，民国四年（1915）山东通志局铅印本。

（清）汪鸿孙修，刘儒臣、王金阶纂：《（宣统）重修恩县志》，宣统元年（1919）刻本。

Y

（清）陈学海修，韩天笃纂：《（雍正）恩县续志》，雍正元年（1723）刻本。

（清）岳濬、法敏修，杜诏、顾瀛撰：《（雍正）山东通志》，乾隆元年（1736）刻本。

Z

（元）于钦纂：《（至元）齐乘》，嘉靖四十三年（1564）刻本。

（清）林芃修，马之骕纂：《张秋志》，康熙斌业斋钞本。

（二）相关著作

B

（明）谢肇淛撰：《北河纪》，《四库全书》本。

（清）阎廷谟撰：《北河续纪》，《四库全书存目丛书》据顺治九年（1652）刻本影印，齐鲁书社1997年版。

（清）谈迁撰：《北游录》，中华书局1960年版。

C

姚汉源、谭徐明整理：《漕河图志》，水利电力出版社1990年版。

《漕运新渠记》，济宁市新闻出版局1999年版。

邹逸麟撰：《椿庐史地论稿》，天津古籍出版社2005年版。

D

齐保柱编：《东昌古今备览》，山东友谊书社1990年版。

（明）王宠编：《东泉志》，广陵书社2006年版。

E

《二十五史河渠志注释》，周魁一等注释，中国书店出版社1990年版。

F

李泰棻撰：《方志学》，商务印书馆1940年版。

来新夏撰：《方志学概论》，福建人民出版社1983年版。

黄苇撰：《方志学》，复旦大学出版社1993年版。

仓修良撰：《方志学通论》，方志出版社2003年版。

巴兆祥撰：《方志学新论》，学林出版社 2004 年版。

G

（清）谈迁撰：《国榷》，中华书局 2005 年版。

H

（清）朱之锡撰：《河防疏略》，康熙七年（1670）刻本。

（清）崔维雅撰：《河防刍议》，康熙十三年（1674）刻本。

（元）沙克什撰：《河防通议》，商务印书馆 1936 年版。

（明）潘季驯撰：《河防一览》，商务印书馆 1936 年版。

史念海撰：《河山集》，生活·读书·新知三联书店 1963 年版。

（清）贺长龄编：《皇朝经世文编》，世界书局 1964 年版。

温海清撰：《画境中州：金元之际华北行政建置考》，上海古籍出版社 2012 年版。

（清）俞正燮撰：《会通河水道记》，《小方壶斋舆地丛钞》本。

J

姚汉源撰：《京杭运河史》，中国水利水电出版社 1998 年版。

山东省济宁市政协文史资料委员会编：《济宁运河文化》，中国文史出版社 2000 年版。

山东省济宁市政协文史资料委员会编：《济宁运河诗文集萃》，济宁新闻出版局 2001 年版。

山东省济宁市政协文史资料委员会编：《济宁运河文化研究》（一），山东友谊出版社 2002 年版。

（清）张伯行撰，济宁市档案局 2012 年影印。

K

中国第一历史档案馆编:《康熙朝汉文朱批奏折汇编》,档案出版社 1984—1985 年影印版。

王思治、冯尔康、陈捷先撰:《康熙事典》,紫禁城出版社 2010 年版。

(明) 顾启元撰:《客座赘语》,上海古籍出版社 2012 年版。

L

中山大学历史系编:《林则徐日记》,中华书局 1965 年版。

张含英撰:《历代治河方略探讨》,水利出版社 1982 年版。

(清) 钱谦益编:《列朝诗集小传》,上海古籍出版社 1983 年版。

《聊城文史资料》(3—6 辑),政协聊城市文史资料研究会 1987—1991 年版。

《聊城史志资料·风俗篇》,聊城市史志编纂委员会办公室 1990 年编印。

王树理编:《历代诗人咏德州》,山东文艺出版社 1991 年版。

傅斯哲清,王振华编:《聊城古今知识大全》,聊城地区新闻出版局 1992 年版。

陈玉海主编:《聊城通史》(古代卷),中华书局 2005 年版。

M

(清) 陈田撰:《明诗纪事》,商务印书馆 1936 年版。

(清) 谷应泰撰:《明史纪事本末》,商务印书馆 1937 年版。

(清) 张廷玉等撰:《明史》,中华书局 1974 年版。

彭云鹤撰:《明清漕运史》,首都师范大学出版社 1995 年版。

(清) 陈子龙编:《明经世文编》,中华书局 1997 年版。

张英聘撰：《明代南直隶方志研究》，东方出版社 2005 年版。

王云撰：《明清山东运河区域社会变迁》，人民出版社 2006 年版。

（清）朱彝尊编：《明诗综》，中华书局 2007 年版。

刘凡营编：《明清朝代档案珍藏运河彩绘图说》，中国档案出版社 2009 年版。

政协淮安市淮安区委员会编：《明清漕运总督传略》，中国文史出版社 2013 年版。

蒲霞撰：《明清以来徽州方志编纂成就》，安徽大学出版社 2013 年版。

《明实录》，台湾"中央研究院"历史语言研究所影印本。

N

胡冰玉撰：《宁夏地方志研究》，中国社会科学出版社 2012 年版。

Q

（明）胡瓒撰：《泉河史》，万历三十七年（1609）刻本，齐鲁书社 1997 年影印版。

（清）张廷玉编：《清文献通考》，乾隆五十二年（1787）刻本。

汪胡桢编：《清代河臣传》，中国水利工程学会 1937 年版。

《清实录》，中华书局 1985 年版。

谭其骧编：《清人文集地理类汇编》，浙江人民出版社 1986 年版。

（清）贺长龄、魏源等编：《清经世文编》，中华书局 1992 年版。

陈捷先撰：《清代台湾方志研究》，台湾学生书局 1996 年版。

李秉新等校勘：《清朝野史大观》，河北人民出版社 1997 年版。

赵尔巽等撰：《清史稿》，中华书局 1998 年版。

《清代人物传记史料研究》，商务印书馆 2000 年版。

（清）黄虞稷编，瞿起凤、潘景郑整理：《千顷堂书目》，上海古籍出版社 2001 年版。

（清）载龄等撰：《钦定户部漕运全书》，海南出版社 2001 年版。

［日］松浦章撰：《清代内河水运史之研究》，江苏人民出版社 2010 年版。

张安东撰：《清代安徽方志研究》，黄山书社 2012 年版。

R

崔建英撰：《日本见藏希见中国地方志书录》，中国书目文献出版社 1986 年版。

S

（清）齐召南撰：《水道提纲》，乾隆四十一年（1776）刻本。

（清）永瑢、纪昀等撰：《四库全书总目提要》，商务印书馆 1933 年版。

（清）黄淳耀撰：《山左笔谈》，商务印书馆 1936 年版。

王建宗、刘喜信撰：《山东地方志书目（初稿）》，山东省地名领导小组办公室 1981 年版。

王桂云、鲁海撰：《山东地方史志纵横谈》，吉林省地方志编纂委员会 1985 年版。

王桂云：《山东方志汇要》，宁夏人民出版社 1989 年版。

安作璋撰：《山东通史》，山东人民出版社 1995 年版。

（清）叶方恒撰：《山东全河备考》，齐鲁书社 1997 年影印康熙十九年刻本。

于德普编：《山东运河文化文集》，山东科学技术出版社 1998 年版。

（清）陆耀撰：《山东运河备览》，海南出版社 2001 年影印乾隆中刻本。

（清）李方膺撰：《山东水利管窥略》，《续修四库全书》据李琪校抄本影印，上海古籍出版社 2002 年版。

山东省地方史志编纂委员会编：《山东省志》3《建置志》，山东人民出版社 2003 年版。

于德普编：《山东运河文化文集》（续集），齐鲁书社 2003 年版。

（清）黄春圃撰：《山东运河图说》，《中华山水志丛刊》据清钞本影印，线装书局 2004 年版。

T

（清）瞿镛撰：《铁琴铜剑楼藏书目录》，上海古籍出版社 2000 年版。

（清）王政、王庸立、黄来麟撰：《滕县志》，凤凰出版社 2004 年版。

W

（明）刘天和撰：《问水集》，中国水利工程学会 1937 年版。

（明）杨士奇编：《文渊阁书目》，商务印书馆 1957 年版。

（明）沈德符撰：《万历野获编》，中华书局 1959 年版。

宫为之撰：《皖志史稿》，安徽人民出版社 1997 年版。

（明）谢肇淛撰：《五杂组》，上海古籍出版社 2012 年版。

X

（清）黎世序等编：《续行水金鉴》，道光十二年（1832）刻本，北京出版社 1997 年影印版。

陈光贻撰：《希见地方志提要》，齐鲁书社 1987 年版。

（清）狄敬撰：《夏镇漕渠志略》，顺治刊康熙增修本，书目文献出版社 1988 年影印版。

中国社会科学院图书馆整理：《续修四库全书总目》，齐鲁书社 1999 年版。

张健撰：《新安文献研究》，安徽人民出版社 2005 年版。

（清）傅泽洪编：《行水金鉴》，《四库全书》本。

Y

刘凡营编：《元明清济宁运河史料考略》，中国戏剧出版社 2011 年版。

（清）叶梦珠撰：《阅世编》，中华书局 2007 年版。

李泉编：《运河与区域社会研究国际学术研讨会论文集》，中国社会科学出版社 2015 年版。

Z

傅振伦撰：《中国方志学通论》，上海商务印书馆 1935 年版。

朱士嘉撰：《中国地方志综录》，上海商务印书馆 1935 年版。

（元）王喜撰：《治河图略》，《丛书集成初编》本，商务印书馆 1936 年版。

朱偰编：《中国运河史料选辑》，中华书局 1962 年版。

（明）万恭撰：《治水筌蹄》，水利电力出版社 1985 年版。

《中国地方志联合目录》，中科院北京天文台，中华书局 1985 年版。

史念海撰：《中国的运河》，陕西人民出版社 1988 年版。

中国古籍善本书目编辑委员会编：《中国古籍善本书目》，上海古籍出版社 1993—1998 年版。

金恩辉撰：《中国地方志总目提要》，台湾汉美图书有限公司 1996 年版。

陈光贻撰：《中国方志学史》，福建人民出版社 1998 年版。

许卫平撰：《中国近代方志学》，江苏古籍出版社 2002 年版。

郑学檬撰：《中国经济重心南移和唐宋江南经济研究》，岳麓书社 2003 年版。

武同举等编：《再续行水金鉴》，湖北人民出版社 2004 年版。

《枣庄运河文化丛书》，枣庄运河文化丛书编委会，青岛出版社 2006 年版。

（清）张鹏翮撰：《治河全书》，天津古籍出版社 2007 年版。

王云、李泉撰：《中国运河文献书目提要》，人民出版社 2012 年版。

王云、李泉撰：《中国大运河历史文献集成》，国家图书馆出版社 2014 年版。

（三）相关论文

梁启超：《清代学者整理旧学之总成绩——方志学》，《东方杂志》1924 年 21 卷第 18 期。

蒋超：《〈行水金鉴〉及其续编》，《中国水利》1986 年第 10 期。

洪焕椿：《南宋方志学家的主要成就和方志学的形成》，《史学史研究》1986 年第 4 期。

杨亚非：《试论明代漕运方式的变革》，《社会科学战线》1986 年第 2 期。

戴鞍钢：《清代漕运兴废与山东运河沿线社会经济的变化》，《齐鲁学刊》1988 年第 4 期。

官美蝶：《明清时期的张秋镇》，《山东大学学报》1996 年第 2 期。

吴琦：《中国历代漕运改革述论》，《中国农史》1996 年第 1 期。

邓亦兵：《清代前期的市镇》，《中国经济史研究》1997 年第 4 期。

吴琦：《漕运与古代军事》，《湘潭师范学院学报》（社会科学版）1998 年第 1 期。

陈之安、周祚绍、张熙惟：《运河文化论纲》，《山东运河文化文集》，山东科技出版社 1998 年版。

吴琦：《漕运与古代农田水利》，《中国农史》1999 年第 3 期。

安作璋：《中国的运河与运河文化》，《人文与自然》2001 年第 8 期。

成一农：《中国古代方志在城市形态研究中的价值》，《中国地方志》2001年第Z1期。

于德普：《运河文化与运河经济的发展》，《人文与自然》2001年第2期。

黄燕生：《〈永乐大典〉》征引方志考述》，《中国历史文物》2002年第3期。

许卫平：《论晚清时期的方志学》，《扬州大学学报（人文社会科学版）》2002年第1期。

巴兆祥：《方志目录学刍议》，《中国地方志》2003年第3期。

廖菊栋：《试论梁启超之方志观》，《内蒙古师范大学学报（哲学社会科学版）》2003年第2期。

苏品红：《浅析中国古代方志中的地图》，《津图学刊》2003年第3期。

邹逸麟：《明代治理黄运思想的变迁及其背景———读明代三部治河书体会》，《陕西师范大学学报》（哲学社会科学版）2004年第9期。

刘清平：《明代漕运史浅谈》，《沧桑》2005年第1期。

孙勇：《枣庄段运河文献的开发与利用》，《山东图书馆季刊》2006年第4期。

葛文玲：《明代治河类著述略说》，《图书与情报》2007年第2期。

刘云军：《20世纪宋代方志研究、出版综述》，《中国地方志》2008年第1期。

马俊亚：《集团利益与国运衰变——明清漕粮河运及其社会生态后果》，《南京大学学报》2008年第2期。

吴琦、肖丽红：《清代漕粮征派中的官府、绅衿、民众及其利益纠葛——以清代抗粮事件为中心的考察》，《中国社会经济史研究》2008年第2期。

李泉：《京杭运河历史文献的整理与研究》，《光明日报》2009年2月15日《理论周刊》。

李泉：《中国运河文献资料的分类整理》，《聊城大学学报》（社会科学版）2009年第4期。

马兵：《论章学诚对方志学的贡献》，《扬州教育学院学报》2009年第1期。

王宪洪：《数字化古籍及其对方志研究的影响》，《中国地方志》2009年第4期。

周佳：《宋代知州知府与当地图经、方志纂述》，《中国历史地理论丛》2009年第3期。

方广岭：《清代直隶方志研究》，南开大学2010博士论文。

顾志兴：《茶与运河》，《农业考古》2010年第10期。

张安东：《清代方志编纂体例探析——以清代皖志编纂为例》，《大学图书情报学刊》2010年第6期。

陈爱平：《齐召南交游考》，《台州学院学报》2011年2月第33卷第1期。

郭朝辉：《从〈松窗梦语〉看明代中后期的漕运》，《科教文汇》（中旬刊）2011年第12期。

罗杰：《明代海运与漕运之比较——海运可行论》，《黑龙江史志》2011年第19期。

衡中青：《广东方志整理研究》，《图书馆论坛》2012年第2期。

胡梦飞：《明清漕运对运河沿岸城市的影响——以明清时期徐州地区为例》，《淮阴工学院学报》2012年第2期。

李德楠：《从海洋走向运河：明代漕运方式的嬗变》，《聊城大学学报》（社会科学版）2012年第1期。

王婧：《明清时期卫河漕运治理与灌溉水利开发》，《河南师范大学学报》（哲学社会科学版）2012年第1期。

张鹏:《论民国方志体例大类目的变革》,《中国地方志》2012年第11期。

李志英:《古代方志与近代社会调查之渊源关系探究》,《北京师范大学学报(社会科学版)》2013年第3期。

袁飞、任博:《清代漕运河道考述》,《中国农史》2014年第2期。

马春晖:《近二十年来方志艺文志研究成果综述》,《大学图书馆学报》2015年第1期。

关儒茜、李德山:《清代黑龙江方志文献研究》,《学术交流》2016年第8期。

郭福亮:《东河总督曾国荃治河事迹述略》,《华北水利水电大学学报》(社会科学版)2016年4月第32卷第2期。